広島市立大学国際学部叢書 | 7

〈際〉からの探究：
つながりへの途

広島市立大学国際学部〈際〉研究フォーラム【編】

文眞堂

広島市立大学国際学部叢書　第 7 巻の刊行にあたって

　広島市立大学国際学部が 2008（平成 20）年に学部叢書シリーズを発刊して以来 7 巻目となる今回の叢書『〈際〉からの探求』。それは、「国際政治・平和」「公共政策・NPO」「多文化共生」「言語・コミュニケーション」「国際ビジネス」という 5 つの教育プログラムを有する我が学部が、学際性という観点から教育と研究を模索し続ける中で、その成果を世に問うものです。

　学部名にも用いられる国際（international）という言葉は、元々国家と国家の関係という狭い領域で用いられることが多かったと言われます。やがてそれは、世界のあり方が変化するに伴い、国境という壁を縦横無尽に越え、国家以外の様々なアクター（行為体）をも巻き込んだ、トランスナショナル（transnational）な関係を含むものと解されるようになってきました。

　もちろん、〈際〉は国家と国家の間だけに存在するわけではありません。何かと何かが接し、ふれあい、出会う〈際〉で生み出されるのは、多様性と知的刺激に富んだ光景です。私たちはそこから何を学び取ることができるのか。本書は、そうした様々な〈際〉に触れた国際学部・国際学研究科の教員やゆかりのある研究者たちによる、自らの専門性を活かしながらも、それぞれの学問領域を乗り越え、新たな地平に向かうという知的挑戦です。

　ぜひ一人でも多くの方々が本書に、そして広島市立大学国際学部に関心を持って下さり、ともに歩み続けるための忌憚のない御意見を賜りますよう、願ってやみません。

2017 年 2 月

広島市立大学　国際学部
学部長　吉田　晴彦

はじめに

大東和　武司

　「見つめる先は国際社会、自由なアプローチで豊かな人間性を培う」。広島市立大学国際学部のWEBサイトの最初に掲げている文章である。本叢書は、国際人の育成を人材育成の目標にしている広島市立大学国際学部また大学院国際学研究科に縁のあるメンバーが、〈際〉をめぐり、それぞれの視座から探究した論考を編んだものである。

　これまで刊行された叢書のタイトルをあげれば、『現代アジアの変化と連続性』（彩流社）、『多文化・共生・グローバル化』（ミネルヴァ書房）、『HIROSHIMA & PEACE』（渓水社）、『日中韓の伝統的価値の位相』（渓水社）、『Japan's 3/11 Disaster as Seen from Hiroshima：A Multidisciplinary Approach』（創英社／三省堂書店）、そして『世界の眺めかた』（千倉書房）となっている。「国際政治・平和」、「公共政策・NPO」、「多文化共生」、「言語・コミュニケーション」、「国際ビジネス」の5つのプログラム（5プロ）から構成され、人文科学から社会科学まで幅広い教育課程の広島市立大学国際学部らしくテーマも多様で、専門的かつ学際的であろうとしている。

　このたびの叢書は、学部名称の国際の「際」に注目し、それをキイワードとした。それは、幅広い学問的背景をもったメンバーから構成されている国際学部の利点を活かし、「際」について、また「国際」について新たな示唆を得ようとしたものである。

　〈際〉は、白川静『常用字解』（平凡社）によれば、もともとは、天から降りてくる神と人とが相接するところで、神人の際、「きわ（接するところ、物事の窮きるところ）」をいうようであるが、そこは、神と人とが「であう」所であるとともに、人が達するところのできる極限の所をも意味するようでもある。いわば、接点、接触面であり、「つながるところ」でもあり、「摩擦を起こすところ」でもあるようだ。その結果、国際、交際、際限、際涯、際立つ、際

どい、学際などなどと、さまざまな用語が生まれている。

本叢書では、科学と政治、国内政治と対外関係、国内政治と国際政治、日本語と英語、複数言語、観念・世界観、比喩的表現、消費と外国製品、教育の課題、そしてスポーツの根源にかかわって、10 章にわたって、それぞれの〈際〉が論じられている。

第 1 章「リスク社会のシステム境界─東京電力福島第一原発事故後の言説を事例としての一考察─」（湯浅正恵）は、ルーマンのシステム論を概観した後、福島原発事故以降注目を集めた一人の科学者の言説を事例とし、科学と政治の境界に注目しつつ、ポスト 3.11 の日本社会におけるルーマンの社会システム論の射程について論じている。その背景には、2011 年の福島原発以来、大事故とその後の危機対応における産学官の癒着をめぐり、科学と政治の境界が崩れたとみなされ、科学の自律性の回復が叫ばれていることがある。また、他方で、近代の帰結としてのリスク社会における科学と政治というような機能分化社会の終焉を唱える声もある。私たちが未だ機能分化した近代社会に生きているのか、それとも機能分化が揺らいでいるのかを検討するとともに、機能の境界性を厳密に維持する社会システム論が現代社会を認識する理論として有効なのかどうかを問うている。

第 2 章「韓国のベトナム戦争の加害責任論と贖罪行動─過去清算と『慰安婦』問題との関係で─」（金栄鎬）は、韓国のベトナム参戦における韓国軍によるベトナム民間人虐殺にかかわり、2000 年前後に起きた加害責任論と贖罪行動をめぐる国内政治と対外関係という二重の〈際〉について言及し、韓国の民主化後の民主主義、過去清算と真実和解、「慰安婦」問題などとの相互関係について考察している。この背景には、韓国で、1980 年代末の民主化と冷戦の終結及び 1990 年代の政権交代などを経て、植民地支配・米軍政・国家分断・朝鮮戦争・軍のクーデター・権威主義政治体制などによる数多くの重大な人権侵害の過去を清算し正義を回復する「過去事整理」（過去清算）と「真実和解」（＝移行期正義）が試みられてきたこと、また対照的な位置を占める韓国のベトナム参戦、その狭間に置かれていることを考察することで示唆を導いている。

第 3 章「国際政治と国内政治が考察する『際』─基地の政治学から見た沖縄

はじめに v

の米軍基地―」(西田竜也)は、沖縄の米軍基地問題を国際政治と国内政治が交錯する〈際〉と捉え、この〈際〉における摩擦が示す現象を明らかにし、また摩擦を減少するための政策オプションについても分析している。米軍基地の存在は、騒音問題、環境汚染、事故・事件、犯罪など多岐にわたる問題によって、周辺住民の生活に直接影響を及ぼし、極めて直接的な「国内」問題を引き起こしているし、他方で、安全保障政策と密接に関係し、日米同盟にかかわる「国際」的な側面を持っている。米軍基地問題は、国内問題と国際問題が複雑に絡み合う問題である。こうした問題意識が背景にある。

第4章「英文和訳と英日翻訳における言語的な『視点』の問題」(横山知幸)は、日本語と英語が、どのような「視点」からものを見て、どのように表現しているのかを議論することで、この二つの言語が接する「境界面」で、何が起こるのかを説明している。この学問的背景には、英文和訳と英日翻訳が英語と日本語の「境界面」で行われる行為であり、この「境界面」で二つの言語に関わる多くの要素が相互に働きかけ、新しい言葉や表現が生み出されることも少なくないし、英文和訳や英日翻訳を明確に説明しようとすれば、言語学や心理学など多くの学問分野が関わり、学際的であるということがある。

第5章「5つの言語における『味を表す表現』」(武藤彩加)は、複数の言語を比較・対照することにより、「味を表す表現の普遍性と多様性」を探っている。「色彩語彙と同じように、味覚表現には複数の言語に共通した法則性がある」との仮説のもとに、5つの言語を対象として、言語により多種多様であるとされる「味を表す表現」において、人間の生理学的普遍に基づく普遍性はあるのか、それと同時に、食文化の違いにより生じるであろう多様性とはどのようなものであるのかについて検証している。

第6章「日本における『孝』の受容と展開について―その読みと意味を中心に―」(欒竹民・施暉)は、中国という大陸において創出された「孝」という観念、道徳観が、儒教思想とともに、時空〈際〉を超えて夙に東アジア地域に伝播、受容、展開され、今日に至っても依然としてその国々の社会の隅々に根を下ろし生活思想として人々の日常生活の中に生き続けている状況に着目し、とくに日本における伝達、摂取、受容、そして変容について考察している。

第7章「中日の現代小説及びその本翻訳文における共感覚的比喩の対照研究

―味覚を表す形容詞を中心に―」(劉蓓)は、中日の現代小説における五感を表す形容詞の比喩的表現について、比較という見地に立脚して、その使用実態を記述、分析することによって、両言語の五感を表す形容詞の全体像を明らかにしようとしている。とくに、味覚を表す形容詞の共感覚的比喩に焦点をあてて比較することで、両国の共通点と相違点を探っている。また併せて、日中両国の文化的背景の差異に関しての比較研究にもつなげようとしている。

第8章「中国消費市場における消費者アニモシティと面子知覚の影響」(李玲)は、面子知覚という中国本土の概念を消費者アニモシティの分析フレームワークに導入し、中国人消費者を対象とする日本製品の購買行動を検証している。消費者アニモシティという概念は、消費者の態度や行動を規定する感情的規範的側面に着目するものであり、他方、面子は、とりわけ中国人消費者の購買意思に決定的影響を与える鍵概念と位置づけられる。両概念によって中国人消費者の日本製品の購買行動に与える影響の解明を狙っている。

第9章「アメリカ・フィラデルフィア学区における教育改革―『imagine 2014』を中心に―」(赤星晋作)は、2002年のすべての子どもに学力を保証するための包括的な教育法(NCLB法)施行後、全米各州の全公立学校が「読解」と「数学」の毎年のテストで評価されるようになり、そのテスト得点中心の教育と評価の問題が深刻化してきた状況をふまえ、ペンシルベニア州・フィラデルフィア学区で2009年4月に提出された学校教育改革案を検討することで、テスト得点に偏重した教育の課題、また日本の現在の学力テスト重視の教育に示唆を得ようとしている。

第10章「純粋贈与としてのエンデュランススポーツ」(浜田雄介)は、トライアスロンやマラソンなど長時間、長距離にわたる苦痛を特徴とするエンデュランススポーツの根源を、生の極限でかろうじて自分を保ち続け成果や意味を獲得する実践ではなく、その〈際〉を超えてしまうような非合理性、つまり自分を破壊し消失させる力の働きに求めようとしている。その力の行方を、純粋贈与に人間の生の本質を見出そうとしたバタイユ(1990ほか)に案内してもらうことで追っている。

「グローバリゼーション」という言葉が広く使われるようになって、早や四

半世紀が経つのだろうか。グローバリゼーションの進展は、国の〈際〉、実線だった国境を破線化させていく動きでもある。モノ、カネ、そしてヒトの国際的な移動を促進させ、政治、経済の相互関係、相互依存関係を深めていくことでもある。人間の活動空間は地球規模になってきているが、個々を見れば、まだまだ多くの人々はそれぞれの地域で生活をしている。それぞれの地域の文化・慣習などの歴史にそって生活している。

　〈際〉がなくなっていくということは、「間」がなくなっていくということでもある。「間」がないということは、ややもすると自他を一体化する、同一視するということにもつながる。掌を接し、擦り合わせると熱くなるように、「間」がなくなると摩擦を生む。摩擦熱が高くなると火事にも紛争にもなる。「間」が抜けるということは、時間的間隔、空間的間隔をなくし、余裕なく、周りの人間や状態が見えなくなってしまっていることにつながるかもしれない。

　国際社会の相互依存・補完関係が否応なしに強まっている今日、我々が見るべき範囲、考えるべき範囲は拡がっている。一人ひとりがかかわっている人間(ひと)の数もネット上も含めるとかなりにのぼる。その結果、紛争、環境、格差などなど、国際社会において解決すべき課題や問題が多々生じている。それに対し、相応的なエンジニアリング的対応がなされることも多い。サイエンスが原理、構造、あるいは理想を探求するもので、エンジニアリングが現実の問題・課題への対処、解決方法の発見であるとするなら、「エンジニアリング化」で対応しているといってもいい。それは、短期的な対処、成功事例の模倣、妥協の産物ともなりやすく、必ずしも長期的な視点での理想や正しい結果をもたらすことにはならないかもしれない。

　グローバリゼーションについて、ジェフリー・ジョーンズ(2005)は、19世紀から1913年までを第1次、その後の反動・復興期などを経て、1980年代から第2次が進展してきたという。グローバリゼーションにも循環があるのなら、今日の状況は反動への入り口、途なのであろうか。

　我々の生活空間がICT(情報通信技術)の進展とも相まって拡がってきた今日、目の前の人間(ひと)と真摯に深くつきあうだけなく、まだ見ぬ多くの人間にも想いを豊かにしなければならなくなっている。物理的な離れた遠くの人間とも

一緒に呼吸をし、自他を一体化せず、同一視せず、ころあいをはかることが大切になっている。ますます丁寧な目配り気配りが求められている。

本叢書で取り上げた〈際〉を、あらためて捉えなおし、考え、見つめ直すことが今日求められているように思える。それは、多様性、いわばそれぞれの尊厳を認め尊重し、お互いのそれを守りつつ、しかもその〈際〉を越えて、お互いをつなげることが求められているということでもある。社会、国際社会としての進化には、お互いの違いを認め、活かす、この多様性が生みだすイノベーションが必要であろう。このイノベーションはさまざまな場で起こるのだろう。似たようなものばかりになることなく、それぞれが個性や独自性をもつためにも、行き過ぎたエンジニアリング化ではなく、サイエンスの再認識、両者のバランスを考えることが大切になってきている。バランスは出会ったもののつながりへの途でもあろう。こうした「思考」に向けて、〈際〉をキイワードとした本叢書が読者のみなさま一人ひとりのきっかけとなれば幸いである。

引用・参考文献
大東和武司「『人間』について想う」『世界経済評論IMPACT』世界経済研究協会、2012年9月17日

大東和武司「考えなければならない時代」『世界経済評論IMPACT』世界経済研究協会、2013年4月8日

大東和武司「異化のエネルギーを活用する経営姿勢」『世界経済評論IMPACT』世界経済研究協会、2013年10月14日

大東和武司「雑感：グローバル化のなかのマインドの趨勢変化」『世界経済評論IMPACT』国際投資貿易研究所、2016年2月29日

大東和武司「『対話』の涵養：ベルリンの学会から想う」『世界経済評論IMPACT』国際投資貿易研究所、2016年6月20日

大東和武司「いくつかの資本主義をめぐって」『世界経済評論IMPACT』国際投資貿易研究所、2016年11月7日

以上、広島県大学共同リポジトリ（広島市立大学）掲載
　　http://harp.lib.hiroshima-u.ac.jp/hiroshima-cu/list/creators/

目　　次

広島市立大学国際学部叢書　第7巻の刊行にあたって…学部長　吉田晴彦　*i*
はじめに………………………………………………………………大東和武司　*iii*

第1章　リスク社会のシステム境界
　　　　─東京電力福島第一原発事故後の言説を事例としての一考察─ … *1*

   1.　はじめに ………………………………………………………………… *1*
   2.　ルーマンの社会システム論とその境界 ……………………………… *2*
   3.　機能分化社会からの構造変容？ ……………………………………… *5*
   4.　リスクと機能分化 ……………………………………………………… *6*
   5.　福島県放射線健康リスク管理アドバイザーによる講演 …………… *9*
   6.　科学システムと政治システムの境界 ………………………………… *11*
   7.　機能分化のゆらぎ ……………………………………………………… *14*
   8.　おわりに ………………………………………………………………… *18*

第2章　韓国のベトナム戦争の加害責任論と贖罪行動
　　　　─過去清算と「慰安婦」問題との関連で─ ……………………… *21*

   1.　はじめに ………………………………………………………………… *21*
   2.　公式の歴史と加害の忘却 ……………………………………………… *22*
   3.　対抗的記憶・加害責任論・過去清算 ………………………………… *25*
   4.　バックラッシュのなかの「苦痛の連帯」 …………………………… *34*
   5.　おわりに ………………………………………………………………… *42*

第3章　国際政治と国内政治が交錯する「際」
　　　　─基地の政治学から見た沖縄の米軍基地─ ……………………… *51*

   1.　はじめに ………………………………………………………………… *51*

2. 沖縄が抱える米軍基地をめぐる問題 ……………………………… 53
   3. 基地の政治学 ……………………………………………………… 57
   4. フィリピンと韓国のケース ……………………………………… 59
   5. 日本のケース ……………………………………………………… 64
   6. 沖縄のケース ……………………………………………………… 66
   7. 結びに代えて―沖縄の米軍基地の今後― …………………… 68

第4章　英文和訳と英日翻訳における言語的な「視点」の問題 … 75

   1. はじめに …………………………………………………………… 75
   2. 分析項目 …………………………………………………………… 75
   3. 代名詞 ……………………………………………………………… 76
   4. 話法 ………………………………………………………………… 86
   5. おわりに …………………………………………………………… 97

第5章　5つの言語における「味を表す表現」……………………… 99

   1. はじめに …………………………………………………………… 99
   2. 「味を表す表現」とは …………………………………………… 100
   3. 本稿の課題 ………………………………………………………… 102
   4. 中国語の味覚表現の使用状況 …………………………………… 103
   5. スウェーデン語の味覚表現の使用状況 ………………………… 110
   6. 韓国語の味覚表現の使用状況 …………………………………… 115
   7. 英語の味覚表現の使用状況 ……………………………………… 120
   8. 4つの言語（スウェーデン語、韓国語、英語、中国語）の
      調査結果のまとめ ………………………………………………… 125
   9. 結論 ………………………………………………………………… 132

第6章　日本における「孝」の受容と展開について
　　　　　―その読みと意味を中心に― ……………………………… 139

   1. はじめに …………………………………………………………… 139
   2. 「孝」の読みと意味について …………………………………… 142

3. 「不孝」の読みと意味について ……………………… 146
　　4. 「孝養」の読みと意味について ……………………… 149
　　5. 結び ………………………………………………………… 154

第7章　中日の現代小説及びその翻訳文における
　　　　　共感覚的比喩の対照研究
　　　　　—味覚を表す形容詞を中心に— ……………………… 157

　　1. はじめに ………………………………………………… 157
　　2. 調査概況と計量分析 …………………………………… 158
　　3. 味覚形容語の共感覚的比喩 …………………………… 165
　　4. 味覚形容詞の共感覚的比喩についての分析と比較 …… 173
　　5. おわりに ………………………………………………… 177

第8章　中国消費市場における消費者アニモシティと
　　　　　面子知覚の影響 ………………………………………… 179

　　1. はじめに ………………………………………………… 179
　　2. 理論的サーベイと仮説構築 …………………………… 181
　　3. 調査設計 ………………………………………………… 185
　　4. 仮説検証 ………………………………………………… 187
　　5. 結論、考察と今後の研究課題 ………………………… 189

第9章　アメリカ・フィラデルフィア学区における教育改革
　　　　　—「Imagine 2014」を中心に— ……………………… 194

　　1. はじめに ………………………………………………… 194
　　2. フィラデルフィア学区の学力状況—2008年— ……… 195
　　3. 「Imagine 2014」の教育改革 ………………………… 198
　　4. 評価指標の変化 ………………………………………… 202
　　5. おわりに ………………………………………………… 205

第10章　純粋贈与としてのエンデュランススポーツ ……… 210

1. はじめに……………………………………………………… 210
2. 「なぜ」エンデュランススポーツなのか ……………………… 210
3. エンデュランススポーツの二重性……………………………… 211
4. エンデュランススポーツと供儀………………………………… 214
5. まとめに代えて………………………………………………… 217

第1章

リスク社会のシステム境界
―東京電力福島第一原発事故後の言説を事例としての一考察―

湯浅　正恵

1. はじめに

　社会学は、機能分化した近代社会のそれぞれの機能のみならず、機能間の境界とその接合という全体社会の秩序問題を重要な研究対象としている。ニコラス・ルーマンの社会システム論は、複雑で再帰的な現代社会全体を射程とする数少ない社会学理論であり、有望なグランド・セオリーとして今後の展開が期待されている（エスポジト・大黒，2015: 83）。理論が現在向き合うのは次のような問いである。私たちは未だ機能分化した近代社会を生きているのか、それとも機能分化は揺らいでいるのか。そして機能の境界性を厳密に維持する社会システム論は現代社会を認識する理論として有効なのか。

　2011年の東京電力福島原発事故以来、システム境界問題は日本社会にとっても喫緊の課題となった。大事故とその後の危機対応における産官学の癒着は「原子力ムラ」と表現され、「専門家」として知を提供するはずの科学者は「御用学者」と揶揄された。明確な境界を持つとされる科学と政治の境界が崩れたとみなされ、科学の自律性の回復が叫ばれている。しかしながら科学が科学の境界を守り、科学者が科学的コミュニケーションに専念することが現代社会においてどのような意味を持つのか。ウルリヒ・ベックは「すべてが政治化する」と述べ、近代の帰結としてのリスク社会における機能分化社会の終焉を唱えている。

　本章ではルーマンのシステム論を概観した後、福島原発事故以降注目を集めた一人の科学者の言説を事例とし、科学と政治の境界に注目しつつ、ポスト

3.11 の日本社会におけるルーマンの社会システム論の射程について論じる。

2. ルーマンの社会システム論とその境界

　ニクラス・ルーマンの社会システム論は、ルーマン他界後 20 年が経とうとしている現在まで学際的パラダイムとして強い影響力を持つ。ルーマンは、タルコット・パーソンズに社会システム論を学ぶが、特定の価値規範を持った社会構造の存続を機能分析の最重要課題としたパーソンズとは異なり、複雑性の縮減を課題とする独自の理論を展開した（Kneer and Nassehi, 1993=1995: 41-47）。

　システムという概念はもともと、部分のたんなる総和以上のものである統一体という意味での全体を示すが、狭義のシステム理論は、1930 年代に物理学に向けられた生物学の批判から始まったとされる（Kneer and Nassehi, 1993=1995: 20-21）。生命は個別の有機過程に還元できないことから、一般法則を演繹的に個別事象に適用して法則を確認するニュートン的世界像に適合せず、個別事象からシステムへのパラダイム転換が起きた。そこで重要なのは、ある要素と別の要素の個々の関係ではなく、すべての要素の相互作用の総体であり、その相互作用が生み出す、あれでもあり、これでもあるという予測不可能な複雑性を縮減することによって、自らと自らの環境の間に境界を生み出すことにある（Kneer and Nassehi, 1993=1995: 24）。内と外との分化を可能にする境界はこうしてシステム概念にとって本質的となる（Kneer and Nassehi, 1993=1995: 44, 47）。それではルーマンの論じる社会のシステムとはいかなるものか。

　社会学は伝統的に社会の構成要素を個人と個人の関係、あるいは社会的役割として概念化してきた。しかしルーマンにとって社会システムを構成するのは人間ではなく、コミュニケーションである。ルーマンは人間ではなく「コミュニケーションだけがコミュニケートしうる」と述べている（Luhmann, 1990）。システムとは意味をもたらすと同時に機能的作動をもたらすコミュニケーションの連なりであり、システムは継続的にコミュニケーションをコミュ

ニケーションに結びつけることで再生産される（Kneer and Nassehi, 1993=1995: 76）。システムには閉鎖システムと開放システムが考えられるが、社会システムは環境に開かれた開放システムであり、環境の変化に伴いながらも、自らの固有のダイナミクスと自らの内的な状況に準拠して流動的に変容していく。こうした内的な過程を制御するシステムは、オートポイエーシス[1]的システムと呼ばれる。

ルーマンによれば、社会システムは相互システムと組織体システムと全体社会（ゲゼルシャフト）システムである3タイプに区分される（Kneer and Nassehi, 1993=1995: 49）。相互システムとは、居合わせた人との間に居合わせている時間のみに成立するシステムであり、組織体システムは構成員が一定条件で結びつけられている組織における更に持続的なシステムある。全体社会はすべての相互システムと組織体システムを含む最も包括的なシステムであり、最も基礎的な複雑性の縮減を制度化することにより、相互作用や組織システムの作動や選択に対する前提を作り出す（Baraldi et al., 1997=2013: 219）。それでは全体社会はどのようにして複雑性を縮減させながら、コミュニケーションを連結しているのだろうか。

複雑性とは、あるもの、事象、出来事のありうる状態が複数あることである。ルーマンによると、全体社会の複雑性の拡大がオートポイエーシス的に内部分化をもたらし、部分システムを分出し、その部分システムおよびシステム・環境の関係がシステムの構造となる（Baraldi et al., 1997=2013: 283）。古代社会の分化形式は、血統（部族や氏族や家族）や居住地（家や村落）を原則とする環節的分化であり、同等な部分システムが産出される。しかし、その同等性が崩れることで、中心と周縁、また中心の階層化が進展し、成層的分化という構造変容をもたらしたとされる。そして18世紀頃のヨーロッパにおいて、成層分化では対応しきれない複雑性が拡大し、機能に基づく部分システムが分出された。そしてこの機能分化が全体社会の構造を今日まで規定しているとされる。しかしこれは、環節的分化や成層分化が完全に消えることを意味しない。それぞれの分化が機能的分化の影響の元に再生産されている（Baraldi et al., 1997=2013: 172）。

機能分化した社会において、各部分システムはそれぞれが固有の機能を遂行

する。部分システムには、政治システム、経済システム、科学システム、教育システム、法システム、家族システム、宗教システム、医療システム、芸術システムなどがあり、社会における重要なコミュニケーションは、これらの機能ごとに構造化されている (Baraldi et al., 1997=2013: 169)。具体的には、二元コードという観察を導く基本的な区別を用いて部分システムは作動する。政治にとっては役職や決定権を保持しているか否かが、経済においては支払われるか否かが、科学においては真か否かが、宗教については救済につながるか否かが決定的に重要となる。こうした二値的な区別が行なわれるシステム内では、この区別と関係ないものは排除される。したがって権力は科学的真理によって保障されず、経済的成果は教育の働きによって保障されえない。科学的真理が政治的決定の正当化に利用されうるが、そうした場合にも機能的な部分システム間の境界は破られることはないとされる (Kneer and Nassehi, 1993=1995: 158)。

二酸化炭素排出問題を例にとると、政治システムは権力問題として主題化し、科学システムは真偽問題として取り扱う。経済は支払われるかどうかが問題であり、宗教システムは神の救済との関わりで関心を示す。政治システムが、科学システムの真偽問題である、例えば温暖化と二酸化炭素排出の関係性について関心を示し介入をするとすれば、それは自らの権力保持の問題として介入するのであり、システム境界は消えることはない[2]。一方、全体主義国家がある特定の科学的知見を歓迎し、別の知見を否定し、その知見を提示した科学者の名声を奪い、資金を引き上げようとも、科学は真/偽の二元コードから逸脱できないとされる (Kneer and Nassehi, 1993=1995: 158)。

こうして近代社会は、部分システムの境界を維持しながら、開放システムとして環境変化に反応し、自らの二元コードに基づくコミュニケーションを連結させ存続していると考えられる。しかし現代社会は未だ機能分化を主とした社会構造を維持していると言えるのか。

3. 機能分化社会からの構造変容？

　ルーマン自身も機能分化を主要な構造形態とする社会が未来永劫続くとは考えていない (Luhmann, 1997=2014b: 97)。高橋 (2013b) は「カタストロフィー」の概念を用いて、ルーマン理論の内部から構造変化の可能性を論じている。ルーマンが「システムが別の安定性原理へと比較的急速に移行すること」と捉えたカタストロフィーには3つの契機がある。第1の契機は、機能分化の基本条件が維持されない場合であり、第2の契機は、機能分化以外の分化形態が優勢になる場合、そして第3に、諸機能システムに誰もが自由に平等に参加できるという機能分化の大前提となる包摂原則が崩れた場合である。しかし高橋は上記3点に照らして機能分化は崩壊しつつあるとは考えられないとする（高橋, 2013b: 208）。それは、現在の政治への失望やあきらめにより政治システムにのしかかる過剰負担が緩和され、またNGOや国際機関がこれまで国家に期待されていた機能の一部を肩代わりし、揺らぎ続ける政治への正当性を回復させることで機能分化が強化される可能性も否定できないからである（高橋, 2013b: 208）。

　しかしながらリヒャエル・ミュンヒは、上記1の基本条件の一つである機能システムの自律的コミュニケーションはすでに再生産されなくなっているとみなしている（高橋, 2013a: 175）。つまり経済システムが優位に立つことで経済の論理が他の機能システムに浸透していると主張する。また上記第2の契機とされる機能分化以外の分化形態である環節分化と階層分化は強化されていることを指摘する。環節分化形態である国民国家の力は機能分化の優位を主張するには、あまりに強力であり、中間層を圧迫する形でグローバル・エリートとローカルな下層階層の二極化が階級分化を進展させているからである（高橋, 2013a: 177）。一方、ルドルフ・シュティヒヴェーは機能システムの自律性を擁護しながらも、グローバル・エリートの存在については認めており、高橋も、エリートたちがネットワークを形成し多機能領域に影響を持つ可能性を、フッター (Hutter, 1989) の「会話圏」の議論とつなげて指摘している（高橋,

2013a: 176)。

またメディア論の正村は、インターネットというコンピューターネットワークをインフラ基盤とした多元的な社会的ネットワークには、「構造」も「主体」もなく、関係性が多元的に積み重なり、これまでの機能分化とは異なる形で外部とつながっていると述べている（馬場・正村, 2014: 74）。また大黒（2014: 114）によると、ルーマン他界直前の文章には、インターネットという新しいメディアの登場による、機能的分化から新たな構造への変動可能性が暗示されているという。しかし機能分化社会へのより強力な異議申し立ては、リスク論、特に破局的災害に注目する論者から提示されている。

4. リスクと機能分化

リスク社会論で著名なウルリヒ・ベックは、科学と技術、そして経済発展の連結が巨大なリスクを孕む現代社会において、従来の政治手法の効力が限定され、以前は政治と考えられなかったものが政治化することで政治の境界がなくなり、部分システムは自律性を失うと主張する（Beck, 1986=1998: 381）。私たちの社会を形成するのは、今や議会政治ではなく、これまで非政治とされ政治の統制の外部にあった科学＝技術＝経済に関する様々な場における決定である。これらの決定によりもたらされる深刻なリスクに対処するため、市民は擁護された基本的人権に基づいて議会を無視し、司法やメディアを利用し利用されながらサブ政治を展開する。そしてそのサブ政治が従来の政治システムの自由と自律をさらに制限することになる。ベックによると専門化された近代化過程は今や現実には、科学、技術、経済の相互依存状態にあり、高度に細分化された分業体制こそ、リスク社会の無責任体制をもたらした「真犯人」であり、システム的な思考が、人を「道義的かつ政治的に」行動することを妨げると主張する（Beck, 1986=1998: 45）。

哲学者のジャン＝リュック・ナンシーは、「破壊の等価性―フクシマのあとで」と題された講演で「今問題となっている複雑性がとりわけ際立つのは、自然によって引き起こされる破局が、もはやその技術的、経済的、政治的な帰結

や影響から区別されないためである」と述べ、部分システム境界が越境され、複雑性を縮減できない状況を指摘する（Nancy, 2012=2012: 22）。そしてその相互依存の原因を、計算不可能なものまで計算可能としてそれらを貨幣でつなぐ資本主義文明によりもたらされる「一般等価性」という体制に見出し、この体制が「いまや潜在的に貨幣や金融の領域をはるかに超えて、しかしこの領域のおかげで、またその領域をめざして、人間達の存在領域、さらには存在するものすべての領域の全体を吸収している」とする（Nancy, 2012=2012: 25）。

　つまり破局はどれも同じ重大性をもつものではないが、しかしそのすべてが、一般的等価性を構成する諸々の相互依存の全体と関わりをもつということである。… 結局この等価性が破局的なのだ。(Nancy, 2012=2012: 26)

崩壊した原子力発電所であれ爆弾であれ、原子炉の容量や兵器の破壊力がいかなるものであれ、その効果が、この一般的等価性のため空間的にも時間的にも尺度を超え、それを制御したり、さらに廃止したりするために用いられる方策に対して超過していると言う点で同等となる（Nancy, 2012=2012: 48）。それでは、ルーマン自身はリスクと機能分化についてどのように考えているのだろうか。

　ルーマンは機能分化した「システムの二元的コードは、リスクの吟味のためのパースペクティブを制限し、リスク傾向を促進する」と述べている(Luhmann, 1991=2014a: 171)。システムは常に二元コードに従った決定を強いられるが、決定は常にリスクを孕む。経済システムが支払われないリスクを最小限にしようとする時、その他のリスクは問題とならない。政治システムが選挙での敗北のリスクを最小限とする決定をする時、その他さまざまなリクの増加は考慮されない。そうしてある部分システムにおける決定は、他のシステムにとっては予測不可能な偶発的な出来事となる。

　しかも政治システムは全体社会を統治すると自己提示する以上、どこで生じたリスクであろうとリスクを自ら取り込み、政治問題としてプログラム化し、自らの二元コードで決定を下すことになる。しかし政治はリスクを解決しない。決定を下すことができたこと事体が、政治がうまくいった証とみなされる

こともあり、決定のパフォーマンスが決定内容より重要となる（Luhmann, 1991=2014a: 189）。そして決定は、どのような決定もそうであるが、何かを選び何かを捨てることにより新たなリスクを生む。また政治システムは自らの時間軸に沿って決定することが重要であり（Luhmann, 1991=2014a: 189）、リスク問題をいつまでも保持し続けたり、同じ事例に取り組み続けたりはできない。そして多くの場合、政治システムのリスクは法システムに引き渡され、さらには法システムから経済システムに転換される（Luhmann, 1991=2014a: 191）。

　こうした部分システムの作動の重なり合いがリスクを増幅するという見解、また既存の政治システムがリスク促進要因となるという見解は、上記のベックやナンシーの認識と大きく隔たるものではない。しかしベックがサブ政治に期待をかけ、ナンシーが通訳不可能なものに価値を与え一般等価性に抵抗することを求める（Nancy, 2012=2012: 71）のに対して、ルーマンはあくまでも現存のシステムでは二元コードの貫徹しか方法はないとする。つまり全体社会が、親族ネットワークをともなう家族といった個々人のあらゆる生活領域を担う多機能的セーフティーネットや、あらゆる人間関係に影響を及ぼす道徳といった多機能的制度を放棄し安全装置を解体してしまっている以上、全体システムはそのシステム進化に、つまり機能分化とは異なる形態へと変容することに期待するしかなく、システム要素のコミュニケーションは、それぞれのシステムが、他の諸機能システムのリスクをいとわず作動する有り様に耐え、それぞれのシステム固有の手段でリスクを緩和するしか方法はないとする（Luhmann, 1991=2014a: 102-103）。

　本章では以下、東京電力福島原子力発電所事故後の言説を取り上げ、リスク社会におけるリスクが顕在化された状況における機能分化について考える。今回の事故は原子力発電のリスクを顕在化させ、その影響はナンシーの述べるようにシステム境界を越え、様々な尺度を越え、事故から6年たつ現在も事故の全体像は見えない。そこでは部分システムのオートポイエティックな作動が秩序を形成しているといえるのだろうか。それとも高橋が指摘したような、全体社会構造の変容の契機を見いだすことができるのだろうか。

5. 福島県放射線健康リスク管理アドバイザーによる講演

　長崎大学大医歯薬学研究科の山下俊一教授は、放射線リスク防御の専門家として福島事故後すぐに福島県放射線健康リスク管理アドバイザーに就任した。通常の約 500 倍の 44.7 μSv/h という空間放射線量を記録した福島県飯館村において、村で生活を続けて問題ないと 4 月 1 日に講演したが、政府は飯館村の全村避難を 4 月 11 日に決定した。しかしその後も山下氏は 100mSv 以下の安全を唱え続け「ニコニコ笑っている人には放射線はきません」といった発言から複数の海外メディアでも報道された。

　2011 年 4 月 15 日に文科省が、年間被ばくが 20mSv 以下の保育園や学校は利用可能と決定し、その決定に対する各方面からの非難が噴出し、100mSv 安全説を唱える山下氏に対する不信はさらに深まることとなる。まずは 20mSv 基準の発表後、小佐古東大教授が「(20mSv 基準を) 容認すれば私の学者生命は終わる」と内閣官房参与を辞任し、その涙の会見は日本中に報道された。また保護者たちの抗議の声も高まる中で、原子力安全委員会が「安全委員会の委員全員、及び決定過程に関わった専門家の中でこの 20mSv を安全とした専門家はいなかった」と発表した (美浜の会, 2011)。またノーベル平和賞を受賞した NGO 核戦争防止国際医師会議は、4 月 29 日に当時の文科大臣宛に 20mSv 基準の危険性を指摘する公開意見書を送付している。そうした状況で、山下氏の講演会が福島県二本松市で 5 月 3 日に行われた。以下はその質疑応答の一部である[3]。

　　　市民の質問者：マスクしなくても外を歩いていいよって、いうような話をずっとして、福島市の市政便り、市政便りですか、そういうものにも「100mSv でも大丈夫だって」言う先生の言葉を信じてずっと残っている人もいっぱいて、戻って来る人もいて、今日になって、お話を聞くと 20mSv、20mSv より、まあその下に、20m が最大ですよね。その下の場合は自己責任になりますと、ころっと話が変わっているんですけど、その

へんについて、今までが間違っていたのか、っていうのを、そこを明確に話して欲しいと思います。

山下氏：ありがとうございます。今のお声がみなさんの混乱のひとつの原因だと思います。私がみなさんの基準を作る人間ではありません。基準を皆さん方に提示したのは国です。確かに、日本国民のひとりとして国の指針には従う義務があります。科学者としては最初からお話ししていますように、100mSv 以下では発ガンリスクが証明できないと、だから不安をもって将来を悲観するよりも今、安心して、安全だと思って活動しなさいということをずっと言い続けました。ですから今でも 100mSv 年間の積算線量でリスクがあるとは思っていません。これは日本の国が決めたことです。私たちは日本の国民です。

質問者：文部科学省は、先生が 100 ミリ以下は安全だと言っているということに対し、そんなこと言っているのだったら指導する、と昨日、テレビで言ってましたよね。

山下氏：私は多分指導されるでしょう。甘んじてそれを受けなくはいけないと考えます。

別の質問者は、幼児に対する日常生活の注意点を聞いた。山下氏は、二本松は心配ないとして、次のように続けている。

山下氏：ただ伝えたい根拠は、理論ではありません。現実です。みなさんは現実にここに住んでいる。住み続けないといけない。広島、長崎もそうでした。… 私はその現実をもって、皆様方にお話をしています。ですから国の指針に従うのは国民の義務だと思いますから、そのような内容でしかお伝えできません…。

影浦（2013）は、情報発信者や情報の信頼性の条件である「形式に関する要件」として一貫性、包括性・体系性そして説明・挙証責任、そして「内容や位置付けに関する要件」として話題や内容の文脈妥当性（情報発信者自身の社会的位置づけを含む）と事実性をあげている。こうした質疑応答の場でこの要件

全てを満たすことは困難としても、最初の質問者はこれまでの山下氏の発言と今回の講演との一貫性、100mSv以下を危険とする他の専門家の意見との比較検討する包括性や体系性を備えた説明を期待していたであろう。しかし上記の発言は、科学者の発言としては文脈妥当性に欠ける「国民の義務」について述べ、事実性については判断のしようのない回答となっている。そして二人めの質問者に対しても、彼の専門的アドバイスの根拠としては文脈妥当性に欠ける説明を繰り返した。山下氏がそれまで科学者として論文を執筆し、教育にも携わっている以上、上記の信頼の要件について知らない、もしくは要件を満たす能力がないとは考えられない。にもかかわらず、このような発言となったのはなぜであろうか。

　上記の発言の中で使われた「理論」と「現実」は、原発事故前の2009年10月の「原爆被災と世界の被ばく医療」と題した、日本カトリック医療団体協議会大会における講演でも使われており、言い逃れのための今回限りの思いつきとは言えない。講演では、チェルノブイリでの自らの経験に基づき政治的アプローチの重要性を認識したとして、現実と理想のバランス、理論と実践を結ぶ政策の必要性を述べ、その中での科学の重要な役割を主張している（Japan Catholic News, 2009）。山下氏が「理論」としての科学を追求するのみならず、「現実」としての政治にも自ら積極的に関わろうとしたのなら、そしてそれをリスク・コミュニケーションとして融合しようとしたのなら、コミュニケーションの破綻を導くことはルーマンのシステム論ではむしろ自然の成り行きだったと言えるだろう。

6. 科学システムと政治システムの境界

　二本松の講演会は、放射線の健康被害について専門家の意見を聞くという主題が設定されており、最初の質問は、その主題に関する山下氏の矛盾する言説の真偽を問いただす科学的コミュニケーションを期待していたと考えられる。しかし山下氏は、政府の政策と国民のとるべき行動といった政治的、また倫理的コミュニケーションを持ち出し、真／偽を差異化することなく、意味不明な

回答をしている。それを受けて質問者は、文科省の「指導」に話題を変え、再度 100mSv の真偽に話題を戻そうとしているが、ここでも真/疑コードの応えにはなっていない。

次の質問でも質問者が科学的回答を求めているにもかかわらず、山下氏の回答は国の政策に向かう。こうした山下氏の発言は、意味を決定できず、様々な「理解」を可能とし、科学的コミュニケーションへの接続は困難となりコミュニケーションを阻害する[4]。

ルーマンは政治システムの機能を「集合的に拘束力のある決定を下すキャパシティの準備」(Luhmann, 2000=2013: 100) と定義する。そして権力保持・不保持の二元コードにより、自己言及的に自己を組織化し、コミュニケーションを連結させていくとする。この政治システムのコミュニケーションとして上記の発言をみると、20mSv 以下では避難の必要性を認めないとした政府の決定を弁護し、正当化する発言である。政策の拘束力を高め、また政権の権力維持に資するコミュニケーションとして観察することが可能であり、国家の政策を支持することにより、自らの権力を維持する、もしくは正当性を保持するためのコミュニケーションであるとも考えられる。山下氏の発言を政治的コミュニケーションとみるなら、100mSv の安全についての真偽問題は問題とならず、彼の発言には一貫性がみえてくる。

科学コミュニケーションとして一貫性、包括性を示し、説明・検証責任を果たすことができないため、政治言説に切り替える以外の方略がなかったのかもしれない。放射線の健康影響に閾値がないことはすでに一般的に認められており、UNSCARE や IAEA といった放射線防護に関わる国際機関も安全な線量は無いこと（閾値無し仮説）を公式見解としている以上（今中, 2011: 1153）、100mSv 安全言説は、他の科学コミュニケーションに接合することが困難であり、通常「偽」と判断され排除されるコミュニケーションといえよう。しかし同時に彼の 100mSv 言説は、政治言説としては政治システムの中で選択されうる有効な言説である。

島薗 (2013) はその著書『つくられた放射線「安全」論』で、山下氏の「リスク・コミュニケーション」の失敗をもたらした「構造的要因」を以下のように述べている。

広島・長崎の原爆調査を踏まえて重松や長瀧氏らの主導したチェルノブイリ調査の中で養われたものがあり、90年代後半から2000年代にかけてはまず原発推進者たちが培い、次いで諸分野のリスク論者が広めていったリスコミ観が背景にある。(島薗, 2013: 237)

山下氏は、長瀧氏と師弟関係にあり、チェルノブイリ調査に参加している。重松逸造氏も長瀧重信氏も、広島長崎の被ばく者データを収集、管理する放射線影響研究所理事長を務めており、その低線量被ばくを考慮しない分析モデルによって得られた結果は、これまでの原爆被爆者の補償制度の根拠となり、チェルノブイリにおける健康被害調査においては「不安」による健康被害を主張する根拠とされた。またその主張は、もんじゅ事故後に政策課題となった「安心安全」を住民に伝えるリスク・コミュニケーションとして日本政府に重視され、長瀧、山下両氏の所属する長崎大学は放射線健康リスク・コミュニケーションの拠点として国から多額の研究費を獲得することとなった(島薗, 2013: 212)。

山下氏が繰り返した100mSv安全論は、この広島長崎被ばく者データを根拠とし、さらにそのデータが重松氏や長瀧氏のみならず山下氏の経歴の核となり、職位、さらには大学の多額の研究費獲得につながっている。従って、政治システムの二元コード(権力の保持/不保持)で考えれば、たとえ科学システムにおいて偽と疑われるものであっても、100mSv安全説はこれまでの自らのキャリアを作り、そして組織の資金源を確保した先行するコミュニケーションと矛盾なく接続する政治的コミュニケーションと言えよう。そして日本政府は2013年以降も、この100mSv安全説を日本の放射線防御政策を批判した国連人権委員会勧告への反論に利用しており(津田, 2015)、これからもしばらく政策的に有効なコミュニケーションとなることが考えられる。

ルーマンの言うように、山下氏という人間がコミュニケートしているというより、この政治システムの中での、権力(もしくは支払い)を志向するコミュニケーションの繋がりが上記の山下氏の発言をもたらしたと観ることは可能ではないだろうか。科学的コミュニケーションとしては真偽が疑われるものの政治システムでは機能し、山下氏は公職を解かれること無く、長崎大学の副学長

を務め、福島県立医科大学放射線医学県民健康管理センター副センター長、首相官邸の原子力災害専門家グループ8名のメンバーのひとりとして活動を続けた[5]。

しかしその結果は、島薗が述べるようにリスク・コミュニケーションの失敗である。複雑性は縮減されるどころか増大し、更なる混乱を招くこととなった。2011年8月には放射線管理アドバイザー解任要求の県民署名が提出され、さらに福島原発告訴団や飯舘村民救済申立団、ジャーナリストの広瀬隆氏等から告訴されている。こうした状況はルーマンの述べるところの機能分化の揺らぎを示しているように思える。

7. 機能分化のゆらぎ

高橋は、前述したように構造変化の3つの契機のひとつとして機能分化の基本条件が維持されないケースを挙げている（高橋, 2013: 202）。その基本条件とは以下の3点である。

①独自のコードとプログラムによる機能システムの自律的なコミュニケーションの再生産
②セカンド・オーダーの観察を介した機能システムの自己制御
③全体社会的機能の機能システムへの特化と普遍的な機能充足

上記の事例において、3つの基本条件が維持されているのだろうか。

(1) 自律的コミュニケーションの再生産

正真正銘のカタストフィーであるチェルノブイリ原発事故の放射線被害問題に関わることで、科学だけでは現実を変えることができないと、科学システムと政治システムの境界を自ら選んで越境したようにもみえる山下氏であるが、長崎大学のポストを得てチェルノブイリ調査に参加した時点で、既に否応無く政治システムに巻き込まれたのかもしれない。そして当初の科学と政治の「バ

ランス」を取るという彼の言葉に反して、結局は科学者でありながら政治システムのコミュニケーションを作動させ、混乱を招くことになったようにみえる。

　科学システムは、リスクをめぐるさまざまな決定の正当性の論拠として利用され、政治的討論において、対立しあう両者に「弾丸を供給する弾丸工場」になり、科学の権威は失墜するとルーマンは述べる（Luhmann, 1991=2014a: 242）。科学ができることはリスクが蓋然的である／蓋然的でないかについての現時点における意見を述べることのみである。しかしこうした論争は科学的に保障された確かさを求め、言説はレトリックへと縮減され、科学の自律性が脅かされる（Luhmann, 1991=2014a: 243）。チェルノブイリ調査も、福島事故の安全対策も重要な政治的アジェンダである以上、政治的介入に科学者個人が抵抗することは容易ではないであろう。

　ルーマンはそうした科学が権威の失墜のリスクを回避するために必要なのは、不偏不党や価値自由を守ることにではなく、むしろリスクを自ら招き入れること、つまり真理の確定はすべて理論や方法に依拠していることや、ポッパーの言う反証によってはじめて科学は科学たりえることを明示することによってであるとする（Luhmann, 1991=2014a: 244）。これはあくまでも科学システムのとりうる対処であるが、このルーマンの助言に従うなら、山下氏は確かさを科学に求める政治や世論に、毅然として科学の不確実性、リスク、そしてその限界を説明しなければならなかったことになる。しかし放射線防護のリスク・コミュニケーション拠点として多額の研究費を獲得していた長崎大学のプロジェクト責任者として政治の期待を裏切ることがはたしてどれほど現実的だったのだろうか。

　多くの科学者はその好みや意思とは関わりなく、境界が崩れた現実社会に生きている（塚原・美馬, 2014）。そこでは、科学者が真偽の二元コードのみに焦点をあてた科学コミュニケーションに専念することは容易ではない。見えないリスクが重要な政治アジェンダとなる現代社会において、政治システムの科学への介入を避けることは困難であり、また大学という組織の存亡が政府や企業からの予算獲得に左右される時代に、科学が国家の政治的意向や企業の利益に全く配慮しないこともできないであろう。こうした状況において、科学者が

従来の二元コードのみで、これまで同様にコミュニケーションを作動させ、科学システムの自律性が維持できる状況にはないように思える。

(2) セカンド・オーダーの観察を通しての自己制御

ルーマンは機能分化した各領域のコミュニケーションは、どれもがセカンド・オーダーの観察をしていると考えており、政治においては世論による自己観察が、セカンド・オーダーの観察として政治の自律的コミュニケーションの条件になるという。世論は政治がテーマを選び決定する際に、社会に存在するテーマや意見の多様性を提示し複雑性を吸収するという機能を持つ（高橋, 2013: 196）。民主主義国家にとって、世論は政権やその政策の正当性の一つの源泉であり、さらにその重要性は増すであろう。原発事故と放射線防護はマスコミ報道やSNSでの注目度も高く全体社会的なテーマとなっていたことを考えると、科学システムの100mSvをめぐる真偽のコミュニケーションや20mSv基準の議論が、世論として、政治システムの自己制御につながる可能性もあったであろう。しかし実際は、政治システムは世論を取り込むことに失敗し、自らのシステム信頼を損なうとともに自己制御できなくなっているようにみえる。例えば影浦（2013: 79）は山下氏を含む専門家の発言や政府の対応が、信頼のみならず信頼の基盤すらも破壊したと論じている。

しかしこうした自己制御の困難性は、政策決定者の能力のみならず、政治システムに内在するパラドックスに起因する可能性もある。つまり、政治システムは国境を越えた世界政治システムであるにもかかわらず、集合的拘束力をもたらす決定は国民国家レベルでなされ、その自己観察も国民国家レベルであるという問題である（Stichweh, 2002=2004, Nassehi, 2002=2004: 99）。いかに日本国内で世論が高まり、100mSv安全説に基づく政策が政府や専門家の信頼を失墜させ、日本政府や政策決定者の権力保持に負の効果をもたらそうとも、世界核体制の中での政治コミュニケーションの接続と秩序維持の観点から、国内世論を決定に取り込むことができないという可能性である。これは次項のグローバル・エリート階層の存在とともに機能分化の第3の基本条件に関わる問題である。

(3) 全体社会の機能充足とグローバル・エリートという多機能階層

もうひとつの揺らぎとして、現在の機能分化が全体社会の機能を十分に果たすことができない可能性がある。今回山下氏が唱え問題となった放射線防護基準は、日本の国内問題だけではなく、全体社会で権力を掌握する核関連のグローバル・エリートにとっても重要な問題であるといえる。彼らは、核保有国政府、核産業関連企業、国際原子力機関（IAEA）や放射線防護に関する国連科学委員会（UNSCEAR）などの国際機関、国際放射線防護委員会（ICRP）といったNGOであり、機能分化の揺らぎを考える上で特に興味深いのは国際放射線防護委員会（ICRP）である。

ICRPは放射線防護の国際基準の勧告を行っている民間の国際「学術」団体とされるが、UNSCEARやWHO、IAEAと緊密に連携しながら働き、IAEA、WHO、OECD、欧州連合、日本やアメリカ、イギリス、カナダ等からの各国内の機関から活動助成金を受け取っている（コバヤシ，2013）。日本政府を含め、各国政府が勧告に従い、その影響力は絶大である。ICRPは学術組織でありながら政界、財界、科学者のフォーラムであり、彼らの勧告は、政治、経済、科学という異なる機能システムを越境する勧告である。そしてこの勧告に世界の国家は従っている。このICRPが緊急時の放射線防御基準として推進するのが、上記の山下発言で問題になった20mSv—100mSvである。このICRPが原発事故後、福島市民対象に放射線防護セミナーやプログラムを実施し、日本で活発に活動している（コバヤシ，2016）。その事実は、この度の福島事故はこのグローバル・エリートの利害と政策に深刻な影響を与えうる事件であり、国家による従来の政治システムの二元コードが複雑性に十分に対応できておらず、全体社会の機能を充足していないと判断した結果の直接的介入とみなすことができるかもしれない。そしてシステムの構造変容の契機を示すひとつの事例として観察できるかもしれない。

更に、このグローバル・エリートの活動は、前述のルーマンのカタストロフィーの第二の契機である機能分化ではない階層分化の進展を示し、さらに第三の契機とされる包摂原理の侵害につながる可能性がある。

8. おわりに

　福祉国家はリスクの強化をもたらす巨大で制御不能な機構となったとルーマンは述べている（Luhmann, 1991=2014a: 170）。政治システムは、もともとさまざまな外部リスクを取り込み政治化し、決定の帰結がどうなるかを見通すことができなくても決定をくだす。そしてデモクラシーの名により集合的に帰責し、自らの問題解決能力の欠如を補うとされる（Nassehi, 2004: 99）。しかし、本章の事例が示すように、こうした既存の政治システムの二元コードによる作動は、現在では、他の部分システムの自律性を脅かし、複雑性を縮減するどころか増幅している。そしてそれは全体構造変動がすでに始まっていることを示すのではないだろうか。ルーマンの社会システム論は、こうした全体社会の構造変動をも説明する射程をもっているように思える。

注
1　チリの生物学者で神経生理学者であるファンベルト・R・マトゥラーナとフランシスコ・J・ヴァレラの autos（＝自己）poiein（＝つくる）を合成した造語。（Kneer and Nassehi, 1993=1995: 56）
2　ルーマンは「プログラム化」という概念で、異なるシステムの関連を概念化する。
3　Our Planet TV staff による「山下俊一氏講演（5月3日・二本松市）【後半／質疑】」からの書き起こし。https://www.youtube.com/watch?v=ZlypvPRl6AY
4　Youtube 映像への書き込みには、これらの発言を人格問題に帰属させた攻撃的書き込みなどもあり、心理分析のコミュニケーションに接続されている。
5　http://www.kantei.go.jp/saigai/senmonka.html　参照。
6　しかしこの 100mSv に関する世論があまりに道徳化され、政治的コミュニケーションを阻害し、多くの問題の中で周辺化されている場合は、機能分化を揺るがす問題とならないとも考えられる（高橋、2013b: 194-198）。

引用文献
今中哲二（2011）「"100 ミリシーベルト以下影響ない"は原子力村の新たな神話か？」『科学』81（11）。
大黒岳彦・エスポジト，エレナ（2014）「ルーマン後の社会システム論と現代社会学」『現代思想』42（16）、75-85頁。
大黒岳彦（2014）「世界社会と情報社会」『現代思想』42（16）、102-116頁。
影浦峡（2013）『信頼の条件――原発事故をめぐることば』岩波書店。
コバヤシ，コリン（2013）『国際原子力ロビーの犯罪――チェルノブイリから福島へ』以文社。
コバヤシ，コリン（2016）「飯館村を標的にしたエートス一派と日本財団」（2016年9月29日取得、

http://echoechanges-echoechanges.blogspot.jp/2016/09/blog-post_20.html)。
島薗進（2013）『つくられた放射線「安全」論』河出書房新社。
高橋徹（2013a）「機能システムのインターフェイス、あるいは自律する周辺」高橋徹・小松丈晃・春日淳一編『滲透するルーマン理論』文眞堂、155-180頁。
高橋徹（2013b）「機能分化と「危機」の諸様相」高橋徹・小松丈晃・春日淳一編『滲透するルーマン理論』文眞堂、181-212頁。
塚原東吾・美馬達哉（2014）「ポスト・ノーマル時代の科学者の仕事」『現代思想』42（12）：46-77頁。
津田敏秀（2015）「今なおも日本国内のみで続く科学的根拠のない100mSv閾値論」『科学』85（9）：864-874頁。
馬場靖雄・正村俊之（2014）「社会の理論化は可能か」『現代思想』42（16）：60-85頁。
美浜の会（2011）「5月2日政府交渉の報告：子ども年20ミリシーベルト基準撤回を求めて」『美浜の会ニュース112号（5月15日）』（2016年9月28日取得、http://www.jca.apc.org/mihama/News/news112/news112govneg.pdf20mSv）http://greenaction-japan.org/jp/2011/05/512。

Baraldi, Claudi, Giancarlo Corsi and Elena Esposito (1997), *GLU- Glossar zu Niklas Luhmanns Theorie Sozialer Systeme*, Frankfurt and Main, Surkamp Verlag.（土方透・庄治信・毛利康俊訳（2013）『ニコラス・ルーマン社会システム理論用語集』国文社。）
Beck, Ulrich (1986), *Risikogesellschaft*, Frankfurt and Main, Suhrkamp Verlag.（東廉・伊藤美登里訳（1998）『危険社会』法政大学出版局。）
Hutter, M. (1989), Die Produktion von Recht, Tubingen, J. C.B. Mohr.
Japan Catholic News (2009), "Doctors, Nurses, Care Workers Combine Efforts For Better Services," *Catholic Weekly*, 1 November.（2016年9月29日取得、http://www.cbcj.or.jp/eng/jcn/nov2009.htm。）
Kneer, Georg and Armin Nassehi (1993) *Niklas Luhmanns Theories Sozialer Systeme*, Muenchen: Willhelm Fink Verlag.（舘野受男・池田貞夫・野崎和義訳（1995）『ルーマン社会システム理論』新泉社。）
Luhmann, Niklas (1990), *Die Wissenschaft der Gesellschaft*, Frankfurt am Main: Suhrkamp Verlag.（徳安彰訳（2009）『社会の科学（1）（2）』法政大学出版局。）
Luhmann, Niklas (1991), *Soziologie des Risikos*, Berlin: Walter de Gruyter.（小松丈晃訳（2014a）『リスクの社会学』新泉社。）
Luhmann, Niklas (1997), 'Globalization or World Society: How to conceive of Modern Society,' *International Review of Sociology*, 7 (1).（大黒岳彦訳（2014b）「グローバリゼーション」か、それとも「世界社会」か」『現代思想』42（16）：86-101。）
Luhmann, Niklas (2000), *Die Politik der Gesellschaft*, Suhrkamp Verlag.（小松丈晃訳（2013b）『社会の政治』法政大学出版局。）
Nancy, Jean-Luc (2012), *L'Équivalence des Catastrophes* (apres Fukushima), Paris: Galilee.（渡名喜庸哲訳（2012）『破壊の等価性―フクシマのあとで』以文社。）
Nassehi, Armin (2002), 'Politik des Staates oder Gesellschaft? Killwktivitat als Proble, formel des Politischen', in Kai-Uwe Hellmann/ Rainer Schmalz-Burns (Hg.) *Theorie der Politik : Niklas Luhmanns politische Soziologie*, Suhrkamp.（庄司信訳（2004）「国家の政治か社会の政治か」土方透編『宗教システム／政治システム』新泉社。）
Stichweh, Rudolf (2002), 'Politik und Weltgesellschaft'in Kai-Uwe Hellmann/ Rainer Schmalz-Burns (Hg.), *Theorie der Politik : Niklas Luhmanns politische Soziologie*, Frankfurt am Main:

Suhrkamp.（森川剛光訳（2004）「政治と世界社会」土方透編『宗教システム／政治システム』新泉社。）

第 2 章

韓国のベトナム戦争の加害責任論と贖罪行動
―過去清算と「慰安婦」問題との関連で―

金　　栄　鎬

1. はじめに

　1980年代末の民主化と冷戦の終結及び1990年代末の政権交代などを経て、韓国では植民地支配・米軍政・国家分断・朝鮮戦争・軍のクーデター・権威主義政治体制などによる数多くの重大な人権侵害の過去を清算し正義を回復する「過去事整理」(過去清算) と「真実和解」(＝移行期正義) が試みられてきた[1]。本章で考察する韓国のベトナム参戦は、朝鮮半島が経験してきた過去の重大な人権侵害の中で、対照的な位置を占める。権威主義政治体制による人権侵害の被害者かつ国家の対外行動の客体であった人々にとっても、韓国軍によるベトナム民間人虐殺は、加害国としての主体の側に位置する問題だからである。

　韓国のベトナム戦争の記憶は、「自由と平和の守護」や「国威宣揚」を掲げた軍出身政府の下で隠蔽され抑圧されてきた。その後、民主化と冷戦終結、韓国とベトナムの国交樹立、韓国の政権交代を経て加害の戦争の対抗的記憶が想起され、2000年前後に加害責任論と贖罪行動が起きた[2]。しかし、韓国のベトナム派兵50年が過ぎたこんにち、国内政治における公式の歴史・公定の記憶のバックラッシュや、「過去にフタをし、未来に向かう」ベトナム政府との微妙な関係、さらには、韓国のベトナム加害をもって日本の「慰安婦」加害を否定する日本の「嫌韓論」などの狭間に置かれている[3]。このように、韓国のベトナム加害責任論・贖罪行動は、国内政治と対外関係の二重の「際」にある。

　本章は、民主化後の民主主義、過去清算と真実和解、「慰安婦」問題などと

の相互関係において韓国のベトナム戦争の加害責任論・贖罪行動を考察する。

第2節では、権威主義政治体制によるベトナム参戦の公式の歴史・公定の記憶＝「自由守護」「反共十字軍」「国威宣揚」が、ベトナム和平・統一後に「共産化による国家敗亡の悪夢」となって潜在化する過程を追跡する。第3節では、民主化後・冷戦後・政権交代後のベトナムへの加害責任論と贖罪行動を、元参戦兵士団体のリアクションや、過去清算と真実和解をめぐる政治対立との関連で分析する。第4節では、国内政治のバックラッシュと日韓関係の狭間で、ベトナム民間人虐殺被害者と韓国「慰安婦」被害者の「苦痛の連帯」がどのように試みられ、どのような問題に直面しているのかを考察する。最後の第5節では、デモクラシーと過去清算、ナショナリズムと戦争の記憶という問題への本章の考察のインプリケーションを考える。

2. 公式の歴史と加害の忘却

(1) 「反共十字軍」という公式の歴史

韓国は1964年に工兵やテコンドー教官などの非戦闘部隊をベトナムに派兵し、翌年65年には国会で日韓条約・諸協定を与党単独で強行採決した二日後に戦闘部隊の派兵を決議した。65年10月に青龍部隊（第2海兵旅団）、猛虎部隊（首都師団）を、続いて66年9月に白馬部隊（第9師団）を派兵した。朴正熙政権にとって、日韓条約の締結とベトナム派兵は表裏一体の選択であった。韓国軍は73年に撤収するまでに延べ約30万人を派兵し、約5千人の死者と約1万人の負傷者を出した[4]。これは米国の延べ派兵人数と死者数の各々の約10分の1に当たる。

韓国の戦闘部隊は、朴正熙政権によって「自由守護」のための「反共十字軍」という使命を負わされ、解放戦線のゲリラを「まじめに殺す」部隊として恐れられ憎悪された[5]。韓国軍が主に作戦を展開したベトナム中部地域で民間人虐殺事件が多数起きた。ベトナム民間人被害者は、ベトナム政府の公式発表によれば5千人、韓国の研究者とNGOの調査によれば9千人と言われている。

戦後の韓国軍は、戦前には旧日本帝国軍に属していた将校・士官を擁し、

1950年代に血で血を洗う朝鮮戦争を経験し、以降、徹底した反共主義の権威主義政治体制を支えた[6]。「アカは殺してもいい」という「内面化された反共イデオロギー」が、ベトナム参戦韓国軍の行動に影響したとみられる[7]。ただし、参戦軍の中で多数を占めた貧しい農村出身の一般兵士たちは、「自由」「反共」などの国家が付与したイデオロギーよりも、米韓間で取り決められた派兵勤務手当のために「血を売った傭兵戦争」として記憶していることが多い[8]。

また、韓国軍が「共産主義の脅威」から「守護」すべく参戦したベトナムに対して向けた視線は、オリエンタリズムであった。同じく植民地支配と分断に苦しんできた同じアジア人のベトナムを「劣等」の「他者」として外部化することで、パトロン－クライアント関係で超えることができない溝と差別があるにもかかわらず、米国との「虚構の一体化」を志向した。この点で、ベトナムに参戦した韓国は亜流帝国主義でもあった[9]。

韓国軍による民間人虐殺は1966年1月のクアンナム省ディエンバン県ディエンズオン社ハミ村虐殺に見られるように早くから生じているが、68年1月のテト攻勢を前後する時期に最も集中している。しかも、テト攻勢を前後して、朝鮮半島でも北朝鮮がゲリラの浸透を試み、南北朝鮮の緊張が高まった。

1968年1月21日、北朝鮮が派遣した特殊部隊が青瓦台を襲撃する事件が起きた。その二日後、米国情報鑑を北朝鮮軍が拿捕する「プエブロ号事件」が発生した。同年2月1日、ベトナム派兵特需が充てられた京釜高速道路建設の起工式が執り行われた。2月18日、ベトナムのクアンナム省ディエンバン県ディエンアン社フォンニ・フォンニャット村における韓国軍による民間人虐殺が行われた。同年11月には、再び北朝鮮の特殊部隊が韓国の三陟・蔚珍に浸透した[10]。

(2) 「共産化による国家敗亡の悪夢」

1973年のパリ平和協定後、北ベトナムの攻勢が強まり、75年に北ベトナム軍がサイゴンに迫った。同じ頃、韓国内では民主化運動が高まり、同年4月8日には高麗大学に対して前日のデモを理由に「大統領緊急措置」が発動され休校措置と軍進駐が強行された。同日、大法院（最高裁）は、「人民革命党（人革党）」事件の被告38人のうち8人への死刑判決を下した。そのわずか18時

間後、8人の死刑が執行された[11]。

　1975年のサイゴン陥落と南北ベトナム統一は、韓国の反共主義の軍出身政府・朴正煕政権にとっては「自由越南」（南ベトナムを指す）の「敗亡」と「共産越盟」（北ベトナム）による「赤化統一」の「悪夢」であり、北朝鮮による「赤化統一」の脅威と危機感を募らせた[12]。朴正煕政権は、北朝鮮の脅威からの国家安全保障を理由に民主勢力への弾圧や異論の封じ込めを強化して「政権安全保障」を図るとともに、社会全般に軍隊式の秩序を蔓延させた。

　1979-80年にクーデターと市民抗争鎮圧によって権力を握った軍（新軍部）の中心人物の多くは、ベトナム参戦経験を持っていた。全斗煥は白馬部隊の連隊長、盧泰愚は猛虎部隊の大隊長であった。新軍部は「自由越南の敗亡の悪夢」を韓国民主化運動への敵意・敵視に重ね合わせ、80年5月の光州民主抗争を流血鎮圧し、金大中などの野党人士や各界の民主化運動リーダーたちの抹殺を試みた。新軍部が抱くベトナムの「悪夢」は、国内民主化運動への武力鎮圧のアクセルとなったのである。

　しかし、全斗煥・盧泰愚両大統領はその在任期間（1980-93）にベトナム参戦に公に言及することはほとんどなく、参戦者や枯葉剤被害者への補償も実施しなかった。むしろ、全斗煥政権は1980年12月、在郷軍人会傘下の38の任意団体を解散させ、ベトナム参戦戦友会も解体した[13]。こうして、ベトナム参戦は「悪夢」として潜在化し、枯葉剤被害者らの苦痛の記憶も封印された。

　以上のように、冷戦と権威主義政治体制と反共主義の時代の韓国では、「平和と自由の守護」「反共十字軍」「国威宣揚」「経済発展の牽引」が公式の歴史・公定の記憶であった。韓国軍による加害の事実はタブーとされ、また、参戦兵士の「血を売った」戦争の記憶や枯葉剤被害なども抑圧され、「忘れられた戦争」となっていった。

3. 対抗的記憶・加害責任論・過去清算

(1) 民主化・冷戦終結と記憶の想起

　1987年6月民主抗争を契機に韓国は民主主義政治体制に移行し、続いて冷戦が終結した。韓国は90年にソ連と、92年に中国と国交を樹立し、同年にベトナムとの国交も実現した。韓国の李相玉外相は92年12月のベトナムとの国交樹立に際して、「過去の一時期の不幸を遺憾に思う」と述べた[14]。この文句は、65年の日韓国交時に日本政府が発明し、95年の村山首相談話まで使い続けた歴史「認識」の一句である。それを韓国政府がベトナムとの国交にあたって援用したわけである。韓国のベトナム参戦の過去は、両国の国交で解決されず、問題は改めて提起されることになった。

　民主化と冷戦終結と韓国・ベトナム国交は、抑圧され隠蔽された記憶を韓国社会に想起させた。韓国軍による民間人虐殺、軍や進出企業の韓国人男性がベトナム人女性に産ませて置き去りにした「ライ・タイハン」、枯葉剤被害や戦争後遺症を患う元兵士の個々の被害などが各種メディアに取り上げられ、政治社会に公論化した[15]。異なる記憶、対立する記憶が、同じ時期に台頭した。

　参戦者団体の行動も活発化した。1990年7月、ベトナムへの加害の論評を掲載した在野月刊誌『マル』を参戦兵士らが襲撃した。92年9月、枯葉剤被害者とその家族が京釜高速道路を占拠し補償と礼遇を要求した[16]。翌年3月、「枯葉剤後遺疑症患者支援等に関する法律」が成立した。参戦者たちは94年9月、「30周年ベトナム参戦の日記念式」を行い、参戦兵士の名誉の宣揚、参戦記念塔の建立、国家有功者指定、枯葉剤被害補償の範囲の拡大などを要求した[17]。

　1994年5月に訪越した韓昇州外務部長官が、レ・ドゥック・アイン国家主席との会談でかつての参戦について「遺憾」を表明すると、国内の一部保守派から批判の声が上がり、政府は「謝罪ではない」と釈明した。また、95年5月、「名分なき戦争」「傭兵戦争」と述べた金淑喜文教部長官がマスコミの猛攻撃を受け、金泳三大統領の逆鱗に触れて更迭された。

同じころの国内政治では、5・18光州事件をはじめ過去の人権侵害の真相究明と責任者処罰と被害者の名誉回復を求める社会運動が高揚した。1980年5月の光州事件の性格規定が「暴動」から「民主化運動」へと変わったのは、88年以降の盧泰愚政権時であり、90年には「5・18民主化運動関係者の補償等に関する法律」が制定されている。しかし、光州事件を鎮圧した新軍部を権力基盤とする盧泰愚政権下では、真相究明と責任者処罰は行われなかったため、光州事件はその後も争点になり続けた。

　1993年に成立した「文民政権」の金泳三政権の与党は、全斗煥・盧泰愚をリーダーとする政党との統合政党であった。金泳三大統領は、光州事件の真相究明と責任者処罰の要求に対しては「歴史に任せよう」と述べ、光州事件の再審を拒絶した。しかし、別件である元・前大統領の巨額不正資金事件が露わになり、自らへの疑惑にも波及すると、世論に抗しきれなくなり、一転して在野勢力と世論の「光州特別法」制定要求を受け入れた[18]。

　1995年12月に「光州民主化運動真相究明法」と「憲政秩序破壊犯罪公訴時効等特例法」が制定され、全斗煥・盧泰愚両元大統領には97年4月までに内乱、軍事反乱、収賄などの罪で重刑が確定した。ベトナム参戦経験を持つ新軍部の指導者は、光州事件の被害者や軍政への抵抗者たちの運動によって裁かれることになったのである。このことは韓国における過去清算＝移行期正義とベトナム加害責任論・贖罪行動の重要な転機となった。

(2)　加害責任論と贖罪行動

　1997年12月の大統領選挙では韓国政治史で初めて選挙による与野党間の政権交代が起き、金大中政権が成立した。金大中政権は北朝鮮への「和解協力政策」を推進するとともに、政府から独立した国家人権委員会や女性家族部の新設など新たな人権政策を実施した。

　こうしたなかで、過去の重大な人権侵害に関する真相究明と被害補償及び名誉回復の要求が市民社会で強まり、関連法が相次いで成立した。「済州4・3事件の真相究明及び犠牲者の名誉回復に関する特別措置法」（2000年）、「疑問死真相究明に関する特別法」（2000年）、「民主化運動関係者の名誉回復及び補償に関する法律」（2000年）などである。また、「光州民主功労者の処遇改善

に関する法律」(2001年)によって、それ以前の独立運動や朝鮮戦争の「功労」だけでなく、民主化運動の「功労」が指定されたことで、国家報勲政策の変化がもたらされることになった[19]。

1999年には朝鮮戦争時に米軍が民間人を虐殺した「老斤里事件」(忠清北道永同郡黄澗面)が争点となった。この事件と被害者遺族たちの真相調査要求は軍出身政府下の韓国で長く黙殺されてきたが、99年9月のAP通信の報道と国内世論を受けて、米韓両政府は真相調査を行った。2001年1月、米国政府は虐殺の事実を認めて「遺憾」を表明し、遺族への奨学金給付などの措置をとったが、軍の指令の有無が確認できないという理由で補償は拒否した。

権威主義政治体制下の人権侵害の過去清算に取り組んだ人々は、民主化運動の記憶を共有する人々でもあった。彼らは、国家による自国民への加害に取り組む過程で、国家によるベトナムへの加害に向き合うことになる。

ベトナムへの韓国人留学生・具秀姃(ク・スジョン)が、1999年から2000年にかけてラジカルな週刊誌『ハンギョレ21』にベトナム民間人虐殺の証言をレポートした。NGO、市民団体、大学教授、弁護士、宗教家、医師、作家、芸術家、「ナヌムの家」、学生たちが、2000年1月から4月にかけて「ベトナム戦民間人虐殺真実委員会」を構成し、韓国軍によるベトナム加害の歴史を掘り起こし、政府に謝罪と補償を要求した。また、『ハンギョレ21』を通して「ごめんなさい、ベトナム」募金の贖罪キャンペーンを実施した。

韓国軍の主要な作戦地域であったベトナム中部のダナンの博物館には、韓国の猛虎部隊と青龍部隊の写真展示があり、民間人虐殺生存者たちの写真があわせて展示されている。そして、この一連の展示の終りの方に「ごめんなさい、ベトナム」の文字が刻まれたTシャツやCDが展示されている。2000年7月に「ベトナム戦真実委員会」が制作したものである[20]。

1998年12月にベトナムを国賓訪問した金大中大統領は、チャン・ドゥック・ルオン国家主席及びレ・カ・ヒュー共産党書記長との会談で「両国間には不幸な過去があった」と言及するにとどまった[21]。その後、2001年8月に訪韓したチャン・ドゥック・ルオン国家主席に対して、金大中は「私たちは不幸な戦争に参加し、本意でなくベトナム国民に苦痛を与えたことに申し訳なく思う」と「謝罪」し、経済協力やインフラ投資を増額し、病院や学校の建設を推

進した[22]。

　加害への直接的な「罪」はないが、加害への政治的な「責任」を引き受ける人々が行った贖罪運動は、ベトナム派兵の公式の歴史・公定の記憶を揺さぶり、ベトナム参戦の対抗的記憶となったということができる。

　一方、2000年6月の南北首脳会談の開催とほぼ同じ頃、ベトナムへの戦争加害の連続報道と謝罪・補償キャンペーンを行うハンギョレ新聞社を、元参戦兵士団体が「名誉を汚す」、「冒涜だ」と反発して襲撃した。また、2001年の金大中大統領の「申し訳ない」発言に対して、当時の野党ハンナラ党（現セヌリ党）は、「大統領の歴史観と国家観が憂慮される」、「共産主義の侵略への国際社会の一員としての参戦という既存の価値観を覆すもの」などと非難した[23]。ベトナム戦争に関する対抗的記憶と公定の記憶の対立は、政治社会勢力間の厳しい対立に発展していった。

　韓国軍のベトナム民間人虐殺を知った元「慰安婦」被害者たちは、「加害を謝罪するための博物館」を建ててくれと、韓国政府から支給された生活安定資金をベトナム戦真実委員会に寄贈した[24]。ベトナム戦真実委員会は2003年に平和博物館建立推進委員会に改編され、「苦痛の連帯」を核心理念に設定し、侵略と植民地支配、済州島4・3事件、朝鮮戦争、ベトナム戦争、イラク戦争、原爆被害、民族浄化、原発被害、国家保安法被害の展示や平和教育などに取り組んだ[25]。

　ベトナム戦真実委員会と『ハンギョレ21』が行った「ごめんなさい、ベトナム」募金は1999年10月から2003年2月まで続き、約1億5千万ウォンが集まった。これをもとに、韓国軍戦闘部隊が駐屯し22件の民間人虐殺が行われた地域であるベトナム中部のフーイエン省ドンホア県中ホアヒエップ社に「韓国・ベトナム平和公園」（韓越平和公園）を建てることになった[26]。韓越平和公園は2002年4月に起工式をもち、2003年1月に完成した。

　しかし、フーイエン省はベトナム中部でも貧しい地帯であり、韓国軍の虐殺事件が起きた村が広範囲に散らばっている。また、韓越平和公園は、一般の居住地からは離れた郊外に立地していることもあって、完成後に訪れる人は少なく、省や県の予算も不足し、管理が行き届かずに劣化していった。省や県の慰霊・追慕が行われていない地域に平和公園を立て、この問題に関心をもっても

らい、「ソンミ平和公園」のような機能を期待した韓国 NGO の意図は外れた[27]。ある意味では、「韓国社会の中の対抗的記憶の弱化とベトナム戦争に対する"2次的な忘却"の進行を表す空間になっている」[28]。

また、「越南参戦戦友福祉会」(1998年2月設立) が、「ごめんなさい、ベトナム」キャンペーンを受けて、ハミ村に慰霊碑の建立を進めた。2000年5月に慰霊碑起工式をもち、同年9月に除幕式、同年11月に慰霊祭が予定された。しかし、除幕式と慰霊祭には韓国参戦兵士がともに参加することはなかった。慰霊碑の碑文に韓国青龍部隊のハミ村民間人虐殺の詳細が刻まれていることを、駐ベトナム韓国大使館参事官の李容濬が各地を視察中に問題視して介入し、また、参戦戦友福祉会も「和解」の精神に適合しないとして修正を求めたからである[29]。

省や県は韓国政府とベトナム中央政府の圧力を受けて碑文を修正するよう村の住民に働きかけた。しかし、住民は碑文の修正に反対し、碑文を変えるくらいならば、元のままにしようと、その上を石版で覆った。村の住民たちは、「私たちは直さない。いつか時が来ればこれだけ外せば碑文はその中にある」、「決して過去を忘れ去るということではない」と述べた[30]。

駐ベトナム韓国大使館参事官の李容濬がハミ村記念碑問題で示した「過去を忘れて水に流し和解しよう」式の認識は、老斤里問題や「慰安婦」問題における韓国政府の対米・対日行動に照らせばダブル・スタンダードであり、米国政府がベトナムとの国交で表した認識や、日本政府が戦後責任問題で示した認識と同型である。他方、ベトナム政府・共産党の「過去にフタをし、未来に向かう」選好は、1960年代から80年代後半まで続いた韓国の軍出身政府の対日政策の選好に類似する。

金賢娥（キム・ヒョナ）は、米国のソンミ虐殺、韓国のベトナム加害、光州民主化運動記念を念頭に「和解」を考察しながら、「治癒不可能な傷というものが世の中にはある。それが解らない者は、和解ということばを使ってはならない」と指摘した[31]。韓国の加害の過去をめぐるベトナム政府との微妙な関係や韓国政府のダブル・スタンダードとの相互関係の中で、加害責任論・贖罪行動は民間次元で模索が続けられることになる。

(3) 過去清算と真実和解

2002年6月に米ブッシュ政権が「先制攻撃」ドクトリンを打ち出し、同年10月には北朝鮮のウラン濃縮疑惑が発覚した。韓国内で反米感情と反北朝鮮感情の対立が深まるなか、金大中政権の「和解協力政策」を継承する盧武鉉政権が2003年2月に発足した。

その直後の3・1節に、「反戦反核」を掲げる進歩派のデモと、「反核・反金正日」を掲げる保守派のデモが同時に開催された。後者の保守派のデモには、元参戦兵士たちが組織的に動員された[32]。過去のベトナム派兵の記憶をめぐる対立は、現前の北朝鮮との関係をめぐる政策・感情の対立と相乗作用したということができる。

2003年9月、盧武鉉政権は米ブッシュ政権が先制攻撃し体制を転覆したイラクにPKO部隊を派遣した。ベトナムへの加害責任論・贖罪行動に取り組む人々はイラク派兵に反対した。他方、盧武鉉大統領はイラク派兵決定について「歴史の記録には間違った選択として残るだろう」、「しかし、大統領としては不可避の選択」と考えていた[33]。

盧武鉉は2004年10月のベトナム国賓訪問でディエンビエンフー訪問を希望し、また、ホー・チ・ミン墓地を参拝して献花した。秘書官によれば、盧武鉉の振る舞いは「周辺の憂慮にも関わらず」行われたものであり、「韓国軍が参戦したベトナム戦争の痛む記憶について遺憾を表した。歴史はそのように一段落をつけなければという考えだった」という[34]。

だが、盧武鉉政権のイラク派兵に関連して、カンユ・イヌァは「国際舞台での位相の変化とともに、既存の弱者の立場から叙述されていた戦争の記憶は、積極的な参戦者の地位から再叙述されている」、「ベトナムに対する政府の謝罪表明は、国家のアイデンティティと関連した戦争自体に対する反省であるよりは、米国の"衛星国家"または"傭兵"の地位から抜け出し、戦争の対等な主体に移動しようとする国家的意志から表明された、"国家的地位"に関する反省だった」と批判する[35]。韓国政府の「謝罪」について、伊藤正子の肯定的な評価とは対極にあり、また、筆者の留保的な評価よりもさらに否定的である。

ただし、カンユ・イヌァは、「政治・社会的地平やアイデンティティは固定不変なものではない」、「参戦の記憶と参戦軍人のアイデンティティは、ベトナ

ムと韓国、政府と民間を横断して持続する記憶闘争を通して、依然として再構成と解体の過程に置かれている」と指摘する[36]。過去の加害に対する政府の政策と集合的記憶は、政治社会における競争や対立や連合によって変化するということであろう。

この時期の韓国における「記憶闘争」と政治対立は、対外政策と対内政策の複数の領域に及んだが、本章の主題との関連では過去清算と真実和解が重要と思われる。

韓国における過去清算の試みは、李承晩政権期の制憲国会に設置された「反民族行為特別調査委員会」(反民特委、1948年8月)が最初である。その目的は、植民地支配の清算＝脱植民地化であった。しかし、米軍政は南朝鮮(48年8月14日まで)の統治機構を朝鮮総督府からそのまま引き継いだ。したがって、米軍政の後見で成立した李承晩政権の軍・検察・警察をはじめ統治エリートの主流は「親日派」であった。こうして、反民特委は政府の謀略や妨害で解体した。

1961年のクーデターを率いた朴正煕は満州日本陸軍士官学校出身の旧日本帝国軍人であった。65年の日韓条約は植民地支配の清算を棚上げして締結された。そのため、反民特委の解体で中断した植民地支配の清算は、その後も行われなかった。こうして、国家分断過程での反対派の掃討、朝鮮戦争時の国軍と米軍の民間人虐殺に続けて、軍出身政権下の重大な人権侵害が起きた。したがって、民主化後、政権交代後に過去清算の課題が改めて台頭することになる[37]。先述した光州特別法(1995年)、済州4・3事件関連法(2000年)、疑問死真相究明法(2000年)、米韓の老斤里事件調査(2001年)などに続いて、盧武鉉政権下で過去清算と真実和解が本格的に試みられた。

盧武鉉大統領は就任の年の2003年に済州島4・3事件について国家として謝罪した。翌年2004年には「日帝占領下強制動員被害真相究明等特別法」、「日帝占領下反民族行為真相究明特別法」(2005年再改正)、「老斤里事件犠牲者審査及び名誉回復特別法」などが相次いで制定された。2005年には「軍による疑問死の真相究明等特別法」が制定され、軍出身政権時代の多数の人権侵害事件の調査や名誉回復が行われるようになった。

さらに、「真実和解のための過去事整理基本法」(2005年)では、過去清算

の諸課題に包括的に取り組むことを規定し、「真実和解のための過去事整理委員会」（以下、真実和解委員会）を発足させた。真実和解委員会が対象とした課題は、① 日本の植民地支配、② 朝鮮戦争の以前とその期間中の虐殺、③ 民主化以前の権威主義体制下の人権侵害に分類できる。その期間は1910年から1987年にわたるものだった[38]。それは対日関係や対米関係における被害だけでなく、韓国の国家が引き起こした加害責任に取り組むものであった。

過去清算と真実和解は、2008年に成立した李明博政権下で後退し、また、政府のベトナム参戦認識にも逆流が起きるが、そのことは次の項目でみよう。その前に、盧武鉉政権の時期に理念・利益・歴史認識をめぐる国内対立が深まったことと、日韓関係の対立構図が大きく変化したことに触れておく。

第1に、過去清算が済州4・3事件や朝鮮戦争時の国軍・米軍による民間人虐殺及び軍出身政府下の人権侵害事件の真相を公に明るみにしたことは、米国の後見下での北朝鮮との対決及び国内の「左派」の粛清の上で成立し維持されてきた戦後韓国の反共主義支配エリートの理念や利益を脅かすものととらえられた。また、戦後韓国の右派・保守派エリートの系譜をさかのぼれば「親日」派に行きつくことから、「反民族行為」や「親日」の調査にも彼らは強く反発した。

「反民族行為」及び軍出身政府下の人権侵害の調査には、当時のハンナラ党（現セヌリ党）代表の朴槿恵（朴正煕の娘）が「個人攻撃だ」として強く反対した。また、『東亜日報』や『朝鮮日報』などのマスコミの系譜が「親日派」とされたことから、盧武鉉政権と保守的マスコミの間の激しい対立も引き起こされた。さらに、政治社会における現代史の見直しが学校教科書の記述に反映されるようになると、「ニュー・ライト」を名乗る勢力は「自虐史観」「反米親北」だとして強く反発した。対立の焦点は、分断国家の成立過程、朝鮮戦争、米韓同盟、日韓関係、ベトナム派兵、軍出身政府の統治、経済開発などであった[39]。

右派・保守派は、真実和解委員会の調査報告、司法の再審、被害者への補償、歴史教科書の記述などに対して、大韓民国の正統性を否定し、北朝鮮を称賛するものだとの攻撃を投げかけるようになった。こうして、右派・保守のリベラル・進歩への批判では、従来の「親北」「反米」というレッテルにとどま

らず、さらに根拠の薄弱な「従北」という攻撃が多用されるようになる。

　第2に、2002年9月の小泉首相の訪朝以降、北朝鮮による拉致問題が日本社会を揺るがした。ところが、日本で北朝鮮バッシングが高まるなか、韓国の金大中・盧武鉉政権は和解協力政策を推進した。そのため、北朝鮮への認識と政策をめぐって日韓摩擦が発生した。また、北朝鮮政策をめぐる対立は米韓関係にも起きたために、日米 vs. 韓国の摩擦と対立に拡大した。北朝鮮政策について日米がタカ派となり、韓国がハト派となって、両者間に摩擦と対立が起きるのは、日韓・米韓関係史で初めてのことである[40]。

　北朝鮮政策をめぐる日韓対立が「横並びの日韓」の対立であるとすれば、2001年の教科書問題に続いて2005年に同時発生した竹島（独島）問題・教科書問題・靖国神社参拝問題は「向かい合う日韓」の対立であった。しかも、日韓対立は1965年の日韓請求権協定の解釈に及んだ。韓国政府は2005年8月までに日韓会談外交文書を全面公開し、その後続対策として民官合同委員会がサハリン残留・慰安婦・在韓被爆者に関しては日本の法的責任が残されているとの見解を打ち出したのである。他方、日本政府が2007年3月、「慰安婦」制度の強制性を否定する見解を閣議決定したことから、米国、EU、オランダ、カナダ、台湾、フィリピン、韓国などの国会で相次いで「慰安婦」決議が採択され、同問題が国際人権問題に拡大した[41]。

　日本の「嫌韓論」は2002年のFIFAワールドカップの日韓共同開催から発生し、翌年以降の「韓流」のコロラリーとして定着したといわれる。その後、盧武鉉政権期に対北朝鮮政策と対米政策及び歴史問題をめぐる日韓対立が進行すると、日本で「嫌韓論」と反北朝鮮感情と在日コリアンへの排外感情が結びついたと考えられる[42]。こうして、次節でみるように、政治家たちは史実を平気で否定し、街頭には憎悪と差別を煽り民族的マイノリティを迫害するヘイト行動が日本社会にあふれた。「嫌韓論」が「嫌中論」「嫌沖縄論」に広がり、「慰安婦」問題や韓国のベトナム加害に言及するようになるのは、その直後である。

4. バックラッシュのなかの「苦痛の連帯」

(1) 戦争記念・報勲のバックラッシュ

　ベトナム参戦の対抗的記憶と加害責任論に対する公式の歴史・公定の記憶の巻き返しは、集合的記憶の体現物としての戦争記念碑に表れている。2010 年 6 月までに全国で 50 のベトナム参戦記念碑・塔が建てられたが、確認不能の 10 個を除く 40 個の施設のうち 31 個が 2000 年以降の建立である。また、2009 年には国立ソウル顕忠院に「ベトナム参戦記念塔」が建てられ、その周囲には「自由と平和の飛翔」という名の戦闘兵・工兵・看護兵の造形物が設置された[43]。

　ベトナム参戦の記念事業でもバックラッシュが起きた。2008 年、ベトナム派兵時の訓練場があった江原道華川郡看東面梧陰里の約 14 万㎡の敷地に、記念館・追慕碑・兵器展示・戦場再現物・ピクニック広場などからなる「ベトナム参戦勇士出会いの場」が造成された。1999 年に江原道が DMZ（非武装地帯）安保観光と連結した観光コースを開発しようと発議し、華川郡が運営管理を担い、国費・道費・郡費合わせて 180 億ウォンが投入され、2001 年に工事が始まり 2008 年に完成した。

　「ベトナム参戦勇士出会いの場」の中心はベトナム参戦記念館とベトナム現地再現物である。ベトナム参戦記念館では韓国の加害もベトナム民間人の被害も一切触れていない。展示主旨の「理解と和合」は、言葉だけに過ぎない。むしろ、ベトナム派兵の正当性、韓国軍の勇猛性と対民事業、近代化への貢献などが強調されており、冷戦と権威主義体制の時期の韓国のベトナム派兵の公式の歴史をなぞっている。その点で、ソウル龍山の戦争記念館と非常に似ている[44]。

　また、ベトナム現地再現物の「クチトンネル」には、韓国のベトナムに対するオリエンタリズムと亜流帝国主義が克明にみられる。再現「クチトンネル」の入り口には、跪いて頭を両手で抱え込んだ「ベトコン」に韓国軍が銃を向ける人形群が設置されたのである[45]。尹チュンノはこれを「文化的再現の暴力」

と呼ぶ[46]。ベトナム参戦韓国軍のオリエンタリズムと亜流帝国主義の暴力の再現物は、ベトナム政府の抗議によって撤去されたという[47]。

その後、2010年の「天安」事件や延坪島砲撃事件（後述）を境に南北の軍事対立が厳しくなり、「安保観光」は低調となった。「出会いの場」の施設や駐車場は無料だが、2013年1月までの時点で訪問客数は一日平均42名に過ぎず、宿泊施設などの収入が約1500万ウォンに対して支出が3億2千万ウォンに達した[48]。「ベトナム参戦勇士出会いの場」の名称は「越南派兵勇士出会いの場」に変わったが、2016年9月末の時点で、江原道や華川郡のホームページの観光コースには載っておらず、「出会いの場」のホームページも閲覧できない状態となっている。

さて、2009年10月に李明博大統領がベトナムを国賓訪問する直前、国会に「国家有功者等礼遇及び支援に関する法律」改正案が上程された。そこには、「世界平和に貢献したベトナム戦争」の字句があったために、ベトナム政府は「強力に抗議」した[49]。「抗米救国」の解放戦争に勝利したことがベトナム政府・共産党の正統性の源泉である以上、侵略軍である米国の側から参戦した韓国が「世界平和に貢献したベトナム戦争」を唱えることは、「過去にフタ」をするベトナム政府といえども容認できるはずはなかった。この問題は、韓国外相が急遽ベトナムを訪問し、「ベトナム戦争」の字句を削除することで決着を図った。

ベトナムに参戦した韓国軍総数は32万4864人、戦死者5099人、負傷者10962人とされている[50]。ベトナム参戦兵士たちは、金大中・盧武鉉政権期に行われた5・18国家有功者指定と比べて、自分たちの不遇を「光州にはやって、なぜ俺にはくれないのか」と訴えてきた[51]。改正法は2011年7月から施行され、ベトナム参戦者の7万6134人が国家有功者に、13万5813人が一般有功者に指定された（2012年時点）。

李明博政権は国家報勲政策でベトナム参戦者の地位を向上させる一方、前政権までに行われた民主化運動の功労・記念に対しては逆の措置をとった。2010年の光州30周年記念式では、政府が5・18記念曲「あなたのための行進曲」を不許可にしたため、市民団体や関係者の強い反発を受け、記念式典は分裂開催となった[52]。また、「過去事整理基本法」で定められた真実和解委員会の活

動に対して、李明博政権の軍・国家情報院・検察・警察が資料提供などの協力を拒否した。さらに、真相究明、被害者補償、恒久機関設立、記録・記念・教育など真実和解委員会の勧告の多くは、李明博政権によって無視された。2009年12月に李明博政権下で入れ替えられた委員は、それ以前の委員の手になる逐次・中間報告の勧告内容を省いた最終報告を発表し、2010年12月に活動を終了した[53]。

　李明博は、2009年10月のベトナム国賓訪問について、回顧録で次のように述べている。「ベトナムはわれわれと悪縁のある国だった。しかし、1992年の修交後、韓・ベトナム関係は過去の痛みを乗り越えて急速に発展してきた。2009年までに韓国のベトナム投資は200億ドルに達した。韓国としては中国に次ぐ第2位の投資対象国であり、ベトナムの立場からは韓国は世界最高の投資国になった……しかし、時あたかも国家報勲処が国会に上程した法案でベトナム訪問にブレーキがかかったのである。私は過去の歴史が両国の未来の関係に影響を及ぼしてはならないと考えた。国家発展に貢献したベトナム戦争参戦勇士たちへの礼遇はそのまま維持しながらも、両国関係を棄損しない方案で改正案を修正するように指示した。」[54]

　また、2011年11月にベトナムのグエン・ミン・チェット国家主席が訪韓した。このことについて李明博は、「過去、戦争までしたベトナムと兄弟の友情を交わすことになったのには、新たな友人を迎えるベトナム指導層と国民の成熟した姿勢が支えとなった。」と述べている[55]。李明博がいうベトナムの「成熟した姿勢」とは、過去の加害を問題にしないことを指すのは明らかだろう。

　ほぼ同じころの2011年8月、韓国憲法裁判所が、「慰安婦」被害者と韓国人原爆被害者の請求権に関して、65年の日韓請求権協定の解釈をめぐる日韓の「紛争」を解決しようとしない韓国政府は憲法の人権・尊厳規定に違反しているという「不作為違憲」決定を下した。李明博大統領は同年12月、野田佳彦首相との首脳会談で「慰安婦」問題の解決を求めた。しかし、ベトナム参戦を「悪縁」と呼び、「過去にフタ」をすることを「成熟した姿勢」とみなす李明博のベトナムへの態度は、日本に対して「慰安婦」問題の解決を求めた態度と矛盾していた。この矛盾は、加害責任論の視角からすれば、ベトナムへの態度を変えることで解消すべきものであった。同じことは、次期の朴槿恵政権にもあ

てはまる（後述）。

　韓国で公式の歴史のバックラッシュが強まった期間には、朝鮮半島と東アジアの協調と平和にもバックラッシュが起きた。北朝鮮の2回目の核実験（2009.5）、韓国哨戒艦「天安」沈没事件（2010.3）、尖閣近海における中国漁船の日本巡視船への衝突事件（2010.10）、北朝鮮による韓国延坪島砲撃事件（2010.11）が相次いで起き、北朝鮮制裁や米韓日合同軍事演習が強化され、南北朝鮮関係、米朝関係、日中関係、中韓関係、米中関係が一挙に緊張した。2010年は東アジアで軍事対立と社会間緊張が広がり、「東アジア共同体」へ向けた地域協力が大きく後退する転換点となった。

　また、日本では2009年頃から「嫌韓論」が街頭での排外主義的なヘイト行動に拡大し、2010年には嫌中感情が沸き起こった。同年、日本政府は高校無償化法から朝鮮人学校を排除した。排外感情は、米軍基地縮小を求める沖縄にも向けられ、嫌沖縄ヘイトも起きた。ロシアのメドベージェフ大統領が2010年11月に国後島を訪問し、また、首相であった2012年7月にも国後島を訪問した。他方、李明博が同年8月、竹島（独島）を訪問すると、嫌韓ヘイトが日本社会を覆った。

(2)　「苦痛の連帯」とその妨害者たち

　2012年12月の大統領選挙で与党の朴槿恵候補が野党の文在寅候補を僅差で破って当選した。この大統領選挙期間中の9月に、朴槿恵は朴正熙時代の「人革党」事件について、「1975年と2007年の二つの判決がある」と述べた。ところが、世論の批判を受けて、この発言から2週間後に「5・16と維新、人革党事件は、憲法価値が毀損され、大韓民国の政治発展を遅らせる結果をもたらした」「これによって傷と被害を負った家族に心から謝罪する」と述べた。

　「人革党」事件は、先述したように、朴正熙政権がベトナム統一の危機感の中で行った捏造・拷問・司法殺人であることが盧武鉉政権時の真実和解委員会で究明され、再審無罪の判決が下された。過去清算は李明博前政権で打ち切られたが、真実和解委員会の報告書と司法の再審は、韓国現代史の覆すことのできない再評価をもたらし、政治家が「過去の国家権力の乱用を否認し無視することは、もはや妥当でも正統でもなくなった」[56]。朴槿恵の「人革党」事件へ

の謝罪は過去清算が政治社会に及ぼした影響の一つである。

　しかし、ベトナム参戦に対する朴槿恵大統領の認識は、公式の歴史と同じものであった。先述のように、金大中が 2001 年 8 月、チャン・ドゥック・ルオン国家主席に「申し訳ない」と述べると、当時のハンナラ党（現与党のセヌリ党）副総裁だった朴槿恵はその翌日、「6・25 参戦 16 か国首脳が金正日委員長に"謝罪する"のと同様にとんでもないことであり、参戦勇士の胸と大韓民国の名誉に釘を打つもの」だと反発した[57]。

　2013 年 9 月、ベトナムを国賓訪問した朴槿恵大統領は、ホー・チ・ミン墓地を訪問して献花したが、ベトナム派兵の過去に触れなかった。『ハンギョレ』2013 年 9 月 10 日の社説は、「自分が受けた被害には是正を要求しながら、自分が負わせた加害は知らんふりする態度では、どこの誰からも本心から信頼を得られない」と批判した[58]。

　朴槿恵大統領は、2016 年 1 月に北朝鮮が 4 回目の核実験を実施し、朴槿恵政府がそれまでの「朝鮮半島信頼プロセス」から制裁・圧力へと北朝鮮政策を転換した直後の 1 月 13 日に「対国民談話」を発表し、次のように述べた。「ベトナムが敗亡するとき、知識人たちは耳をふさいでいたし、国民は現実政治に無関心であったし、政治人は立ち上がりませんでした。いま、われわれがこのように中心をつかむことができずに動揺すれば、国家はさらに混乱し、国民の困難はさらに大きくなるでしょう」[59]。北朝鮮の核実験と朝鮮半島の緊張の高調、国内政治における対立の激化などの状況を「ベトナム敗亡」になぞらえて語る朴槿恵のベトナム戦争の認識は、「共産化による国家敗亡の悪夢」と同じタイプである。

　ベトナムへの加害に対する政府の態度は、金大中・盧武鉉政権に比べて、朴槿恵政権で後退した。朴槿恵政権下の逆流は、言論の自由、集会・結社の自由、政党活動、教育政策などに及んでいる[60]。2015 年 11 月には、第 7 次教育課程（2000 年度以降）で採用された検定・認定制の中高の複数の歴史教科書を再び単一の国定教科書に変更する方針を告示した。

　一方、民間におけるベトナムへの加害責任論・贖罪行動は、「苦痛の連帯」に持続的に取り組んだ。

　「慰安婦」被害者と支援団体は、「ナビ（ちょうちょ）基金」を 2012 年 3 月

に設立し、コンゴの性暴力被害者への支援や、韓国軍によるベトナム民間人虐殺被害者及び性暴力被害者への支援を実施した[61]。これ以前の2006年、尹貞玉・挺身隊問題対策協議会（挺対協）元代表が韓国軍のベトナム人への性暴力犯罪の調査と謝罪のために「ベトナムに心から謝罪し、日本に要求したことをそのままベトナムに行うべきだ」と考えて「ベトナム市民連帯」を発足させた[62]。「ナビ基金」は、ベトナム市民連帯が行った事業を引き継ぐものであるという[63]。

2014年6月25日に韓国で元米軍「慰安婦」被害者122人が韓国国家の責任を追及して提訴した。『ロイター』や『ウォール・ストリート・ジャーナル』などは写真入りで配信・報道し、ベトナムの有力紙『トゥイチェー』もロイターの記事を掲載した。元米軍「慰安婦」被害者の支援には、基地村シェルターや女性団体連合や民主社会の弁護士会などとともに、元日本軍「慰安婦」支援団体の挺身隊問題対策協議会が加わっている。さらに、元米軍「慰安婦」被害者と「ナヌムの家」の元日本軍「慰安婦」被害者の間には相互交流と苦痛の共有がある[64]。

韓国軍戦闘部隊のベトナム派兵50年及び南北ベトナム統一40年に当たる2015年には、ベトナム民間人虐殺生存被害者たちが訪韓した。これを準備したのは、平和博物館、平和医療連帯、ベトナムと韓国を考える市民の集い、挺身隊問題対策協議会などである。平和博物館では、光復70年・ベトナム終戦40年写真展「一つの戦争、二つの記憶」（作家・李ジェガプ氏）を企画していた。ベトナム民間人虐殺の地に建てられた慰霊碑・憎悪碑と韓国で建てられたベトナム参戦記念碑などを対比させた展示である。主催者は、ベトナム民間人被害者の初訪韓の意味が「日本軍慰安婦ハルモニたちが初めて日本の地を踏み、日本人と出会ったのと同じ」と指摘した[65]。

ビンディン省タイビン市アンビン村及びクアンナム省ディエンバン県ディエンバン社フォンニ・フォンニャット村の二人の虐殺事件生存被害者と、ホー・チ・ミン市戦争証跡博物館長ら3人が、4月4日から1週間、訪韓した[66]。彼らは初日の4月4日に韓国の「慰安婦」被害者が暮らす京畿道広州市の「ナヌムの家」を訪問し、4月8日には駐韓日本大使館前の水曜集会にともに参加した。また、ソウル、釜山、大邱などでベトナム民間人虐殺の写真展や講演会や

証言会に参加した[67]。彼らの訪韓をコーディネートした具秀姃は、ベトナム民間人虐殺被害者たちの訪韓の主旨が「私の傷を通して人の傷を知り、私の苦痛を通して人の苦痛を理解する」ことにあると指摘した[68]。

しかし、枯葉剤被害者をはじめベトナム参戦兵士団体は、写真展のオープニング行事や証言集会の会場に圧力をかけ、集団で押しかけて妨害した。元参戦兵士らは、「虐殺はなかった」、「参戦勇士への侮辱」、「従北勢力」などと拡声器で叫びながら妨害した[69]。

ベトナム民間人虐殺の調査や贖罪運動・平和紀行・医療ボランティアなどに取り組む人々だけでなく、訪韓したベトナム民間人虐殺被害者たちでさえ、韓国の一般参戦兵士と枯葉剤被害者たちもまた「戦争の犠牲者」だと口をそろえる[70]。また、ホー・チ・ミン市戦争証跡博物館には、韓国軍による民間人虐殺の展示はないが、韓国の元参戦兵士の枯葉剤被害の展示がある[71]。

しかし、国家に放置され冷遇されてきたことが、韓国軍によるベトナム民間人虐殺の歴史的事実そのものを消去するものではない。また、国家との関係で被害者だとしても、ベトナムへの加害の事実を否認することで「名誉」が保たれるのではない。まして、何の根拠もない「従北」非難は、南北朝鮮の対立に便乗して被害者を貶める暴力と言わざるを得ない[72]。

元参戦兵士たちは、「戦争被害者というアイデンティティを捨て、堂々たる参戦の"勇士"かつ"有功者"というアイデンティティ」を表明するようになった[73]。そして、韓国軍戦闘部隊ベトナム派兵50年には、ベトナム民間人被害者と「慰安婦」被害者の出会い＝「苦痛の連帯」への妨害者として立ち現れるに至った。

こうしたなかでも、2016年には韓国軍によるベトナム民間人虐殺50年の慰霊祭がベトナム各地の村で行われ、韓国から平和紀行団が訪れた[74]。4月30日には韓国で「韓国・ベトナム平和財団」が発足し、「ベトナム・ピエタ」の像が公開された。駐韓日本大使館前の「平和碑」少女像を作った彫刻家が、先述の「ナビ基金」の事業で韓国のベトナム加害に謝罪し被害者を追悼するために制作したのが「ベトナム・ピエタ」である[75]。韓国軍のベトナム民間人虐殺50年にあわせて韓国とベトナムの各地に設置される予定である。

(3) 日本の「嫌韓論」の相互免責論・事実否定

　朴槿恵政権が発足する少し前の 2012 年 12 月、安倍晋三内閣（第 2 次）が成立した。だが、李明博政権時の 2011 年末に持ち上がった日韓両政府間の「慰安婦」問題対立は、2014 年の日本政府による河野談話の見直し企図や『朝日新聞』の「慰安婦」報道へのバッシングを挟み、2015 年末まで悪化の一途をたどった。1965 年以来の日韓関係史の「規則」が日韓両国の保守政権の協調であったことに照らせば、韓国と日本の右翼・保守政権が歴史問題で対立するのは「変則」であった[76]。この変則は、2015 年末の「慰安婦」問題の日韓「合意」と 2016 年初頭の北朝鮮の核・ミサイル実験まで続いた[77]。この間に、日本の「嫌韓論」は、「慰安婦」強制の事実を否定するだけでなく、被害者を貶める言説を盛んに発した[78]。また、韓国のベトナム加害についても言及するようになった。

　近年の日本の「嫌韓論」における韓国のベトナム加害についての「論法」は、次のようにまとめることができる。それは、「朴槿恵の父親の朴正熙は、韓国軍と米軍の「慰安婦」制度を作った。また、韓国はベトナムで民間人を虐殺した。しかし、謝罪も補償もしていない。したがって、「慰安婦」被害補償を日本に要求する資格はない」というものである。

　この「論法」の特徴と問題は、次の通りである。

　第 1 に、政府も大統領も「慰安婦」被害者も支援団体も世論も大衆文化も区別することなく、丸ごと「韓国」と一括りしている。そこでは、国家や国民の内部の差異や対立が消去され、いわば丸ごと否定されている。

　第 2 に、韓国軍のベトナム加害について、韓国の NGO や研究者が発見した資料や発表した研究を転用・乱用している。また、元韓国軍・米軍「慰安婦」被害者の苦痛と訴えを悪用している。本章でも引用したベトナム戦真実委員会[79]や高暻兊（コ・ギョンテ、元『ハンギョレ 21』編集長）が発見した米国の公文書などを再引用して韓国の「慰安婦」被害を否定する日刊紙、週刊誌、月刊誌の記事や、本章でもその編著を引用した金貴玉の韓国軍「慰安婦」研究を一部参照して日本の「慰安婦」加害を否定する「論文」[80]が典型的である。日本の「嫌韓論」は、韓国内の加害責任論の贖罪行動や研究を横領しすり替えている。

また、先述したように、元米軍「慰安婦」被害者たちが 2014 年 6 月に韓国政府を提訴したとき、日本の「嫌韓論」がこれに早速飛びつき、元日本軍「慰安婦」被害者たちの補償要求への「反論」に用いた。しかし、元米軍「慰安婦」当事者は、他の目的に悪用する日本のマスコミからの取材を拒否した[81]。他方、先述したように、元日本軍「慰安婦」被害者と元米軍「慰安婦」被害者の間には相互交流と訴訟支援と苦痛の共有がある。
　第 3 に、日本の朝鮮半島への加害責任を消去すべく、韓国によるベトナム人や自国民への加害責任を取り上げている[82]。
　日本の「嫌韓論」が韓国のベトナム加害や元米軍「慰安婦」問題に言及する時の「論法」の多くに共通するのが、「韓国には資格はない」というフレーズである。この「資格はない」という言葉は、日本と韓国の各々の加害責任を相互免責するために使われている場合と、日本の朝鮮半島への加害責任を消去するために使われている場合の、大きく二つのタイプがあるようだ。ただし、相互免責論と消去論のいずれも、韓国の「慰安婦」被害者やベトナム人被害者の名誉と尊厳と正義の回復に関心を示さないことは共通しており、それどころか被害者を貶めることに力を注いでいるものもある。日本の「嫌韓論」が韓国政府のベトナム加害責任や元米軍「慰安婦」への加害責任から導き出す「結論」は、被害当事者の正義の回復ではなく、日本の加害責任の否定や事実の消去である[83]。
　韓国のベトナムへの加害責任論と贖罪行動は、拙稿で論じたように、老斤里問題や「慰安婦」問題で米国と日本に謝罪と補償を要求するのであれば、韓国はベトナムへの加害責任を果たし贖罪すべきだとする資格論である[84]。しかし、これに対して、日本の「嫌韓論」の「資格はない」は、加害の相互免責論、さらには日本の加害の消去論であり、自国による加害の事実を消去し被害者を貶め「苦痛の連帯」を妨害する位置にある。

5. おわりに

　最後に、過去の重大な人権侵害の清算と民主化後の民主主義及びナショナリ

ズムの間の諸関係という一般的な問題に対する本章の考察の含意を考えてみたい。

　第1に、権威主義体制下の重大な人権侵害の清算と移行後の民主主義について、ハンチントン（Samuel P. Huntington）は『第3の波』で「拷問者のクエスチョン：訴追と処罰 vs. 容赦と忘却」という問いを設定し、その考察を「民主化推進者（democratizer）のためのガイドライン4：権威主義体制時代の過去の犯罪との取り組み」にまとめている。ハンチントンの分析と提言は、改革（transformation）・貫通（transplacement）・置換（replacement）という民主体制移行の3タイプによって異なるが、「最も不満足の小さい路線」は、「訴追せず、処罰せず、容赦せず、結局、忘却せず」にあるとしている[85]。

　紛争後・民主化後の正義の追求は、民主体制の安定を脅かすとみなされる例とともに、民主体制をより強固にすると評価される例がある[86]。韓国の事例では、2000年代に試みられた過去清算は、それ以前のどの時よりも活発であったが、決して完遂には至らなかった[87]。韓国の過去清算は、国内政治の対立や抗争から自由ではなかった。しかし、それにもかかわらず、デモクラシーが人々に内面化されたという評価がある[88]。

　これに加えて、国家の国内における自国民への重大な人権侵害を明らかにし、被害者への補償と名誉回復を図り、民主化運動の歴史的評価を定めた過去清算は、国家の対外的な加害責任論と贖罪行動が政治社会に受け入れられていく条件として作用し、国家の対外行動の選択に参加する政治社会のアクターを形成していったということができると思われる。

　第2に、戦争における対外的な加害責任論・贖罪行動とナショナリズムの関係について、ジェニファー・リンド（Jennifer Lind）は、過去の暴力を否定し美化することは相手国からの不信や脅威認識を募らせ和解を妨げるが、他方、贖罪（atonement）や悔恨（contrition）の対外的な表明は一般に国内の保守的なバックラッシュを引き起こすために、国際的な和解にはあまり有望ではなく（less-promising）、むしろ過去の間違いを否定または正当化する論争を招くと論じた[89]。いわば、「悔恨の潜在的な危険性」がリンドの知見である。

　保守的なバックラッシュのモメントはナショナリズムである。リンドは「ナショナリスト」と「過去を否定する者たち」を同じものと設定している。ま

た、戦争加害の対抗的記憶や加害責任の論者たちは、ナショナリズムに批判的である。たとえば、ベトナム戦争の記憶の対立をめぐって尹チュンノは、「国境を越えた記憶」「グローバルな記憶」を構想し提示する。伊藤正子もこれと同じ問題意識から、加害への「応答責任」をナショナリズムとは対立的にとらえている[90]。

ただし、韓国の加害責任論と贖罪行動の諸アクターの志向には、ナショナルな要素が含まれている。すなわち、「脱国家」志向ではなく、「よき国家」志向である。そこでは、名誉や誇りとは、国家の加害責任を果たすことである[91]。また、「慰安婦」被害者はベトナム被害者への支援にあたって、ベトナムに加害をもたらした韓国軍と「同じ共同体構成員」としての責任意識を表明している[92]。

過去清算や加害責任論・贖罪行動とこれらへのバックラッシュは、市民がどのような政治社会を作るのか、主権者がどのように権力の行使に影響を与えるのかという、移行期正義及び移行後の民主主義に問われる進行形の問題であり、政治学・国際関係研究の論点であると思われる。また、国家による加害の事実を消去するのが名誉なのか、国家による加害責任に向き合うことが名誉なのかという問いへの選択は、どのような国家の関係＝国際関係を構想し、どのような国家行動を選択するのかを問う「日々の一般投票」（E・ルナン）と考えられる。

注
1　Heiner, Priscilla B. (2011), pp.55-56, pp.65-66. Kim, Dong-Choon, (2012). 李在承 (2012)。Jeffery, Renee and Kim, Hun Joon eds. (2015).
2　金賢娥 (2009（原著2002））。金栄鎬 (2005)。伊藤正子 (2013)。
3　「嫌韓論」とカギをつけるのは、論理ではなく排外感情であることによる。
4　崔ヨンホ (2007)（韓）、39-40 頁。以下、韓国語文献には発行年の次に（韓）を付し、筆者の責任のもとに和訳で示す。
5　亀山旭 (1972)、117-141 頁。ただし、亀山とほぼ同時期の 1966-67 年に取材した本多勝一は、「極度に悪い」評判や「ひどい噂」とは異なり、銃器使用原則、行動規律、民間人接触などの点で、韓国軍猛虎部隊は「疑いなく最優秀」であり、「評判と取材結果とは正反対」と指摘している。本多勝一 (1981（初版1968））、214-221 頁。
6　Armstrong, Charles K. (2001), Bay, Kyung-Yoong (2007).
7　金賢娥 (2009)、99-103 頁。
8　吉沢南 (1988)、172 頁。なお、尹チュンノは、インタビューした大部分の参戦兵士はイデオロギー的な関心を全く示さなかったとし、本章 4 節でみるような 2000 年代の参戦兵士団体の反共主

義イデオロギーは、参戦経験そのものではなく、対抗的記憶との闘争過程で作られ、保守勢力と一体化していったと指摘する。尹チュンノ（2015）（韓）、298頁、306頁。
9 　尹チュンノ、2015（韓）、103-131頁。
10　高暻兒（2015）（韓）、37-53頁。
11　韓洪九（2013）。「人革党」事件は、その前年に維新憲法撤廃運動を計画して弾圧された「民青学連」事件を「背後操縦」した容疑で摘発され、拷問や捏造の末に強行された司法殺人。過去清算に取り組んだ盧武鉉政権時の2007年1月に、被告全員無罪の再審判決が確定し、名誉回復がなされた。
12　朴正熙（1975年4月29日）（韓）、「国家安保と時局に関する特別談話」大統領秘書室編、第12集、114-124頁。
13　尹チュンノ（2015）（韓）、304-305頁。韓洪九（2013）。
14　李相玉（2002）（韓）、921-936頁。
15　金栄鎬（2005）、11-12頁。
16　尹チュンノ（2015）（韓）、291頁。
17　カンユ・イヌァ（2013）（韓）、294頁。また、参戦者の団体設立や活動、団体間の対立、階級による「記憶」の差異については、李テジュ（2008）（韓）。李テジュによれば、1990年代になって行動が活発化したベトナム参戦団体のうち、兵士を中心とする「越南参戦」（越参）団体と将校を中心とする「ベトナム参戦」（べ参）団体の主張と志向には差異がある。前掲書（韓）、261頁。
18　金栄鎬（2008）、242-245頁。
19　国家報勲とは、National Merit Rewardのことであり、顕彰や援護の総称である。政府の所管部署は国家報勲処（Ministry of Patriots and Veterans Affairs）である。金大中政権期の報勲政策の変化については、曺喜昐（2016）（韓）。
20　ベトナム公正旅行（2016）（韓）。
21　金大中（2010）（韓）、149-152頁。ただし、金大中は「不幸な過去」に関するベトナム首脳とのやり取りについて「加害者が謝罪し、被害者がこれを快く受け取」ったと述べている。
22　筆者はかつて、2001年の金大中の発言を謝罪とみるには議論の余地があると主張しカギを付して記述した。金栄鎬（2005）、15頁。しかし、これを「明確な言い回し」の謝罪と評価する議論もある。伊藤正子（2013）、146頁、177-178頁。
23　『韓国日報』2001年8月27日（韓）。
24　高暻兒（2000）（韓）、"謝罪の歴史博物館を建ててください"—慰安婦・文明今おばあさん、4300万ウォンをベトナム戦真実委員会に」『ハンギョレ21』2000年6月22日、第313号、http://legacy.h21.hani.co.kr/h21/data/L000612/1p946c0a.html。金賢娥（2009）、307-311頁。韓洪九（2008）（韓）、49-50頁。
25　「慰安婦」被害者が託した「謝罪の博物館」は、ベトナム戦真実委員会の「平和歴史館」計画に引き継がれ、後述する「韓越平和公園」の中に建てる構想だった。しかし、民間人虐殺の記憶と記念を必要としているのは、ベトナムより韓国の方であるという考え方から、韓国の平和博物館建立推進委員会に変更された。韓洪九（2008）（韓）、53-55頁。
26　募金の使途は当初は学校か病院の建設であったが、韓国政府が2000年3月以降、ベトナム中部地域に40の小学校を建設する事業計画を決め、また、2001年8月以降には同じく中部地域に病院を建設することを決めたため、最終的に平和公園を造成することにした。尹チュンノ（2015）（韓）、330-334頁。伊藤正子（2013）、145-148頁。
27　伊藤正子（2013）、137-162頁。
28　尹チュンノ（2015）（韓）、334頁。
29　李容瀞（2014）（韓）、85-171頁。

30　具秀姫のインタビュー、尹チュンノ（2015）（韓）、339 頁。伊藤正子（2013）、112 頁。
31　金賢娥（2009）、279 頁。
32　尹チュンノ（2015）（韓）、307-310 頁。
33　盧武鉉（2009）（韓）、223 頁。
34　尹太瀛（盧武鉉財団企画）（2014）（韓）、147-149 頁。
35　カンユ・イヌァ（2013）（韓）、301 頁。
36　カンユ・イヌァ（2013）（韓）、303 頁。
37　Jeffery and Kim（2015），pp.229-257. 李在承（2012）。Cho, Kuk（2007）.
38　Kim, Dong-Choon（2012），pp.100-103.
39　河棕文（2008）。金栄鎬（2008）、276-281 頁。
40　日韓関係の対立構図の変化の要因は、韓国の北朝鮮認識の変化と日韓の「同盟のジレンマ」の逆転にある。金栄鎬（2006 及び 2014）。
41　安倍内閣（第 1 次）の「慰安婦」強制の否定は、強制を広義と狭義に分け、朝鮮半島出身の「慰安婦」に限定した上で、狭義の強制を「直接示す」政府文書が 1993 年河野談話までに見当たらなかったことを理由にしている。こうした「論法」は、ナチのホロコースト指示を「直接示す」文書の有無、沖縄戦強制集団死命令を「直接示す」文書の有無を理由に虐殺や強制集団死の事実を否定するのと似たものと思われる。岩波書店編（2012）、115 頁、117 頁、138 頁。
42　先述の韓国の「ニュー・ライト」と日本のいわゆる「自由主義史観」派などの右翼の「歴史観」は酷似しており、過去清算と真実和解を攻撃する点でも共通する。河棕文（2008）、31-35 頁。
43　チョン・ホギ（2009）（韓）、517-518 頁。カンユ・イヌァ（2013）（韓）、279-306 頁。
44　尹チュンノ（2015）（韓）、346 頁。
45　韓洪九（2013）。
46　尹チュンノ（2015）（韓）、348-349 頁。
47　金ダン（2015）（韓）。
48　『江原日報』2013 年 1 月 29 日、金ダン（2015）（韓）より再引用。
49　李明博（2015）（韓）、446 頁。
50　崔ヨンホ（2007）（韓）、25-40 頁。
51　李テジュ（2008）（韓）、272 頁。尹チュンノ（2015）（韓）、314-315 頁。
52　曺喜昖（2016）（韓）。
53　Selden and Kim（2010）. Melish（2012），pp.6-8.　Kim, Dong-Choon（2012），pp.108-110. Jeffery and Kim（2015），pp.254-255.
54　李明博（2015）（韓）、446-447 頁。なお、李明博は 2010 年 10 月 30 日にも訪越した。この時には、3 か月前に韓国で起きたベトナム人新婦殺害事件への謝罪と慰労を表明した。
55　李明博（2015）（韓）、449-450 頁。
56　Jeffery and Kim（2015），p.251. なお、その後、2014 年 3 月に済州 4・3 事件が国家記念日に指定されたように、過去清算へのバックラッシュにも関わらず、勧告が一部実現した例もある。
57　『文化日報』2001 年 8 月 25 日（韓）。
58　「社説　日本には歴史を直視せよと言いながら、ベトナムには沈黙する矛盾」、『ハンギョレ』2013 年 9 月 10 日（韓）。http://www.hani.co.kr/arti/opinion/editorial/602715.html。
59　朴槿恵（2016）「対国民談話」『青瓦台ニュース』1 月 13 日（韓）、http://www1.president.go.kr/news/newsList2.php?srh%5Bpage%5D=3&srh%5Bview_mode%5D=detail&srh%5Bseq%5D=13956。
60　その概略については、Hazzan, Dave（2016）。
61　韓国挺身隊問題対策協議会（2014）。

62 「ベトナム戦性犯罪に謝罪しよう」『ハンギョレ21』第608号、2006年5月3日（韓）、http://h21.hani.co.kr/arti/16768.html。
63 梁澄子（2014）。
64 古橋綾（2014）。梁澄子（2016）。
65 韓洪九「ベトナム戦争韓国軍民間人虐殺被害者が初訪韓」『Oh My News』、2015年4月4日（韓）、http://www.ohmynews.com/NWS_Web/View/at_pg.aspx?CNTN_CD=A0002095919。
66 アンビン村虐殺事件被害者のグエン・タン・ランさんとフォンニ・フォンニャット村虐殺事件被害者のグエン・ティ・タンさん。前者は金賢娥（2009）、169-181頁、後者は高暻兌（2015）（韓）、74-85頁を参照。
67 朴キヨン（2015）。
68 具秀姃（2015）（韓）。
69 参戦者たちは、ベトナム戦争で韓国は戦犯国ではなかった、日本軍「慰安所」のような組織的な性暴力とは異なる、などを反発の理由に挙げている。ベトナム参戦戦友有功会、「ベトナム戦と韓国軍」＞「民間人虐殺論とベトナム戦の韓国軍4」、同団体のウェブサイト、http://www.vwm.co.kr/（韓）。
70 グエン・タン・ラン（2015）（韓）。具秀姃（2015）（韓）。
71 チョン・ヒサン（2014）（韓）。この記者が、なぜ韓国の加害の展示がないのかを尋ねたところ、記念館のガイドは「参戦した韓国軍もベトナム人に多くの間違いを起こした。だが、私たちは彼らも結局は米国による被害者だと考えるので、韓国軍関連写真は展示していない」と述べて、韓国人枯葉剤被害者の写真展示に案内した。
72 加害の事実を否定するだけでなく、逆に被害者を貶めるのは、後述する日本の「嫌韓論」が「慰安婦」被害者を貶めるのと似ている。
73 カンユ・イヌァ（2013）（韓）、296-297頁。
74 朴キヨン（2016）（韓）。
75 「韓国軍が虐殺した民間人慰霊のため少女像作家が"ベトナム・ピエタ"建立を構想」『ハンギョレ』2016年1月16日、http://japan.hani.co.kr/arti/politics/23077.html。具秀姃（韓ベトナム平和財団建設推進委員）、「癒えることないベトナム戦争での民間人虐殺」『ハンギョレ』2016年1月16日、http://japan.hani.co.kr/arti/politics/23079.html。「サイゴン・タイムス英文版、韓国、ベトナム虐殺を追慕する銅像を公開する／2016年4月29日」、ベトナム社会的起業アマップのウェブサイト（韓）、http://cafe.daum.net/doanhnhanxahoi。
76 金栄鎬（2014）。
77 2015年12月28日の日韓外相共同発表に対して韓国では被害者と支援団体と世論の反対が根強い。強制をめぐる日韓間の見解対立や、被害者の名誉と尊厳の回復のための措置に関する対立や、「平和の碑」の少女像に関する対立などが解消されていない。「合意」とカギをつけたのはそのためである。なお、国際移行期正義研究センター（ICTJ）のこの「合意」への批判は、次を参照。Tolbert, David（2016）。
78 日本の「嫌韓論」やヘイト・スピーチはインターネット上や書店や街頭に氾濫しているだけでなく、印刷媒体の記事の広告も頻繁でおびただしい量に上った。記事自体よりも、大量の煽情的な広告が日本人の対外感情に与えた影響は大きいと考えられる。能川元一・早川タダノリ（2015）。
79 フォンニ・フォンニャット村虐殺の公文書資料について、金賢娥（2009）、117-136頁。
80 たとえば、秦郁彦、2014、「米軍向け慰安婦の提訴で韓国揺らぐ？」『中央公論』2014年9月号、96-105頁。
81 「米軍基地村女性問題を悪用する日本のメディアに支援団体が取材拒否」『ハンギョレ』2014年8月17日、http://japan.hani.co.kr/popups/print.hani?ksn=18087。

82 自らの加害を否認するにとどまらず、被害当事者を無視・軽視する「論法」は、日本占領下のインドネシアへのオランダと日本の加害をめぐる日本のヘイト団体の主張にも見られた。岩崎稔 (2010)。
83 なお、ベトナム戦争の総体としての加害では「従犯」の韓国の責任を追及するのであれば、「主犯」の米国の責任に論及しなければつじつまがあわないが、日本の「嫌韓論」にはそのような指摘や含意は見られない。また、ベトナム戦争への「死の商人」としての日本の関わりを自省することもない。本多勝一 (1981 (1968))、224 頁。
84 金栄鎬 (2005)。
85 Huntington, Samuel P. (1991), pp.208-231.
86 これは一般に、回復的または修復的正義 (restorative justice) vs. 応報的または懲罰的正義 (retributive justice) に関連する問題である。Jeffery and Kim (2015), pp.9-13.
87 Kim, Dong-Choon (2012), p.124.
88 Cho, Kuk (2007), p.610.
89 Lind, Jennifer (2008), pp.179-198.
90 尹チュンノ (2015) (韓)、351 頁。伊藤正子、(2013)、249-250 頁。
91 金栄鎬 (2005)、20-24 頁。
92 韓国挺身隊問題対策協議会 (2014)。

参考文献
　＊日刊紙の発表記事の出所は本文の注で挙げたので、原則として省略した。また、ウェブサイトへの最終アクセスは、すべて 2016 年 9 月 30 日。
李在承 (2012)「韓国における過去清算の最近の動向」『立命館法学』2012 年 2 号 (通巻 342 号)、379-412 頁。
伊藤正子 (2013)『戦争記憶の政治学—韓国軍によるベトナム人戦時虐殺問題と和解への道』平凡社。
岩崎稔 (2010)「記憶の快楽と感情記憶の貸借表—『日本占領下のインドネシア』展をめぐる混乱と教訓」、今井昭夫・岩崎稔編『記憶の地層を掘る—アジアの植民地支配と戦争の語り方』御茶の水書房、159-176 頁。
岩波書店編 (2012)『記録・沖縄「集団自決」裁判』岩波書店。
韓国挺身隊問題対策協議会 (2014)「ベトナム戦争における韓国軍民間人虐殺及び性暴力問題解決のための要請文」、2014 年 3 月 7 日、挺身隊問題対策協議会ウェブサイト、https://www.womenandwar.net/contents/home/home.nx。
亀山旭 (1972)『ベトナム戦争—サイゴン・ソウル・東京—』岩波新書。
金賢娥 (2009) (安田敏朗訳、原著は 2002)『戦争の記憶　記憶の戦争—韓国人のベトナム戦争』三元社。
金栄鎬 (2005)「韓国のベトナム戦争の"記憶"—加害の忘却・想起の変容とナショナリズム—」広島市立大学国際学部『広島国際研究』第 11 巻、1-30 頁。
金栄鎬 (2006)「1998 年与野党政権交代後の韓国の対外政策の変化—国家正統性・同盟のジレンマ・地政学認識の視点から—」『広島国際研究』第 12 巻、1-27 頁。
金栄鎬 (2008)『日韓関係と韓国の対日行動—国家の正統性と社会の「記憶」』彩流社。
金栄鎬 (2014)「韓国の政権交代と対日政策—日韓 1965 年体制からみた連続と変化」『国際政治』第 177 号、42-56 頁。
能川元一・早川タダノリ (2015)『憎悪の広告』合同出版。
河棕文 (2008)「韓国における"過去事清算"とその政治的ダイナミクス」近藤孝弘編著『東アジアの歴史政策　日中韓対話と歴史認識』明石書店、18-43 頁。

韓洪九（2013）「維新と今日＜32＞ベトナム派兵が残したもの」『ハンギョレ土曜版』2013 年 3 月 16 日、http://japan.hani.co.kr/arti/politics/14246.html。

朴キヨン（2015）「ルポ　訪韓したベトナム戦争虐殺生存者と過ごした 1 週間」『ハンギョレ土曜版』2015 年 4 月 10 日、http://japan.hani.co.kr/arti/politics/20293.html。

古橋綾（2014）「"米軍慰安婦"訴訟」『戦争と女性の人権博物館（WHR）日本後援会会報』vol.1、2014 年 8 月 2 日、http://whrmuseum-jp.org/kaihounew01.pdf。

本多勝一（1981）［（初版 1968）］『戦場の村』朝日文庫。

梁澄子（2014）「ナビ基金と共に行くベトナム平和紀行」『戦争と女性の人権博物館（WHR）日本後援会会報』、vol.1、2014 年 8 月 2 日、http://whrmuseum-jp.org/kaihounew01.pdf。

梁澄子（2016）「コメント」、0328 集会実行委員会編、2016 年 6 月 27 日『「慰安婦」問題にどう向き合うか：朴裕河の論著とその評価を素材に　研究集会記録集』50-54 頁、ウェブサイト『Fight for justice　日本軍「慰安婦」―忘却への抵抗・未来の責任』、http://fightforjustice.info/?page_id=4431。

吉沢南（1988）「証言　ベトナム派兵韓国兵」ベトナム戦争の記録編集委員会編『ベトナム戦争の記録』大月書店。

Armstrong, Charles K. (2001), "America's Korea, Korea's Vietnam", *Critical Asian Studies*, vol.33, 2001-Issue 4, pp.527-540.

Bay, Kyung-Yoong (2007), "From Seoul to Saigon: Gook meets Charlie", Shin, Gi-Wook et. al. eds., 2007, *Rethinking Historical Injustice and Reconciliation in Northeast Asia: The Korean Experience*, OX and NY: Routledge, pp.114-130.

Cho, Kuk (2007), "Transnational Justice in Korea: Legally Coping with Past Wrongs after Democratization", *Pacific Rim Law & Policy Journal*, vol.16, no.3, pp.579-611.

Hazzan, Dave (July 14 2016), "Is South Korea Regressing Into a Dictatorship?". http://foreignpolicy.com/2016/07/14/is-south-korea-regressing-into-a-dictatorship-park-geun-hye/

Heiner, Priscilla B. (2011), *Unspeakable Truths: Transitional Justice and the Challenge of Truth Commissions*, Second Edition, New York and London: Routledge.

Huntington, Samuel P. (1991), *The Third Wave: Democratization in the Late Twentieth Century*, University of Oklahoma Press.

Jeffery, Renèe and Kim, Hun Joon eds. (2015), *Transnational Justice in the Asia-Pacific*, N.Y.: Cambridge University Press.

Kim, Dong-Choon (2012), "Korea's Truth and Reconciliation Commission: an Overview and Assessment", *Buffalo Human Rights Law Review*, Vol.19, pp.97-124, http://dckim.net/wp-content/uploads/2016/02/2013-KOREAS_TRUTH_AND_RECONCILIATION_COMMISSI.pdf

Lind, Jennifer (2008), *Sorry States: Apologies in International Politics*, Ithaca & London: Cornel University Press.

Melish, Tara J. (2012), "Implementing Truth and Reconciliation: Comparative Lessons for the Republic of Korea", *Buffalo Human Rights Law Review*, Vol. 19, pp.1-65, http://papers.ssrn.com/sol3/papers.cfm?abstract_id=2253402##

Selden, Mark and Kim, Dong-Choon (2010), "South Korea's Embattled Truth and Reconciliation Commission", *The Asia-Pacific Journal*, Vol. 8, Issue 9, Num. 4, Mar 2010, http://apjjf.org/-Kim-Dong-choon--Mark-Selden/3313/article.pdf.

Tolbert, David (Jan 29 2016), "Japan's Apology to South Korea Shows What Public Apologies Should (Not) Do", https://www.ictj.org/news/japan%E2%80%99s-apology-south-koreashows-what-public-apologies-should-not-do

カンユ・イヌァ（2013）「韓国社会のベトナム戦争の記憶と参戦軍人の記憶闘争」鄭根埴他編（2013）『記憶と表象でみる東アジアの20世紀』景仁文化社．
高暻兌（2015）『1968年2月12日　ベトナム　フォンニ・フォンニャット虐殺、そして世界』ハンギョレ出版．
具秀姃（2015）「インタビュー　ベトナム民間人虐殺被害者たちと具秀姃博士との出会い」平和博物館ウェブサイト、http://www.peacemuseum.or.kr/%ED%99%9C%EB%8F%99EC%86%8C%EC%8B%9D/6230
金ダン（2015）「ベトナム派兵の"記憶闘争"、気にしても仕方がない」『Oh my News』2015年6月5日、http://www.ohmynews.com/NWS_Web/View/at_pg.aspx?CNTN_CD=A0002113456
金大中（2010）『金大中自叙伝2』サミン．
盧武鉉（2009）『成功と挫折　盧武鉉大統領の書けなかった回顧録』ハックジェ．
大統領秘書室編、刊行年不詳、『朴正熙大統領演説文集』第12集、大統領秘書室．
朴キヨン（2016）「韓国軍ベトナム民間人虐殺50周年慰霊祭、韓国人の謝罪の第一歩」『ハンギョレ土曜版』2016年3月4日、http://www.hani.co.kr/arti/society/society_general/733456.html
ベトナム公正旅行（2016年7月27日）「韓国軍民間人虐殺と"ごめんなさい、ベトナム"を記憶する＜ダナン博物館＞」、ベトナム社会的事業アマップのウェブサイト、http://cafe.daum.net/doanhnhanxahoi
李明博（2015）『大統領の時間　2008-2013』RHK．
李相玉（2002）『転換期の韓国外交　李相玉前外務部長官の外交回顧録』生と夢．
李容濬（2014）『ベトナム、忘れられた戦争の傷跡』ハンウル．
李テジュ（2008）「戦争経験と集団記憶の動員－ベトナム参戦勇士団体を中心に」金貴玉他編著（2008）『戦争の記憶、冷戦の口述』ソニン、247-281頁．
尹太瀛著（盧武鉉財団企画）（2014）『記録　尹太瀛秘書官が伝える盧武鉉大統領の話』チェクタム．
尹チュンノ（2015）『ベトナム戦争の韓国社会史』青い歴史．
グエン・タン・ラン（ウンウェン・トン・ロン）（2015）「子や孫たちにはより良い世の中を残してあげなければならないのではありませんか？」、『ハンギョレ』2015年4月27日、http://www.hani.co.kr/arti/opinion/because/688643.html
チョン・ホギ（2009）「戦争の傷跡の社会的治癒のための視線の転換と空間の変化：韓国における戦争記念物を中心に」、チョン・ジンソン、李ジェウォン編『記憶と戦争－美化と追慕の間で』ヒューマニスト、499-535頁．
チョン・ヒサン（2014）「ベトナム戦争記念館の韓国軍の写真一枚」『時事IN』2014年2月27日、http://m.sisain.co.kr/news/articleView.html?idxno=19144
曺喜眆（2016）「国を愛する多様な方法を許せ」『京郷新聞』2016年5月17日．
崔ヨンホ（2007）『統計でみたベトナム戦争と韓国軍』国防部軍史編纂研究所．
韓洪九（2008）「ベトナム戦民間人虐殺真相究明運動から平和博物館まで」東北アジア歴史財団編『日本の戦争記憶と平和記念館Ⅰ－関東・東北地域編』東北アジア歴史財団、45-74頁．

第 3 章

国際政治と国内政治が交錯する「際」
―基地の政治学から見た沖縄の米軍基地―

西田　竜也

1. はじめに

　2016 年 5 月、オバマ（Barak Obama）大統領が、米国の大統領として初めて広島を訪問した。大統領は広島平和祈念公園を訪れ、原爆資料館を見学し、慰霊碑に献花し、スピーチを行い、被爆者と対面した。そして、この訪問は世界に広く報道されただけでなく、被爆地広島でも好意的に受け止められ、被爆者に対して行った日本放送協会（NHK）の世論調査では、9 割以上の回答が同訪問を積極的に評価した[1]。大統領が広島を訪問することは、米国内ではいまだ敏感な問題であり、異論も少なからずあったにもかかわらず、オバマ大統領が訪問を決断したことは、日米両国民に概ね好意的に受け止められたと言ってよい。

　オバマ大統領による広島訪問と同じ頃、沖縄で 1 人の若い女性が殺害されるという痛ましい事件が発生し、訪問の 1 週間前に米軍軍属の一人が逮捕された。この事件で、沖縄県民の多くが怒りを感じ、6 月 19 日の沖縄県民大会には、主催者発表で 6 万 5 千人が参加した[2]。周知の通り、日本にある米軍基地の多くが沖縄に集中し、沖縄県民はこれまでも米軍による事故、米国人兵士による事件や犯罪の被害を受けてきた。今回の悲しい事件は、米軍基地を抱える沖縄の状況は、沖縄の人の目から見ればほとんど変わっていないということを如実に示したようにも見える。遅々として進まない米軍基地の整理縮小、繰り返し引き起こされる米軍や米軍関係者による事件や事故、そして、こうした事件や事故に対して目に見える改善策をとれない日本政府など、多くの沖縄県民

からすれば米国や日本の政府の政策は、問題の根本的解決につながっていないように見えるだろうし、むしろ、解決を遅らせ、米軍基地の固定化を促すものとさえ映っているのかもしれない。

　基地問題、特に、外国の軍隊が駐屯する基地は、周辺住民に対して様々な問題をもたらす。基地周辺地域への騒音問題、基地が引き起こす環境汚染、駐留する兵士や軍属による事故、事件、犯罪、そして刑事訴追をめぐる問題など多岐にわたり、問題が起こった場合に被害を受けるのは周辺住民である。つまり、基地が存在することにより生じる現実的な問題は、基地周辺地域住民の生活に直接影響を及ぼすという意味で極めて現実的な「国内」の問題である。

　その一方で、外国軍隊の駐留は、受け入れる国の安全保障政策と密接に関係する。そして、沖縄の米軍基地問題は日米同盟と深くかかわっていることは言わずもがなである。このように沖縄の米軍基地問題は、日米同盟に関係するという「国際」的な側面も持つのである。つまり、米軍基地の問題は、国内問題と国際問題が複雑に絡み合う問題なのである。このような問題意識の下、沖縄の米軍基地問題を国際政治と国内政治が交錯する「際」として捉え、この「際」における摩擦が示す現象を明らかにし、摩擦を減少するための政策オプションについても分析したい。

　分析にあたっては、フィリピンと韓国の米軍基地問題を参考にする。韓国とフィリピンを取り上げるのは、両国が東アジアに存在するというだけでなく、米国と同盟関係を結んでいるからである。しかも、冷戦終結後、フィリピンではかつて世界最大規模の米軍基地であるスービック海軍基地とクラーク空軍基地が存在したにもかかわらず、両基地は閉鎖され、米軍は撤退した。また、韓国でも盧武鉉政権時代に、在韓米軍は削減され、基地や施設の整理統合が合意された。つまり、沖縄での米軍基地の状況はあまり変わらないのに対し、両国の米軍基地は削減され、米軍は撤退しているようである。なぜ、同じアジア地域に位置し、日本同様、米国の同盟国であるにもかかわらず、冷戦終結後、両国の米軍基地は削減され、米軍は撤退したのだろうか。反対に、なぜ沖縄では県民の多くが米軍基地の削減と米軍の撤退を求めているにもかかわらず、実現に至っていないのだろうか。日本と、フィリピンや韓国では何が異なるのだろうか。こうした観点から、沖縄の米軍基地の特徴やその本質を明らかにし、ど

のような条件が揃えば沖縄の米軍基地の削減や撤退が可能になるのかを考えてみたい。

したがって、以下ではまず、沖縄米軍基地により生じている様々な問題を明らかにし、次に、こうした様々な問題が生じているにもかかわらず、なぜ米軍基地は引き続き存続しているのかにつき、軍事基地に関する政治学が明らかにしている研究成果をレビューする。その上で、フィリピンと韓国の米軍基地の削減や撤廃のケースを参照しつつ、沖縄を含む日本の米軍基地問題の特徴についても考えてみたい。そして最後に、仮に沖縄の米軍基地の削減や撤廃が可能であるとしたら、どのような条件がそろったときに可能となるのかにつき、考察してみたい。

2. 沖縄が抱える米軍基地をめぐる問題

(1) 在沖縄米軍基地の現状

米軍関連施設の多くが、また日本に駐留する米国人兵士の多くが沖縄に集中する。在日米軍施設のうち、日本国内の米軍の専用施設は2万6,359ヘクタールに及ぶが、そのうち約71％に当たる1万8,609ヘクタールが沖縄に存在する。つまり、日本国内にある米軍専用施設の約7割が、日本の国土面積の0.6％にしか相当しない沖縄に集中している[3]。また、2011年時点で沖縄に駐留する米国陸軍、海軍、空軍そして海兵隊の軍人の合計は2万5,843人であり、軍人及び軍属そしてその家族を合わせると4万7,300人となる[4]。そして、在日米軍の軍人全体の数からみた場合、その半数程度（約51％）が沖縄に居住しているようである[5]。つまり、在日米軍の専用施設及び軍人数からみても、沖縄が過度の負担をしていることは明らかといってよい。

そして、このように沖縄に多くの米軍専用施設が集中し、米軍関係者が居住することで生じる問題は多い。そもそも沖縄の米軍基地の多くが民有地であり、戦後まもなく米軍により強制的に接収されたが、こうした接収に反対する地主も多かった。そして、沖縄の本土返還後も引き続き反対する地主は存在し、日本政府は土地の強制使用を続けている[6]。そして、こうした土地の問題

以外にも以下に見るように、米軍基地に離着陸する航空機による騒音、米兵や米軍により引き起こされる事件や事故、基地利用に伴い排出される汚染物質など様々な問題が生じている。

(2) 米軍航空機による騒音問題

沖縄で問題となるのは、まず嘉手納及び普天間両基地周辺の騒音である。日米両政府は1996年3月には嘉手納、普天間両基地における航空機騒音規制措置に[7]、2006年5月には嘉手納飛行場に駐留する戦闘機の訓練を本土の米軍基地に一部移転することに合意している[8]。しかし、こうした合意にもかかわらず、両基地周辺の騒音問題は一向に改善が見られないのが実態である。

沖縄では騒音に関する調査が継続的に行われており、「うるささ指数（W値）」[9]や騒音[10]を継続的に計測しているが、2015年のデータでは、嘉手納基地周辺の21観測地点のうち8か所でW値が環境基準を超えた。1日当たりの騒音発生回数も、嘉手納基地周辺地域では、3地点で60回を超え、騒音のピークレベルは全地点で90もしくは100デシベルを超えた[11]。また、普天間基地周辺でも、観測地点15地点のうち1地点でW値が環境基準を上回り、最多騒音発生回数を見ても、最も多い宜野湾が34.6回、そして上大謝名で31.1回、新城で27.8回と続く。そして、騒音のピークレベルは、全地点で90もしくは100デシベルを超えた[12]。

また、特に騒音被害の多い嘉手納基地周辺にある屋良A、嘉手納、美原、砂辺の4観測地点のデータを1995年から継続的にみても、騒音規制措置が取られた1996年以降も、W値にあまり変化は見られず、また、月平均の夜間22時から早朝7時までの騒音発生回数でも同様であり、むしろ嘉手納の観測地点では2008年から2012年にかけて増加している[13]。同様に、普天間基地周辺にある野嵩、上大謝名、新城の3観測地点でも、1995年から現在にかけて、W値が目立って減少しているとはいえず、月平均の夜間22時から早朝7時までの騒音発生回数も、上大謝名の観測地点では2002年から2006年にかけてと2010年から2011年にかけて、新城でも2002年から2006年にかけてむしろ増えている[14]。

こうした米軍基地の騒音に対しては、司法判断による賠償命令も出されてお

り、睡眠障害などの健康被害、子供の成長、そして妊娠や出産への影響等を指摘する研究もある[15]。

(3) 米国軍関係者による犯罪

　本章の冒頭に述べた沖縄での殺人事件の容疑者は、以前米軍の海兵隊に所属し、事件当時には米軍には所属していなかったものの、勤務先が米空軍の嘉手納基地内にあったこともあり、日米地位協定の定める「軍属」に該当する可能性があった。しかし、事件が勤務時間外に発生したため、軍属に適用される例外規定の対象とはならず、日本の警察により逮捕され、日本の国内法に基いて裁判が行われることとなった[16]。しかし、この地位協定上の軍人と軍属に適用される例外規定が、米国人兵士による事件では常に問題となってきた。

　日米地位協定とは、日本に駐留する米軍への対応を定めた協定で、旧日米安保条約が締結された際に結ばれた「行政協定」を引き継いでいる。そして、行政協定では、米国人兵士らに対する裁判権は基本的にすべて米側にあった。それを北大西洋条約機構（NATO）における米軍の地位協定と同様なものとすべく、1953年に改定されたのが現在の地位協定である。同協定の第17条は、米兵が「公務中」に事件を起こした場合は米側に、「公務外」の場合には日本側に、第一次裁判権があると定めており、条文上は、公務外の事件は日本側が優先的に裁判権を行使できるようになった。しかし、実際には日本の裁判所で米兵が裁かれることはほとんどなかった[17]。

　このように米国人兵士が日本の裁判所で裁かれないのは日米両政府の間に「密約」があるからだと指摘する声がある。この密約の存在は、2008年に米国立公文書館でそのコピーが発見されて明らかになり、日本の裁判権の行使につき、日本政府は実質的に重要であると考えられる事件以外については、一義的に権利を行使する意図は有しないという内容であった。実際、現在でも米国人兵士による犯罪の起訴は低く、法務省統計の一般刑法犯の起訴率のうち国内の全事件と米軍関係者による事件で比較しても、後者が著しく低くなっているというデータがある[18]。

　したがって、沖縄に米軍基地が集中し、米国人兵士が多く集まる以上、米国人兵士による犯罪の多くが沖縄で起きることは避けがたい。実際、沖縄ではひ

き逃げや、強姦などの性犯罪が多く起こっている。他方で、沖縄の米国人兵士が引き起こす犯罪を統計的にみると必ずしも多いわけではないとの指摘もある。しかし、そもそもこうした数字を使って比較することの妥当性に対して、疑問も生じている[19]。沖縄が歩んできた歴史や、沖縄の県民感情を踏まえた場合、必ずしも数字だけが問題なわけではないからである。特に強姦や殺人事件などの重大な犯罪による沖縄県民の怒りの抗議活動や米軍基地撤退を求める行動は、日本の政治や安全保障政策にも影響を及ぼしており、現状のまま放置できる問題ではない。

(4) 在沖縄米軍による事故及び環境汚染

2016年12月14日、沖縄県名護市海岸でオスプレイが大破する事故が起こった[20]。この事故にとどまらず、沖縄は米軍による事故に悩まされてきた。米軍機の墜落事故は、この事件以外にも多数発生しており、例えば沖縄の本土復帰から2008年度末まで、普天間飛行場所属の航空機が起こした事件は87件、年平均2.3件となっており、その頻度は高い[21]。また、航空機の墜落事故の際にも日米地位協定が問題となることがある。例えば、2004年8月に普天間飛行場のすぐ横にある沖縄国際大学に海兵隊の大型輸送ヘリが墜落した事故では、墜落後すぐに米軍関係者が事故現場を封鎖し、日本の報道関係者のみならず警察をはじめとする日本政府関係者も締め出した。さらに、事故翌日に沖縄県警は墜落事故の現場検証を米側に申し入れたものの拒否された。こうした問題には地位協定の運用上の問題があるとの指摘がある[22]。

墜落事故以外にも、米軍射撃演習場からの流れ弾が住宅地に及び、死者も出たことがある。例えば、金武町伊芸地区では1957年以来少なくとも33件の被弾事件が起きているとされる[23]。また、沖縄県内の米軍演習場ではたびたび原野火災が発生しており、2000年から2009年までに116件の火災が発生し、総面積で約7平方キロメートルが消失している[24]。これは、年平均11.6件の火災が発生し、毎年約70万平方メートルが消失している計算となる。

さらに、米軍は沖縄で様々な環境汚染を引き起こしている。例えば、1995年から翌年にかけて、久米島近海の鳥島で訓練中の米軍戦闘機が計1,520発の劣化ウラン弾を発射し、放射能汚染の懸念を引き起こした。また、2009年に

はアスベストが、米軍キャンプから出た廃棄物の中から検出されている。さらに、2006年から2008年にかけてうるま市のホワイトビーチほかを寄港した米軍の原子力潜水艦が、放射性物質を含んだ冷却水を漏らしていたことが発覚している。他にも、米軍基地における油類の流出事故も多数起きており、2002年と2004年が8件、2008年が6件、2009年が11件と最近再び増えているようである[25]。

(5) まとめ

以上から、米軍基地の存在は、沖縄の人の生活に非常に広範な悪影響を及ぼしていることは明らかであろう。しかし、興味深いのは、こうした様々な社会問題や環境問題にも関わらず、なぜいまだに沖縄の米軍基地は存続しているのかということである。既述の通り、2016年5月の元米兵による殺人事件では、6万5千人規模の抗議集会が開かれ、米海兵隊の撤退や米軍基地の撤廃を求めている。また、1995年9月に起こった米海兵隊3人による少女暴行事件に際しては、約8万5千人の県民による決起集会が行われた[26]。

しかし、こうした突発的な米軍関係者による事件と事件の反作用としての抗議だけでは、これまでのところ米軍基地の縮小や撤廃にはつながっていないようである。実際、基地に関する研究でも、日本のように比較的安定した民主国家では、基地関連の事件発生だけで、基地のあり方が大きく変わるわけではないことが明らかになっている[27]。それでは、どのような条件が整えば、沖縄の米軍基地の縮小や撤廃は可能になるのか。以下では、基地の政治学に関する既存研究をレビューし、米軍基地の撤廃につながる条件を分析し、ヒントを得ることとしたい。

3. 基地の政治学

軍事基地に関する既存研究では、どのような場合に基地を設置する国が、基地を受け入れる国から縮小や撤退を余儀なくされているかにつき分析している。本章に関連するものとして、特に、1) 基地の受け入れ国が設置国から植

民地化を受けた歴史があるか否かと基地受け入れの関係、2) 植民地化を伴わない解放を目的として基地受け入れ国を占領した場合と基地受け入れの関係、3) 政権交代と基地の縮小や撤廃との相関関係、4) 民主化の程度と基地受け入れとの関連、といった点が重要である[28]。

基地を受け入れる国が設置国から植民地化を受けた歴史があるか否かと基地受け入れの関係については、サンダース（C. T. Sandars）がその重要性を指摘したが[29]、カルダー（Kent Calder）がさらに包括的に分析している。具体的には、米国やイギリス、フランスは、植民地支配の終わりとともに、新独立国の前方展開プレゼンスを維持できなくなっていること、そして、冷戦終了後のソ連も、かつてその衛星国家であった国々で同様の憂き目に遭っていることを示した[30]。他方で、植民地化を目指さずに、独裁的な政権から受け入れ国を解放し占領した場合は、むしろ基地は受け入れられる傾向があることを、日本、ドイツ、イタリアのケースを通じて示している[31]。

また、米、英、仏、ソ連の４か国が基地を設置した国に政権交代があった場合に、基地の地位にどのような変化があったかを分析した研究もあり、同研究によれば49ケースのうち8割以上の40ケースで受け入れ国が外国軍を撤退させていることが明らかになっている[32]。

さらに、政権交代に関連して民主化と基地の存続の関係を分析した研究では、例えば東アジアではフィリピンや韓国のケースでみられるように、非民主的な政権が基地を提供し、その後政権交代によって民主的な政権が成立した場合には、基地の存続がもっとも流動的になり、再交渉や撤退の蓋然性も高くなる一方で、成熟した民主主義国家が基地を提供した場合には、国内の政治的立場の違い、国際環境の変化や突発的な事件があっても、基地契約を守る蓋然性が高いことも示されている[33]。

以上のように、基地の政治学は、基地の受け入れ国と設置国の間の植民地化経験の有無や基地設置国による受け入れ国の専制からの解放といった歴史的要因、政権交代、中でも民主化を伴う政権交代といった政治的要因が、外国軍の基地の行く末に大きな影響を持つことを示してきた。それでは、これら要因は具体的には、個々のケースでどのように表れているか、フィリピン、韓国、そして沖縄を含む日本のケースを見ることとしたい。日本以外に、フィリピンや

韓国のケースを分析するのは、両国は東アジアに属し、日本と類似した国際政治環境下にあること、さらに、これら両国は米国との国力差が大きく、一般的には米国との交渉で厳しい立場に置かれることが予想されること、さらに、韓国は日本と同様に米国により日本の軍国主義者から解放された経験を共有するからである。したがって、これらの国で米軍基地の撤退や縮小が可能であるならば、日本でも可能性が見いだせると考えられるからである。

4. フィリピンと韓国のケース

(1) フィリピンによる米軍基地撤廃

　フィリピンの米軍基地は、米国にとって世界最大規模の軍事施設であった。クラーク飛行場は、世界で二番目に大きい米軍航空基地だったし、スービック海軍基地は国外で最大の海軍施設であった[34]。このように米国が大規模な投資をし、維持してきたにもかかわらず、米国は1991年7月にクラーク空軍基地から、翌年11月にはスービック海軍基地から完全撤退している。米軍はなぜフィリピンから撤退したのだろうか。

　フィリピンの米軍基地の起源を見ると、米国の植民地主義が反映されていることがわかる。1898年の米西戦争で米国が勝利し、スペインからフィリピンを勝ち取ったものの、独立を求めるフィリピンとフィリピンの併合を求める米国との間に米比戦争が始まる。米比戦争に勝利した米国は、フィリピンを力により併合し、スービック海軍基地とクラーク基地の建設や拡張が始まる。そして、両基地は太平洋戦争では対日戦線の重要な基地となったが、太平洋戦争中は日本軍の攻撃を受け占領された経験もある。戦後、フィリピンは米国から独立を与えられたものの、米軍基地は残り、軍事援助の見返りとして、1947年3月に米比軍事基地協定に調印している。この基地協定はスービックとクラーク両基地をはじめとする米軍施設を米国が99年間無償で借りることを定めたものであった。また、米国政府は基地内の領域を自国の領土と同じように管理運用でき、基地に働くフィリピン人、基地外の公務中の米国軍人、そして米国軍人が被害者である事件に対する司法管轄権を有するなど、フィリピン側にとっ

て不利な内容であった[35]。

　そして、1950年代に北大西洋条約機構（NATO）の地位協定や日米安全保障条約の行政協定が結ばれ、これら協定に比べ米比間の協定がフィリピン側にとって不利であることが判明すると、反植民地主義や反基地の機運が高まる。こうした動きを受けて米比間の交渉が始まり、1959年10月に基地協定の固定期間を99年から25年に短縮することで合意し、同合意は1966年9月に発効した。同時に、基地の運営に関する権限や司法管轄権の一部もフィリピン側に返還された[36]。

　さらに、1965年にマルコス（Ferdinand Marcos）が大統領に就任すると、基地問題により厳しい態度で臨むようになり、1979年8月にロムロ（Carlos Romulo）比外務大臣と在比米国大使マーフィ（Richard Murphy）の間で交換覚書が署名された。同覚書では、スービック基地の規模を縮小すること、また、クラーク基地はフィリピン政府の軍事施設であることが認められた。しかし、マルコスは次第に独裁色を強め、1983年のベニグノ・アキノ（Benigno Aquino）上院議員暗殺をきっかけとして、民主化を求める反政府運動が高まると、1986年の選挙でアキノ上院議員の妻であったコラソン・アキノ（Corazon Aquino）が大統領に就任したことを契機として、マルコス大統領は米国に亡命した[37]。

　新たに誕生したアキノ政権は、就任後まず憲法制定に着手した。そして、核兵器の持ち込みを禁止し、また、将来の外国軍の基地は上院と国民投票の承認を必要とする憲法案を策定すると、1987年2月に国民投票で同憲法は承認された。そして、1990年5月から、米軍基地に関する予備交渉が始まったが、交渉途中の1991年6月にピナツボ火山が爆発し、クラーク空軍基地から米軍は緊急避難し、翌月には撤退を決定した。スービック基地については、10年間の使用で合意し、同年8月に米比友好協力安全保障条約に両政府が調印したものの、9月に上院で同条約は否決される。その一方で、アキノ政権は3年間で米軍基地を撤退させる案を米側に提示したものの、米比間の交渉が決裂し、フィリピン政府が旧基地協定の終了を通告し、1992年末までの米軍基地撤去が確定した[38]。

　以上が、フィリピンにおける米軍基地の起源と撤退までの概要であるが、

フィリピンのケースでは、基地の政治学が示してきた、外国軍の基地が撤退へとつながるの可能性ある幾つかの要因が働いていることがわかる。まず、フィリピンのケースからは、米国と比べ明らかに国力の差があるフィリピンであっても、米軍基地の撤廃が可能であることがわかる。世界最大規模であった空軍基地と海軍基地からの完全撤退は、決して米国の望むところではなかった。米軍のフィリピンからの撤退は、明らかに米国の戦略ではなくフィリピンの政治的事情によるものであり、マルコスからコラソン・アキノへの政権交代に、重要な関わりがあることも明らかであろう[39]。特に、独裁色の強かった政権からより民主的な政権に移行する中で、米軍基地が撤退に追いやられたことは、民主化のプロセスの中にある国家では基地政治が非常に流動的になるという基地の政治学の考えと一貫するものである。

次に、フィリピンのケースは、基地設置国による受け入れ国の植民地支配の経験の重要性を示す事例である。米国はこれまで英国やフランスなどの植民地主義国とは異なることをたびたび強調してきており、実際幾つかの重要な点で異なるのも事実であろう。しかし、米国は独立を求めていたフィリピンを戦争で破った後、同国を併合し、大規模な米軍基地を建設したことは、植民地主義的行動であったとの誹りは免れ得ないだろう。また、太平洋戦争中の日本軍侵略時に、米軍基地が結局フィリピンを守ることには貢献せず、100万人以上のフィリピン人が犠牲になったことは、米軍基地はフィリピンのためではなく米国のために存在するにすぎないという認識を醸成し、フィリピン国民の反植民地主義と米軍基地への反対を強化することにつながっている[40]。

(2) 韓国のケース

韓国の米軍基地の起源は、太平洋戦争終結後、朝鮮半島を旧日本軍の支配から解放したことに始まる。しかし、韓国を解放した在韓米軍は占領した韓国を統治する手法は、日本やドイツの占領の場合とは異なっていた。米軍は戦前の日本が植民地支配で用いた組織と人材をそのまま使い、また、韓国で台頭する政治勢力を脅威と捉え、こうした勢力と協力することを拒否した。こうした米軍のやり方は、韓国を解放するというよりも、むしろ軍事支配へ導くものとなった。そして、本来であれば、日本や西ドイツの場合のように韓国占領後の

将来を見据え、穏健な民主的な政治勢力を育て、民主制の基礎を整えるべきところ、米国軍政府はむしろ、こうした政治勢力遠ざけ、知らず知らずのうちに以後40年以上にも及ぶ権威主義的な政府による支配へ道を開いていたのであった[41]。

韓国での米軍駐留の一つの大きな特徴は、韓国軍が米国軍司令官の下に米軍と統合され、両者が密接な関係を発展させたことである。そして、米国の指揮下にある韓国軍は、1953年から1987年の間に起こった政権交代に重要な役割を果たしてきた。例えば、1960年の選挙では、韓国軍は国連の指揮から外れ、ソウルの治安回復の名のもと、反政府勢力の活動を力で押さえつけた。こうしたことは1961年にも繰り返され、権威主義的色彩の強い朴正煕が権力を掌握するのに一役買っている。さらに、1979年には全斗煥がクーデターを起こした際には、後に大統領となる盧泰愚将軍が米軍司令官へ事前に知らせることなく介入し、クーデターの成功に貢献している。こうした軍の介入は、米軍が直接関与したものではないにしても、韓国軍との関係が密接であったことから、力により権力を奪取した韓国の反民主的指導者と同じ穴のむじなと看做されたのも当然であった[42]。このように米国は日本の場合とは異なり、韓国では過去の権威主義的な体制から国民を解放した存在とは見られなかったのである。

韓国の場合、米国は戦略的判断から米軍を撤退させることもある。典型的なのは、ニクソン（Richard Nixon）大統領が1969年に発表したいわゆるグアム・ドクトリンである。同ドクトリンはアジアの同盟国に軍事的な負担を求める衝撃的なものであったが、韓国にとって悪いことに、同大統領は韓国側に知らせることなく、一方的に在韓米軍2個歩兵師団を撤退すると発表し、約2万人の米軍が削減されたのである。また、実現こそしなかったものの、カーター（Jimmy Carter）は大統領選の選挙公約で、全ての在韓米軍を撤退させる提案をした一方、レーガン（Ronald Reagan）大統領は反対に在韓米軍増強した。最近ではブッシュ・ジュニア（George W. Bush）大統領時に、3万8,000人の在韓米軍を2万5,000人程度まで削減し、非武装地帯（DMZ）近くに配置されている米軍第二歩兵師団及びソウル市内龍山にある在韓米軍司令部の後方移転、そして、これまで米軍が受け持ってきた前線での防衛責務の韓国軍による肩代わりなどにつき合意し、実施に移されている[43]。つまり、1945年以降の

米国の対韓国政策は、撤退と再関与のサイクルと表現できるかもしれない[44]。

　他方で、米国の戦略的な判断ではなく、韓国側の意向により米軍基地のあり方に変更が加わったことも事実である。1990年代以降、韓国国内で民主化が進むにつれ、米軍基地問題への関心も高まり、米軍基地の動静を監視する非政府団体（NGO）が増えている。そして、民主化に伴い、1966年7月に結ばれた在韓米軍地位協定も、1991年と2000年に、刑事裁判権、捜査権限や環境保護などに関して韓国側の権限が拡大された[45]。特に象徴的だったのは、2002年6月に2人の韓国人女子学生が、米軍の装甲車により轢殺された事件である。同事件はインターネットを通じて瞬く間に全国に拡散し、同年8月にはソウルで10万人規模のデモが起こった。そして、被告の米国人兵士が過失致死罪から免れると、地位協定の改正が大統領選に影響を与えるほど、政治問題化した[46]。さらに、韓国の場合、地方分権化が米軍基地の運営を難しくしているという指摘もある。実際、1990年代の地方政府改革以来、韓国の知事や市長は、基地問題に対して、日本の知事や市長よりもはるかに行動的で、これが2001年の地位協定見直しにつながったという。中央集権的ではない民主主義国では、米軍基地の存在する地域の民意が反映しやすいと言えるかもしれない[47]。

　つまり、韓国のケースは、政権交代や民主化によっても米軍基地が存続する一方、民主化が進むにつれて米軍基地の運営に対する制約が増えている事例と捉えることもできる。基地の政治学は、政権交代の際には多くの外国軍基地が撤退を余儀なくされていること明らかにしたが、韓国は1987年の民主化宣言以降、徐々に安定した民主主義体制へと移行し、政権交代を経ているにもかかわらず、米軍は規模は縮小しつつも、いまだに韓国に駐留している。その一方で2002年の韓国人女子学生と米軍車両との事故が大きく政治問題化したこと、また、金大中から盧武鉉への政権交代により、米軍基地は整理統合され、さらに基地運営に制約が課されるようになってもいる[48]。

5. 日本のケース

　それでは、基地の政治学から見た場合、日本にある米軍基地、そして沖縄の米軍基地については何が言えるのだろうか。まず、米国にとって日本に存在する米軍基地は重要であり、かつ資産価値も高い。カルダーは、国防総省の公式データを使って、日本にある米軍基地の価値が、米国外では最高になったことを示した。特に嘉手納の米空軍基地は、2005年の時点で、最も高価な米国の海外施設であり、横須賀米海軍基地は、国外では唯一の空母のための海外母港である[49]。しかし、基地が重要であり高価であることは、外国軍の地位が安定していることを意味しないことは、既述の通り、フィリピンのケースが示している。フィリピンの米軍基地が米国の戦略や資産価値の上で如何に重要であっても、米国は基地を維持することはできなかったのである。つまり、フィリピンのケースは米国の戦略や意向以上に、基地を受け入れる国の意向が重要であることを示す好例である。

　また、既述の通り、基地の政治学は、基地設置国が植民地化を目指さずに、過去の独裁的な政権から基地受け入れ国を解放し、その後占領を継続した場合は、基地は受け入れられる傾向があること示している[50]。もし、このような植民地化や解放経験の有無といった歴史的要因が重要であるとすれば、日本全体を見た場合には、太平洋戦争後、米国が占領を通じて日本を自由主義の方向へ解放したことから、米軍基地は日本では受け入れられる素地があると論じることは妥当な議論であると言えよう。

　また、民主化と基地の関係については、基地受け入れ国の民主主義が成熟して安定したものとなれば、基地契約は遵守され、基地問題は非政治化する傾向があることを示している。実際、沖縄以外の日本の本土では、ここ20年から30年の間、米軍基地に対する重大な挑戦はない[51]。そして、沖縄のケースでさえも非政治化の傾向があることを基地の政治学は明らかにしている。具体的には1995年の米国人兵士による少女暴行事件が起きた際、沖縄の反基地抗議デモが最高潮に達し、大田昌秀沖縄県知事が米軍基地に提供されている土地の

賃借契約の代理署名を拒否した。このように、米軍基地の撤退があたかも沖縄県民の圧倒的多数意見であるように見えた時でさえも、米軍基地は存続した。むしろ、その後の選挙、特に1996年の県民投票では、基地の撤退や縮小を支持する人達の期待通りの結果となったとは必ずしも言えず、1998年11月の沖縄県知事選挙に至っては、基地撤退を掲げた大田知事自身が僅差で敗れてしまったのである。こうした結果を踏まえ、沖縄の基地に反対する勢力は必ずしも十分な支持があるわけではなく、むしろ日本の中央政府が1978年以降後押ししてきた基地関連の沖縄振興や日本国民としての団結を訴える候補者が支持を得ていると論じる研究もある[52]。

さらに、沖縄の米軍基地が紆余曲折を経ながらもこれまで持続し、運営されてきたことに関して、日本の中央政府が果たしてきた補償や調整機能を評価する研究もある。基地関連の沖縄振興策はその代表例であるし、米軍基地の労働者の給与は、日本政府の予算から捻出されている。基地に提供された土地の多くは日本政府が有利な条件で賃借しているし、基地の新設費用は全て日本政府が支払っている。こうした、財政面での対応に加え、難しい交渉を可能にする防衛施設庁や地元ネットワークの構築、防衛関係省庁と基地周辺地域住民の間に立つ調停者の存在なども、米軍基地を維持し運営していく上で、重要である[53]。既述の通り、外国軍の基地は政権交代により、大きな影響を受け、往々にして撤退につながる場合も多いが、日本ではこうした補償調整機能の確立により、1993年と2009年に自民党が政権を失っても、基地への影響は抑えられたのかもしれない。

つまり、日本全体としてみると、日本にある米軍基地の安定性は高く、米国が基地の存続を望む限り、基地が存続する蓋然性は高いのかもしれない。なぜなら、米国は日本を植民地化することなく、自由民主主義の方向へと解放したこと、日本の民主主義は、戦後まもなくはともかく、その後は成熟し安定して政権交代も少ないことが[54]、米軍や米軍基地の受け入れに有利働く可能性があるからである。それでは、特に沖縄に注目した場合、沖縄にある米軍基地も他の日本にある米軍基地同様、存続する蓋然性が高いのだろうか。

本章は、確かに基地の政治学が重視する要因や論理は、日本本土のケースに十分適用可能であると考えるものの、沖縄のケースに適用するにはいくつかの

重要な点で違いがあると考える。以下では、そうした点を取り上げ、特に、沖縄のケースについて考えてみたい。

6. 沖縄のケース

　まず、沖縄が太平洋戦争中及び戦後歩んできた歴史を考えると、日本本土と同様に論じること難しいと考える。沖縄は本土とは異なり米軍との激しい地上戦を経験し[55]、その後そのまま米軍に占領されている。しかも戦後、本土が1951年9月にサンフランシスコ講和条約を締結後、国際社会へと復帰し、復興への道を歩み始めたのに対し、沖縄は日本から切り離され、米軍の支配の下、恒久的な基地の島となった。そして、1972年に沖縄が日本に復帰するまでの20年以上、米軍の軍政下にあったのである。具体的には、琉球列島米国民政府（USCAR）を頂点として、国防長官が任命した軍人が同政府の長を務めた。同時に、議会、行政府、司法機関からなる現地の琉球列島政府も作られた。しかし同政府の長はUSCARにより任命され、実質的な権限はUSCARにあったことから、これら議会、行政府、司法機関の決定を覆したり、軍事安全保障上の理由で、拒否したりすることもできた。したがって、沖縄島民がこうした米国による上陸、占領と軍政を植民地支配と感じたとしても無理はないのである。そして実際、1962年には議会は全会一致で、米国が国連の規定に反して植民地支配を行っているという決議を採択した。このように20年以上の基地建設と軍政の経験は沖縄島民に反植民地主義的感情や、米軍基地建設は非民主的に行われ沖縄に押し付けられたものであるとの考えを根付かせ、現在に至っても共有されている可能性は高い[56]。

　また、最近の何回かの沖縄での重要な選挙の結果を見ると、沖縄では基地問題が非政治化していると断じることはできないのではないか。確かに、沖縄の反基地感情がもっとも高まったとされる1995年の沖縄少女暴行事件の時でさえ、翌年の県民投票や1998年の県知事選挙では、基地の縮小や撤退を支持する勢力が期待する結果とはならなかった。しかし、最近の沖縄での選挙結果を見ると、基地問題が非政治化しつつあると主張するには無理があるように思

う。具体的には、2014年12月の沖縄県知事選挙や衆議院議員選挙、2013年と2016年の参議院議員選挙で、いずれも与党自民党が支援する候補は、基地の縮小撤廃を掲げる候補に全て負けているからである。特に、国政選挙では、日本全体としては自民党が圧勝に近い勝利を収めているにもかかわらず、沖縄県に限ってみると自民党候補者は惨敗している。この結果は明らかに基地問題が民主化の成熟とともに非政治化するという基地の政治学のロジックからは外れていると言わざるを得ない。

それでは、沖縄では近年反基地を掲げる候補者が勝利しているにもかかわらず、沖縄の基地の縮小や撤廃はなぜ前進しないのか。特に、普天間基地の辺野古への移設をめぐって、移設を進めようとする中央政府と、移設に反対し県外移設を求める沖縄県の間で膠着状態が続いている。前進しない理由の一つとしては、既述の通り、日本政府が築き上げてきた補償調整機能が効果的に機能しているからかもしれない。しかし、こうした補償調整機能に加え、注目すべきは、基地の政治学が中央政府と基地が存在する地域の地方自治体との間の関係の重要性を指摘していることである。具体的には、日本のように地方政府が中央政府に依存し財政的に自立しておらず、また、政策の策定や実施に中央の意向が反映しやすい場合には、国内の一地方の不満は、国家レベルの政策に影響を及ぼしにくいのである[57]。

つまり、沖縄はその歴史的経緯から本土とは異なった米軍基地に関する意向を持っており、そうした意向が中央集権的な政治システムにより政策に反映されにくい可能性があるのかもしれない。もしそうであり、かつ、歴史的経験が外国軍基地の行方と重要な因果関係を持つのであれば、仮に日本が成熟し安定した民主制の国であっても、沖縄の米軍基地問題がいずれ非政治化し、問題とはならなくなると結論付けるのは早計かもしれない。むしろ、米軍の上陸作戦から始まる軍政下の強制的な基地建設と植民地化に近い沖縄の歴史的経験は、重大な事件や事故が起こる度に思い起こされ、日本政府による調整補償機能が機能したとしても、米軍や米軍基地に反対する意向や感情は維持され続けるのではないだろうか。もしそうであれば、こうした意向や感情が政策として反映されるようになれば、沖縄の米軍基地のあり方にも大きな変更がもたらされるかもしれないのである。したがって、最後に、どのような場合に沖縄の米軍基地

が縮小撤退する可能性が高まるかを考え結びに代えることとしたい。

7. 結びに代えて—沖縄の米軍基地の今後—

　これまで見てきた通り、基地の政治学は、日本全体としては、その歴史的経験、安定した民主制度や効果的な補償調整機能を踏まえて、基本的には米国の良きパートナーとして比較的安定した米軍基地の運営が続くことを予測する。しかし、沖縄はその歴史的経緯から本土とは異なった米軍基地に関する意向を持つようになっており、本土とは異なる基地の政治学の論理が働いている可能性を指摘した。ここでは、以上の議論をさらに深め、沖縄の米軍基地の縮小や撤退の可能性について考える。

　まず、沖縄の米軍基地を米国自身が放棄し、撤退する可能性である。これまで述べてきた通り、米国は沖縄を含む日本に非常に大きな投資をし、施設を建設し維持してきた。したがって、米国から自発的に沖縄の米軍基地を放棄する可能性は低いように見えるが、基地の政治学は、基地設置国が自らの意思で撤退や縮小する例があることを示している。具体的には、カルダーの研究では、米英仏ソの四か国が外国に基地を設置した96ケースのうち、自発的に撤退したケースは2割以上の22であった[58]。したがって、米国が例えば、その世界戦略を転換する、また、財政上の大きな制約に直面するなどして、国外の基地のあり方を見直し、その中で沖縄の米軍基地を縮小するもしくは撤退する可能性もある。実際、最近の米国の大統領選挙キャンペーンでは、当選した共和党のトランプ（Donald Trump）大統領は、日本や韓国が米軍の駐留経費負担を大幅に増額しない場合は撤退させる考えを示していた[59]。トランプ氏の発言は選挙キャンペーン上のレトリックに過ぎないかもしれないし、また、トランプ氏が大統領となった場合、米軍を即座に日本から撤退することは考えづらいが、米国の相対的国力が低下し、国外の米軍基地を維持する負担が大きくなれば、沖縄の米軍基地から撤退することはあり得ないとは言えないだろう。

　次に、米国が自発的に撤退するのではなく、日本や沖縄の意向に基づきその米軍基地が撤退する可能性について考える。これまで述べてきた通り、基地の

政治学も、外国軍に撤退を迫る政治力は、基地受け入れ国の国内政治から発生する場合が多い。しかし、日本全体として沖縄の米軍基地の撤退を積極的に求める可能性は低い。日本の安全保障にとって日米同盟が重要であり、日米同盟の中で沖縄の米軍基地が果たす役割は大きいからである。したがって、米軍基地の撤廃を求める政治的な力があるとすれば、やはり沖縄にあると考える。なぜなら、沖縄と日本本土では、歴史的経験の差異に基づく、米軍基地に対する考え方が本質的に異なると考えるからである。したがって、沖縄県民の意向が日本の米軍基地政策に反映されるようになれば、沖縄にある米軍基地の状況が変わる可能性がある。そして、沖縄の意向がより国全体の政策に反映されるには、政権交代や地方分権の促進が必要になると考える。

　基地の政治学は、過去半世紀の大国の世界各地での海外プレゼンスの縮小には、政権交代が大きな影響を及ぼすことを示してきた[60]。そして、これは沖縄の米軍基地についても言える。2009年に、民主党が8月の衆議院議員選挙で普天間基地の県外移設を公約として掲げて自民党に勝利し、鳩山由紀夫政権が成立した。「最低でも県外」と述べた鳩山総理であったが、移設の公約は実現性の見込みはなかった[61]。結局、鳩山総理自身が公約を撤回せざるを得ない状況へと追い込まれ、大きな政治的混乱をもたらしたことは周知の通りである。しかし、興味深いことに、その後再び自民党が政権に復帰した際に、民主党が政権に就く前に、自民党が公約としていた普天間基地の辺野古への移設を、改めて実施しようとしたにもかかわらず、政権復帰後は実施が困難になってしまったのである。つまり、以前には沖縄県民から一定の理解を得ていたと思われるにも関わらず、政権交代後にはすっかり状況が変わり、辺野古への移設に対する反対意見が強くなってしまったのである。そして、それ以降現在まで普天間基地の辺野古移設をめぐって日本政府と沖縄県の対立は続いている。この現象は、沖縄の米軍基地が、自民党から民主党への政権交代によっても、存続こそしたものの、基地の運営がより難しくなったことを示していると言ってよい。したがって、今後、再び政権交代が起こり、より沖縄の意向に沿った政権が成立するようなことがあれば、米軍基地の縮小や撤退の方向に向かう可能性は十分にあると考える。

　さらに、地方分権は沖縄の米軍基地の行く末に影響をもたらす可能性が高

い。日本では 1990 年代に入り、地方分権推進法が制定され施行されるなど、地方分権が積極的に進められてきた。そして、いわゆる「三位一体の改革」と呼ばれる地方財政改革が、小泉政権時に実施された[62]。既述の通り、外国軍の基地のあり方には地方政府と中央政府の関係が大きな影響を持つ。日本の場合、地方政府の中央政府への依存が強く、基地政策への影響力が弱い。一方、地方自治の強い韓国では、基地政策への影響力が強い。つまり、日本でもより地方分権が進めば、米軍基地問題に沖縄の民意がより反映され、その場合基地の縮小や撤退の方向に進む可能性も出てくるのではないだろうか。

　最後に、現在の沖縄にある米軍基地、特に普天間基地の移設問題をめぐる日本の中央政府と沖縄県の間の対立と膠着状態は、より沖縄の意向を反映した形で解決の方向を探るほうが望ましいのかもしれない。なぜなら、もし歴史的経験に基づく米軍基地の考え方につき、本土と沖縄の間に本質的な違いがあるとすれば、沖縄に米軍基地が集中する現状を維持することは無理があるからである。確かにこれまで日本政府は、効果的な補償調整機能を発展させてきたが、本質的な問題を解決することはできないのではないか。特に、直近の 3 回の国政選挙や知事選挙の結果は、沖縄に基地が集中することに対する根深い怒りと不信を反映していると考える。そうであれば、米軍基地を沖縄県に維持し続けることは難しいだろう。

　そして、もし仮に沖縄の米軍基地を維持することが難しいのであれば、それは沖縄に駐留していた米軍の日本本土への移設を意味するのか。それとも、恒久的に米軍が日本から撤退することを意味するのか。そして、米軍が日本から撤退するのであれば、日米同盟はどうなるのか。日本の安全保障をどのように確保するのか。つまり、沖縄の米軍基地問題を考えることは、日本の安全保障について考えることと同義なのである。これまで、こうした議論を避けてきたことがある意味、沖縄の米軍基地問題を恒久化もしくは固定化してきたのかもしれない。そして、普天間基地の移設計画をめぐり膠着状態が続く今だからこそ、沖縄の意向を反映しつつも日本の安全保障のあり方を真剣に考える時期なのかもしれない。

注

1 日本放送協会（NHK）「米大統領訪問「評価」93％」。
2 朝日新聞「元米兵事件に抗議、県民大会に6万5千人　主催者発表」。
3 2016年12月22日、沖縄県北部にある米軍訓練場約4,000ヘクタールが日本側に返還され、日本全国の米軍専用施設のうち沖縄に集中する割合は74.5％から70.6％に低下した。防衛省「在日米軍施設・区域（専用施設）面積」。
4 沖縄県「在沖米軍人・軍属・家族数の推移」。
5 在日米軍の軍関係者の数に関するデータは限られているが、外務省の資料によれば、平成20年1月の時点で、本土に滞在する米国人の軍人は2万2,078人、軍属は2,770人、家族は2万4,406人、合計4万9,254人であったのに対し、沖縄に滞在する米国人の軍人は2万2,772人、軍属2,308人、家族1万9,883人、合計4万4,963人であった。外務省、「在日米軍の施設・区域内外居住（人数・基準）」平成20年2月22日より抜粋。
6 前田・林・我部編『＜沖縄＞基地問題を知る辞典』18-19、58-60頁。
7 同措置の内容については、外務省「嘉手納飛行場及び普天間飛行場における航空機騒音規制措置に関する合同委員会合意について」。
8 外務省「再編実施のための日本のロードマップ」。
9 「うるささ指数（W値）」は環境基本法の定める基準であり、正式にはWeighted Equivalent Continuous Perceived Noise Level（WECPNL）と呼ばれる。同基本法では住宅地域では70以下、それ以外の地域では75以下が、生活環境を保全し、健康を保護するうえで、維持することが望ましいとされる。ただし、2013年以降、環境基準はWECPNLからLdenに変更されているが、ここでは経年変化を見るためにW値を用いた。
10 騒音とは人が不快に感じる70デシベル以上が5秒以上続く状態のことを指す。
11 デシベルは音の大きさを表す単位で、80デシベルが「電車の車内」、90デシベル「騒がしい工場内」、100デシベルが「電車が通る時のガード下」に相当するといわれる。高橋『沖縄・米軍基地データブック』22頁。
12 沖縄県（2016）「平成27年度測定結果概要版（嘉手納飛行場・普天間飛行場）平成28年9月」5、10頁。
13 同上、6、11頁。
14 同上、11頁。
15 普天間基地の騒音問題については、2011年に総額約3億6,900万円の賠償を命じた控訴審判決が確定し、2015年には別の住民が訴えた第一審判決で約7億5,400万円の賠償を命じた判決が出されている。日本経済新聞「普天間基地騒音訴訟、国に賠償命令　軽7億5400万円」。健康被害に関する報告書については、旭川医科大学「航空機騒音による健康への影響に関する調査報告書」を参照。
16 時事通信「性的暴行、浮かぶ計画性　骨に傷、殺人立件へ　女性遺体遺棄、26日で1週間、沖縄」。
17 前田・林・我部編『＜沖縄＞基地問題を知る辞典』84頁；また、地位協定の問題全般については、琉球新報社・地位協定取材班『日米不平等の源流』や本間浩『在日米軍地位協定』が詳しい。
18 前田・林・我部編『＜沖縄＞基地問題を知る辞典』85-86頁。
19 琉球新報「＜社説＞犯罪率比較のうそ　悪意の込もった中傷だ」。
20 朝日新聞「オスプレイ事故、不時着？墜落？その根拠は」。
21 高橋『沖縄・米軍基地データブック』46頁。なお、同データブックは、沖縄における米軍による事故や環境汚染のデータが豊富である。
22 前田・林・我部編『＜沖縄＞基地問題を知る辞典』103頁。

23 同上、47 頁。
24 同上、47-48 頁。
25 髙橋『沖縄・米軍基地データブック』53-58 頁。
26 朝日新聞「沖縄が本気で怒った日 米兵暴行契機、95 年の県民大会」。
27 Cooley, *Base Politics*, pp.258-259.
28 カルダー『米軍再編の政治学』122-124 頁を参照。また、民主化の程度と基地受け入れの関係については、Cooley, *Base Politics*, pp.23-24.
29 Sandars, *America's Overseas Garrisons*, pp.328-330.
30 カルダー『米軍再編の政治学』157 頁。
31 同上、163-166 頁。
32 同上、78-82 頁。なお、政権交代がない場合は 47 ケースのうち基地設置国が自発的に撤退するケースが 13 ケース、引き続き外国軍が駐留したのは 34 ケースと、政権交代があった場合と対照をなしている。
33 Cooley, *Base Politics*, pp.250-253.
34 Sandars, *America's Overseas Garrisons*, p.117.
35 Ibid., pp.105-111; 松宮『こうして米軍基地は撤去された』22-24、38-42、45 頁。また、1947 年の基地協定の内容については Berry, Jr., *U.S. Bases in the Philippines*, pp.32-56 に詳しい。
36 Berry, Jr., *U.S. Bases in the Philippines*, pp.57-66, 98-115; Sandars, *America's Overseas Garrisons*, pp.111-112.
37 Sandars, *America's Overseas Garrisons*, pp.114-115, 121-122.
38 松宮『こうして米軍基地は撤去された』88-105、111-168 頁；Sandars, *America's Overseas Garrisons*, pp.124-125.
39 カルダー『米軍再編の政治学』76-77 頁。但し、当時は冷戦が終結し、東西間の緊張が大きく緩和していたことも指摘しておく必要があろう。
40 Sandars, *America's Overseas Garrisons*, pp.105-106
41 Ibid., pp.179-180.
42 Ibid., p.188.
43 Roehrig, "Restructuring the U.S. Military Presence in Korea,"; Sandars, *America's Overseas Garrisons*, p.190; 産経新聞「在韓米軍の主力部隊移転 ソウル北方から南方へ」。
44 Sandars, *America's Overseas Garrisons*, p.197.
45 Cooley, *Base Politics*, pp.119-124; 清水隆雄「在韓米軍地位協定等について」国立国会図書館『外国の立法』No.220、2004 年 5 月、184、186-189 頁。
46 Cooley, *Base Politics*, pp.125-126.
47 カルダー『米軍再編の政治学』192 頁。
48 同上、80 頁。
49 同上、99 頁。
50 同上、163-166 頁。
51 Cooley, *Base Politics*, pp.212, 215.
52 クーリー（Alexander Cooley）は、1996 年の県民投票は、基地縮小に賛成する票が 9 割近くを占めたものの、投票率が 6 割を切るなど、沖縄県の積極的な選挙キャンペーンにもかかわらず、非常に低いものとなったと言う。Cooley, *Base Politics*, pp.156-157, 173, 258-260.
53 カルダー『米軍再編の政治学』149、207 頁。
54 参考までに、どの程度民主的であるかについて判断する際には、Integrated Network for Societal Conflict Research (INSCR), "Polity IV Project" のデータが有効である。同データの

2015 年ポリティ・スコアに基づくと、日本のポリティ・スコアは 10 となっており、最も安定した民主制ということになる。
55 サンダース（C. T. Sandars）によれば、約 3 か月間の戦闘で、1 万 2 千人の米軍兵士、7 万 5 千人の日本軍兵士、15 万人の沖縄市民が犠牲になったとされる。Sandars, *America's Overseas Garrisons*, p.161.
56 Cooley, *Base Politics*, pp.137-138, 145, 147.
57 カルダー『米軍再編の政治学』192 頁。
58 同上、78-79 頁。
59 Sanger and Haberman, "In Donald Trump's Worldview, America Comes First, and Everybody Else Pays".
60 カルダー『米軍再編の政治学』81 頁。
61 民主党『民主党沖縄ビジョン 2008』。
62 井川博「日本の地方分権改革 15 年の歩み」。

参考文献

旭川医科大学（2000 年 7 月 14 日改訂版）「航空機騒音による健康への影響に関する調査報告書」（http://www.asahikawa-med.ac.jp/dept/mc/hygiene/okinawa/report.html　2016 年 8 月 2 日アクセス）。

朝日新聞（2015 年 10 月 18 日）「沖縄が本気で怒った日　米兵暴行契機、95 年の県民大会」（http://www.asahi.com/articles/ASHBH6SMQHBHUTFK018.html　2016 年 9 月 10 日アクセス）。

朝日新聞（2016 年 6 月 19 日）「元米兵事件に抗議、県民大会に 6 万 5 千人　主催者発表」（http://www.asahi.com/special/okinawa/crime/　2016 年 8 月 2 日アクセス）。

朝日新聞「（2016 年 12 月 14 日）オスプレイ事故、不時着？墜落？その根拠は」（http://www.asahi.com/articles/ASJDG5G9ZJDGUTFK01B.html　2017 年 1 月 23 日アクセス）。

井川博（2008 年 3 月）「日本の地方分権改革 15 年の歩み」（http://www.clair.or.jp/j/forum/honyaku/hikaku/pdf/up-to-date_jp4.pdf　2016 年 9 月 15 日アクセス）。

沖縄県「在沖米軍人・軍属・家族数の推移」（http://www.pref.okinawa.jp/site/chijiko/kichitai/documents/02kitinogaikyou02beigunnkiti1-7.pdf　2016 年 8 月 2 日アクセス）。

沖縄県（2016 年 9 月）「平成 27 年度測定結果概要版（嘉手納飛行場・普天間飛行場）」（http://www.pref.okinawa.jp/site/kankyo/hozen/taiki/base/documents/2809_h27kadenafutenmakoukuukisouonkekkagaiyou.pdf　2016 年 9 月 15 日アクセス）。

外務省（1996 年 3 月 28 日）「嘉手納飛行場及び普天間飛行場における航空機騒音規制措置に関する合同委員会合意について」（http://www.mofa.go.jp/mofaj/area/usa/sfa/pdfs/souon_kisei.pdf　2016 年 8 月 2 日アクセス）。

外務省（2006 年 5 月 1 日）「再編実施のための日米のロードマップ」（http://www.mofa.go.jp/mofaj/area/usa/hosho/sfa-saihen.html　2016 年 8 月 2 日アクセス）。

外務省（2008 年 2 月 22 日）「在日米軍の施設・区域内外居住（人数・基準）」（http://www.mofa.go.jp/ICSFiles/afieldfile/2008/02/22/2.pdf　2016 年 8 月 2 日アクセス）。

カルダー，ケント・E ／武井楊一訳（2008）『米軍再編の政治学：駐留米軍と海外基地の行方』日本経済新聞社。

産経新聞（2016 年 7 月 18 日）「在韓米軍の主力部隊移転　ソウル北方から南方へ」（http://www.sankei.com/world/news/160718/wor1607180021-n1.html　2016 年 9 月 10 日アクセス）。

時事通信（2016 年 5 月 25 日）「性的暴行、浮かぶ計画性　骨に傷、殺人立件へ　女性遺体遺棄、26 日で 1 週間、沖縄」（http://www.jiji.com/jc/article?k=2016052500555&g=soc　2016 年 8 月 5 日

アクセス）。

清水隆雄（2004 年 5 月）「在韓米軍地位協定等について」国立国会図書館『外国の立法』No.220。
高橋哲朗（2011）『沖縄・米軍基地データブック』沖縄探見社。
日本経済新聞（2015 年 6 月 11 日）「普天間基地騒音訴訟、国に賠償命令　軽 7 億 5400 万円」（http://www.nikkei.com/article/DGXLASDG11H3C_R10C15A6CC0000/　2016 年 8 月 2 日アクセス）。
日本放送協会（NHK）（2016 年 5 月 25 日）「米大統領訪問「評価」93％」（http://www.nhk.or.jp.metacomment.io/hiroshima-news/20160525/5552281.html　2016 年 8 月 2 日アクセス）。
防衛省（2017 年 1 月 1 日）「在日米軍施設・区域（専用施設）面積」（http://www.mod.go.jp/j/approach/zaibeigun/us_sisetsu/2_prefecture.pdf　2017 年 1 月 20 日アクセス）。
本間浩（1996）『在日米軍地位協定』日本評論社。
前田哲男・林博史・我部政明編（2013）『＜沖縄＞基地問題を知る辞典』吉川弘文館。
松宮敏樹（1996）『こうして米軍基地は撤去された：フィリピンの選択』新日本出版社。
民主党（2008）『民主党沖縄ビジョン 2008』民主党。
琉球新報（2015 年 6 月 30 日）「＜社説＞犯罪率比較のうそ　悪意の込もった中傷だ」（http://ryukyushimpo.jp/editorial/prentry-244999.html　2016 年 8 月 20 日アクセス）。
琉球新報社・地位協定取材班（2004）『日米不平等の源流：検証「地位協定」』高文研。

Berry, Jr., William E. (1989), *U.S. Bases in the Philippines: The Evolution of the Special Relationship*, Boulder, Colorado: Westview Press.
Cooley, Alexander (2008), *Base Politics: Democratic Change and the U.S. Military Overseas*, Ithaca, New York: Cornell University Press, 2008.
Marshall, Monty G. (2014), "Polity IV Project: Political Regime Charateristics and Transitions, 1800-2013 (http://www.systemicpeace.org/polity/polity4.htm　2016 年 7 月 1 日アクセス）.
Roehrig, Terence (2007), "Restructuring the U.S. Military Presence in Korea: Implication for Korean Security and the U.S.-ROK Alliance," Korea Economic Institute, Academic Paper Series, vol. 2. No. 1, Jan. 2007. (https://www.researchgate.net/publication/290628205_Restructuring_the_US_Military_Presence_in_South_Korea　Accessed on Sept. 10, 2016).
Sandars, C.T. (2007), *America's Overseas Garrisons: The Leasehold Empire*, Oxford: Oxford University Press, 2000.
Sanger, David E. and Maggie Haberman (2016), "In Donald Trump's Worldview, America Comes First, and Everybody Else Pays," *New York Times*, March 26, 2016 (http://www.nytimes.com/2016/03/27/us/politics/donald-trump-foreign-policy.html　2016 年 7 月 1 日アクセス）.

第4章

英文和訳と英日翻訳における言語的な「視点」の問題

横山　知幸

1. はじめに

　本章が掲載されている叢書のタイトルは「際」である。英文和訳も英日翻訳も、英語と日本語が接する「境界面」で行われる行為であり、この「境界面」では、二つの言語に関わる多くの要素が相互に働きかけ、新しい言葉や表現が生み出されることも少なくない。そして、英文和訳や英日翻訳を明確に説明しようとすれば、言語学や心理学をはじめとして、多くの学問分野が関わることになる。英文和訳や英日翻訳は、まさに「際」というタイトルにふさわしいものではないだろうか。
　さて、英文和訳や英日翻訳においては、数多く困難点が指摘されているが、そうした困難点の最も基本的な部分のいくつかは、英語と日本語の「視点」の取り方の違いによって説明可能であり、さらに、この「視点」の取り方を調整することで、訳文のレベルが大きく向上する可能性があるというのが、本章においてなされる議論の主眼である。日本語と英語が、どのような「視点」からものを見て、どのように表現しているのかを議論することで、この二つの言語が接する「境界面」で、何が起こるのかを少しでも説明してみたい。

2. 分析項目

　安西（1982）は、その書名である『翻訳英文法：訳し方のルール』が示すと

おり、英日翻訳のノウハウを伝統的な英文法の枠組みを利用して説明している。非常に実用性が高いので、幅広い層に支持されたようだ。後には文庫化され、安西（1995）となり、現在も広く読まれている。この「翻訳英文法」という考え方は、練習問題を中心としてワークブック化され、安西（1994）と安西（1996）を生み出した。こうした一連の書物で扱われている文法項目は多岐にわたるが、本章では、「代名詞」と「話法」を中心に扱うことにする。言語的な「視点」に最も深く関わる文法項目だからである。

3. 代名詞

先ずは、英語の「代名詞」を和訳する際の問題から議論を始める。安西（1994: 49）では、代名詞の和訳に関して、次のような大原則が示されている。

(1) 代名詞は切れ。
(2) もし切って文意が不鮮明になる場合は、単に「彼」とか「これ」とか訳すのではなく、元の名詞にもどして訳せ。

上の「切れ」とは「訳すな」という意味であり、つまり、代名詞はできる限り訳してはいけないし、どうしても訳す必要がある場合にも、英語学習の最初で習ったような訳語を使うなと言っていることになる。あくまで大原則であるから、例外も色々あるだろうが、これは「英文和訳」と「英日翻訳」との根本的な違いの一つを示してくれていることは間違いない。しかし、例えば、なぜ「you」を「あなた」と訳してはいけない場合が多いのだろうか？本節では、この問題を掘り下げて行き、英日翻訳の他の側面にも応用が可能な原則として、最後にまとめてみたい。

日本語と比べて英語では、代名詞が非常に多く使用される。基本的に英語では、主語は省略できず、他動詞や前置詞の目的語も省略できない。したがって、このような文構成要素を中心に、代名詞が多用されることになる。こうした英語の代名詞は、その数が極めて少なく、また文法的な語彙なので、使われ

る文脈に関わらず同じ形式が用いられる。例えば、誰が誰に向かってどのような場面で発言しても、原則的に、一人称単数は必ず「I」とその変化形であり、二人称は単数も複数も必ず「you」とその変化形である。大人が子供に向かって何かを言っても、新入社員が社長に向かって何かを言っても、原則的には「I」と「you」が用いられることになる。ところが、日本語には、英語の代名詞に似た働きをする言葉が数多く存在し、文脈によって何がどのように使われるかが大きく変化する。大人の男性が小さな男の子に向かって何か言うのであれば、自分のことを、「わたし」、「おれ」、「おにいさん」、「おじさん」、「おじいさん」などと言うかもしれないし、相手のことは、「きみ」、「ぼく」、「おにいちゃん」などと言うかもしれない。こうした言葉の使い方を、一般向けに、最初に明確に説明したのが、鈴木（1973）であり、後に鈴木（2009）では、もっとわかりやすい表現で、再び詳しく説明されている。なお、鈴木（2009: 178）では、日本語の場合、人称代名詞という用語は適切ではなく、自分や相手や他者を指す様々な言葉を「自称詞」、「対称詞」、「他称詞」と呼ぶべきだとしているが、本章では、わかりやすさを優先し、できるだけ従来通りの用語を用いる。

　さて、鈴木（1973）や鈴木（2009）の説明の中では、例えば、小学校の先生が自分のことを「先生」と呼ぶ事例や、孫のいる人物が自分の子どものことを、「お母さん」や「お父さん」と呼ぶような事例があげられる。このような場合、小学校の先生は自分のことを生徒の視点から見て表現しているし、孫のいる人物は自分の子どものことを孫の視点から見て表現していることになる。鈴木（2009: 195）では、「話者が本来は自分を原点とすべき自己中心語の原点を、自分ではなく他者に移して使っている」からだと述べられる。自己中心語とは、鈴木（2009: 192）によると、「誰がその言葉を（いつどこで）使っているかによって、言葉の指すもの（指示対象）が違ってくる」ものだと説明される。本章の議論に即して、一般化した上で全てを簡略に説明し直せば、日本語では様々な場面で話し手の視点移動が行われることが少なくないが、その移動の際には言語表現の起点となる話し手の視点までも別の人間に移動してしまうことがあると言うことになる。代名詞の和訳の問題を考える場合、日本語では、「話し手」は「聞き手」のような別の人間の視点に同化し、その他者の視

点から物事を見て表現する傾向があると言うことを前提として議論を進めると良いのではないかと思われる。そして、日本語では比喩的な意味での上下関係が重視されるので、理屈の上では、「話し手」から見た場合、「聞き手は」、「上」や「下」、場合によっては、対等な「横」に位置することがある。上下の「下」とは「目下」の人であり、多くは「年少者」であろう。逆に、上下の「上」とは「目上」の人であり、多くは「年長者」であろう。このような比喩的意味での上下関係は、別に日本語に限ったことではない。隠喩研究の進展によって、英語の表現の背後にある隠喩構造も明らかにされてきたが、既に Lakoff & Johnson (1980: 16) が指摘しているように、英語でも「HIGH STATUS IS UP; LOW STATUS IS DOWN」と表現されるのである。そして、日本語の場合、上下関係ではもっと複雑な表現の仕組みがあり、話し手が父親なら、子どものような目下の人間に対しては、自分のことを子どもから見た「親族用語」である「お父さん」とも呼べるし、自分自身から見た「私」というような「人称代名詞」でも呼べるが、「太郎」というような「名前」では呼べない。

　鈴木 (2009: 167) は、上で述べたような「親族用語」の使い方を中心として、日本語の「自称詞」や「対称詞」に関する規則を、下のようなリストにまとめている。このような現象は、視点の取り方の変化を中心に据えれば、もう少し簡単に説明できて、さらなる一般化もしやすいのではないかと思われる。なお、下のリストで言う「上下分割線」とは、自分を中心として親族を上と下に分ける線のことである。

　あなたは上下分割線の上方の親族を
　(1)　名前で呼ぶことはできないし
　(2)　人称代名詞でも呼べない
　(3)　親族用語で呼ぶのが普通

　あなたは上下分割線の下方の親族を
　(1)　名前で呼べるし
　(2)　人称代名詞でも呼べるが

(3) 親族用語で呼ぶことはできない

あなたは分割線の上の親族に向かって自分を
(1) 名前で称することができるし
(2) 人称代名詞でも言えるが
(3) 親族用語で称することはできない

あなたは分割線の下の親族に向かって自分を
(1) 親族用語で称することができるし
(2) 人称代名詞でも言えるが
(3) 名前で称することはできない

さて、先ずは、「親族用語」の使われ方を、「視点」の取り方から考えてみる。目上の親族は親族用語で呼ぶのが普通なのに対して、目下の親族は親族用語で呼べないのはなぜか？この場合の話し手の視点は、自分に固定されていて、自分から見た親族用語の使用のことを言っている。自分の母親のことを「お母さん」と呼び、その姉のことを「伯母さん」と呼ぶのは普通のことだ。このような場合、上下関係を考えると、視点の方向は「下から上」となる。目下である話し手が目上である母や伯母を見上げているのだろう。「下から上」を見上げる行為は大丈夫なのだ。逆に、自分の息子に対して「おい、息子」と言ったり、孫に対して「おい、孫ちゃん」などと言ったりすることはできない。このような場合、上下関係を考えると、視点の方向は「上から下」となる。目上である話し手が目下である息子や孫を見おろしているのだろう。意外かもしれないが、「上から下」を見おろすような表現は使えないと考えられる。いわゆる「上から目線」は、言語表現上でも極めて嫌われているようだ。

次に、目上の親族に向かっては自分のことを親族用語で呼べないのに対して、目下の親族には自分のことを親族用語で呼べるのはなぜか？この場合の話し手の視点は、話し相手との関係での自分のことを言うのだから、話し相手に一体化してしまうことになる。相手から見た自分に対する親族用語の使用のことを言っている。自分の母親に対して自分のことを「息子が」と言うのは変だ

し、母の姉である伯母に対して自分のことを「甥が」と言うのも不自然だ。このような場合、上下関係を考えると、視点の方向は「上から下」となる。目上である母や伯母の視点に同化した話し手が、目下である息子や甥である話し手自身を見おろしているのだろう。ここでもやはり、「上から下」を見おろすような表現は使えないと思われる。ところが、話し手が自分の息子に対して自分のことを「お父さん」と言ったり、自分の孫に対して自分のことを「おじいちゃん」と言ったりするのは普通のことであろう。このような場合、話し手の視点は息子や孫に同化して、息子や孫から見た話し手に対する親族用語が使われている。上下関係を考えると、視点の方向は「下から上」となる。目下である息子や孫の視点に同化した私が、目上である自分自身を見上げているのだろう。「下から上」を見上げるのは、やはり大丈夫なのだ。

　結局、現在の一般的な日本語では、下から上を仰ぎ見る「下から目線」とでも言うべき視点での表現は大丈夫なのだが、その逆で、上から下を見おろす「上から目線」の視点での表現が非常に嫌われているのではないだろうか。だからこそ、「上から下」を見おろすようなタイプの表現を避けるために、目下の人間と話しをする場合には、視点を目下の人間に移して同化することで、本来ならば「上から下」を見おろすような表現になることを回避し、「下から上」を見上げる表現にしてしまうのではあるまいか。ただし、目下の話し相手への視点移動は、目下の者への共感という積極的な側面もあるかもしれないが、同時に、自分を相手より上だと見なすことであり、尊大で横柄な言語行為であるとも言えるだろう。この点は、後に考察する親族以外の大人同士のコミュニケーションでは、大きな問題になると思われるので、心に留めておいて欲しい。

　さて、親族用語は、人と人との関係、特に上下関係を明確にするものだが、このような親族用語と比較した場合、名前や人称代名詞と呼ばれている言葉は、上下関係がはっきりしないのではないだろうか。「わたし」、「あなた」、「彼女」、「彼」、「花子」、「太郎」と聞いても、「わたし」と「あなた」、「彼女」と「彼」、「花子」と「太郎」では、どちらが上で、どちらが下なのだろうか？むしろ、言葉だけでは上下関係がはっきりしないことから、消極的にではあるが、「横並びの関係」として捉える方が良いのではないかと思われる。そのよ

うに考えれば、目上の人間に対しては、名前や人称代名詞が使えないのに対して、目下の人間に対しては名前や人称代名詞が普通に使えることが説明しやすい。このような場合の話し手の視点は、自分に固定されていて、自分から見た話し相手に対する人称代名詞や名前の使用のことを言っている。母親に向かって「あなた」と呼びかけたり、「花子さん」と名前で呼んだりするのは、「見上げる」のでも、「見おろす」のでもなく、「横から水平に見る」行為だと考えれば、目上の人間に対しては、いわゆる「ため口」をきくことになり、失礼な行為だと感じられるだろう。逆に、母親が息子に向かって「あなた」や「おまえ」を使ったり、「太郎」や「太郎さん」や「太郎くん」と言ったりしても、基本は、「見上げる」のでも、「見おろす」のでもなく、「横から水平に見る」行為なのであれば、問題は無いと言うことになる。目上の人間が目下の人間を対等に扱うのは、目上の人間らしい鷹揚な行為であり、特に問題があるとは考えにくい。もっとも、「おまえ」などは「対等」とは言いがたいという意見もあるかもしれないが、例えば、ごく親しい男性の友人同士では、普通に相手のことを「おまえ」と呼び合うことも多くあり、本質的に相手を見下しているわけではないと考えるべきであろう。人称代名詞や名前の場合、全体的な使われ方の性質としては、「横から水平に見る」と考えておいて良のではないかと思われる。その上で、日本語では、見上げる表現が好まれるので、見上げるのではない横から水平に見る表現も、見上げているわけではないので、見おろす表現の代理表現として、見おろす表現に近い働きをしがちなのだと理解しておくのが良いのかもしれない。

　最後に、目上の人間に向かっては、自分のことを名前や人称代名詞で呼べるのに対して、目下の人間に向かっては、自分のことを人称代名詞では呼べても、名前では呼べないのはなぜかを考える。この場合の視点は、やや複雑になるが、親族用語と同じ仕組みの発展型だと考えると説明しやすい。このような場合も、基本的には、話し相手との関係での自分のことを言うのだから、親族用語の場合と同様に、話し手の視点は話し相手の視点と一体化してしまうと考えるべきであろう。自分自身を、「山田」や「太郎」と言うように名前で表現した場合、これは話し相手から見た自分の呼称と言うことになる。目上の人間の視点と一体化した話し手が、自分自身を名前で呼ぶことで、「横から水平に

見る」行為を行うことで、自分と一体化した話し相手が自分自身を対等に扱っても、基本的には問題は無いだろう。自分自身を、見上げているわけでも、見おろしているわけでもないからだ。目上の人間である話し相手の視点で、目下の人間である自分自身に「ため口」をきいても、特に問題はあるまい。上で述べた、母親が自分の息子を「太郎」と呼ぶ例を思い出して欲しい。この場合、母親は自分の息子を「太郎」と呼ぶことで、自分自身に対して失礼な行為をしているという意識はないはずだ。目下の人間を対等に扱うのは、目上の人間らしい鷹揚な行為であり、なおかつ、別に目下の人間を目上扱いしているわけではないので、見おろす表現の代理表現として、見おろす表現に近い働きをしているとも言えるのかもしれない。したがって、「太郎」と言う人物が、目上の人間に向かって、「そんなことは、この太郎がやります」と言っても、特に問題にはならないだろう。ところが、子どもに向かって太郎という名前の父親が、「そんなことは、この太郎がする」と言うような場合は問題が生じることになる。つまり、目下の人間の視点と一体化した話し手が、自分自身を名前で呼ぶことで、「横から水平に見る」行為を行って、相手と自分を対等に扱ってしまうと、目下の人間である相手の視点で、目上の人間である自分自身に「ため口」をきくことになり、自分自身に対して失礼な行為だと見なされることになる。したがって、子どもに向かって「太郎」という名前の父親が、「そんなことは、この太郎がする」と言った場合、それを聞いた人間は、例えば、父親以外に太郎という名前の別人がいるような印象を受けてしまうのではないだろうか。さて、ここからが最も重要なところだが、「自称詞」としての人称代名詞の場合には、ここまでの議論が適用できないと考えられる。なぜなら、話し手は、話し相手の視点と一体化し、話し相手から見た人称代名詞で、自分を呼ぶことが、日本語ではできないのだ。日本語では、基本的に、自分のことを、二人称や三人称に分類される人称代名詞である「あなた」、「きみ」、「おまえ」、「彼」、「彼女」などと称することができない。しかたがないので、人称代名詞の場合だけは、視点が「話し手自分に固定」され、一人称に分類される人称代名詞である「わたし」、「おれ」などが用いられることになると考えるべきなのだろう。代名詞の使用自体は可能なので、一見すると問題なさそうだが、実は背後には大きな問題がある。では、なぜそうなるのだろうか？池上（2006:

189）は、英語の代名詞では、自分自身をあたかも他者であるかのように扱う言語表現が可能であるのに対して、日本語の代名詞では、そのような言語表現、つまり、「自己の他者化」を避ける傾向があることを論じ、次のような例を示している。

[独白するという状況で、話し手がこれまでの自らの姿勢を反省し、自分を励ましているという場面]
 a) "You must work much harder!"
 b) 「（私は）もっと頑張ってやらなくっちゃ！」

このような場合、英語の話し手はふつう〈2人称〉の代名詞で自分を指し、自分が自分に語りかけるという構図にするとのことである。日本語の話し手の場合も同じ構図は不可能ではないが、それよりは自己は自己として〈他者〉化することなく、〈1人称〉として言語化するほうが自然と思われる。

上で述べた「人称代名詞は話し手の視点からのみ使用される」ということは、非常に重要な性質なので、心に留めておいて欲しい。
　そして、親族用語を中心とした呼称に関する規則は、実際の親族以外にも拡大使用されることになる。鈴木（2009: 195）では、「親族用語の虚構的用法」の例として、迷子になって泣いている小さな女の子に対して、大人が「おねえちゃん、泣かなくてもいいよ、おじさん（またはおばさん、お兄ちゃんなど）が、お母さんを探してあげるから」と言う例を挙げている。さらに、鈴木（2009: 197）は、「大人は下のものに親族用語を使うときは、自分が使う自己中心語の原点をこの家族の最年少者に移すのです」と述べ、さらに、「迷子に対する〈おねえちゃん〉も、大人は目の前の子供をその成員に含む家族を想定し、そこにいるはずの最年少者を仮定して、その子にとって目前の子は当然〈おねえちゃん〉と呼ばれる人物なのだと考えるのです」と説明している。この親族用語の拡大使用の説明は、本当にすばらしいのだが、同時に、なぜ表現の原点を「下」へ、それも「一番下」へずらすのかを説明して欲しくなるのではないだろうか？答えは単純だ、一番下まで視点をずらせば、全てを見上げる

ことができるからだ。そして、「自己中心語の原点」という言い方から、「視点」という言い方に一般化すると、この後に述べていく多くのことを、日本語の一般的な性質の一つとして説明しやすくなると考えられる。

さらに議論を発展させ、鈴木（1973: 154）は、「親族（家族）内の対話に見られる自称詞、他称詞の使い方の原則は、殆どそのまま、家族外の社会的状況にも拡張的にあてはめることができる」と主張する。上で検討した12の規則は、若干の例外はあるものの、ほとんどそのまま下のように書き換えることができる。当てはまらない場合はカッコ内に表示する。

あなたは上下分割線の上方の話し相手を
① 名前で呼ぶことはできないし
② 人称代名詞でも呼べない
③ その集団での地位名で呼ぶのが普通

あなたは上下分割線の下方の話し相手を
① 名前で呼べるし
② 人称代名詞でも呼べるが
③ その集団での地位名で呼ぶことはできない（最も下の地位以外は可能！）

あなたは分割線の上の話し相手に向かって自分を
① 名前で称することができるし
② 人称代名詞でも言えるが
③ その集団での地位名で称することはできない

あなたは分割線の下の話し相手に向かって自分を
① その集団での地位名で称することができるし（これは多くの場合は不可能！）
② 人称代名詞でも言えるが
③ 名前で称することはできない

ある会社の「主任（鈴木さん）」、「係長（田中さん）」、「課長（山田さん）」を例として考えてみよう。話し手を「係長（田中さん）」だとすると、目上の「課長」に対して、名前を用いて「山田さん」と言うことも、人称代名詞を用いて「あなた」と言うこともできないが、地位名を用いて「課長」とは言える。目下の「主任」に対して、名前を用いて「鈴木さん」と言えるし、人称代名詞を用いて「あなた」と言うこともできる。ところが、親族用語の場合とは異なり、地位名を用いて「主任」と言うことが可能だ。理由はおそらく、親族用語は「自己中心語」なのだが、組織の地位名は「自己中心語」ではなく、誰から見ても同じで変化しない「非自己中心語」なので、親族用語の虚構用法と同じで、平社員などもっと下の人物の視点に下りて、そこから見上げるように話し相手を「主任」と呼ぶことが可能になるからだと思われる。さて、話を戻すと、目上の「課長」に対して、自分自身のことを、名前を用いて「田中」と言うことも場面によってはできるだろうし、人称代名詞を用いて「私」と言うこともできるが、地位名を用いて「係長」とは言えない。目下の「主任」に対して、自分自身のことを、人称代名詞を用いて「私」と言うこともできるが、名前を用いて「田中」とは言えない。ここまでは親族用語の場合と同じだ。ところが、目下の人間に対して自分のことを、地位名を用いて「係長」とは言えないのだ。例えば、「鈴木さん、その件は係長の方で処理します」と言うと、「自分以外の他の係長」が処理するように聞こえるのではないだろうか。これが学校の先生なら、自分のことを、地位名を用いて「先生」と呼ぶこともできる。なぜだろうか？親族用語の説明のときに述べたように、生徒に対して自分を先生と呼んだり、平社員に対して自分を主任と呼んだりすることは、目下の相手の視点で自分を呼ぶことになるので、自分を相手より上だと見なすことを明らかにしてしまい、尊大で横柄な言語行為になるからではないだろうか。他人でも大人と子供の場合なら、このような行為も尊大で横柄と言うよりは相手への強い共感を示すものとも考えられるが、他人の大人同士の場合では、やはり自分を見上げる行為は許されないのだろう。

　このように考えてくると、親族用語のような自称詞、対称詞、他称詞の使い方の原則を、家族外の社会的状況に拡張的にあてはめる場合には、やはり多少の制限が必要だと思われる。上で議論した鈴木（2009: 167）の12のルール

は、もう少し一般化した方が、英日翻訳などで幅広い状況を検討するときには、使い勝手が良いだろう。そこで、一部例外もあるだろうが、とりあえず下のように説明しておくことにしたい。

基本原理：
日本語では話し手の視点が状況に応じて頻繁に立体的に移動する。
対話の基本規則：
① 話し相手のことを、話し手の視点やその他の人物の視点から称することができる。
② 話し手のことを、話し相手の視点やその他の人物の視点から称することができる。
③ 話し手や話し相手を、下から見上げるのは良いが、上から見おろしてはいけない。
　　ただし、自分を下から見上げることが許されるのは、大人と子供のような場合のみ。
　　（話し手や話し相手以外の第三者は、状況次第で、見上げても見おろしても良い。）
④ 目下の人間を横から見てもよいが、目上の人間を横から見てはいけない。
⑤ 人称代名詞は話し手の視点からのみ使用される。

4. 話法

次に、英語の「間接話法」の和訳の問題に議論を進める。安西（1994: 124）では、間接話法の和訳に関して、次のような大原則が示されている。

日本語は元来、状況密着的な発想が強いから、誰かの発言を紹介する場合にも、現在の話者（あるいは筆者）の立場から、客観的に分析・再構成して表現する「間接話法」は、あまり得意ではない。むしろ、その言葉の発せられ

た現場の状況に密着して、「直接話法」的に表現するのが得意である。そこで翻訳上も、原文が直接話法で書いてある場合はあまり問題は生じないが、間接話法で書いてある場合には、できるだけ直接話法的な表現に近づけることがポイントになる。

さて、上の引用を見ると、前節の終わりで提示した「基本原理：日本語では話し手の視点が状況に応じて頻繁に立体的に移動する」が思い出されるのではないだろうか？日本語では、話し手（書き手）の視点が頻繁に移動し、様々な他者の視点と同化して語ることなど日常茶飯事であろう。逆に、視点をたった一つに限定し、話し手が話している時の視点（あるいは、書き手が書いている時の視点）で、全ての状況を再構成して表現するという行為は、日本語では大変やりにくいのかもしれない。高校初級レベルの英文を用いて、この点を確認しておこう。下の例を見て欲しい。ほぼ逐語訳であり、代名詞が全て訳出されていて、日本語としては非常に煩わしいのだが、その点は後で詳しく議論するので、しばらくの間は我慢して欲しい。

She said to me, "I am older than you."
彼女は私に「私の方があなたより年上なの」と言った。［○］
（「私」が2回出てくるのが非常に紛らわしいが、何とか理解はできる。）
She told me that she was older than I.
彼女は私に彼女は私より年上だったと言った。［×］
（訳文だけを見た場合、最初の「彼女／私」と2番目の「彼女／私」は同じ人物ではないかもしれないし、そもそも時制の一致は訳せないので、ほとんど誤訳と言っていい。）

上の例を見てもわかるとおり、直接話法は比較的和訳しやすいが、間接話法はそのままではまず訳せない。日本語として読める文にしようとすると、ほとんど直接話法のようになってしまうのではないだろうか？なぜ日本語では間接話法的な表現が難しいのだろうか？英文和訳から英日翻訳のレベルに進むためには、この点を理解する必要がある。そのために、以下では、日本語で何かを

描写するときの「視点」の特徴を、英語との対比で考えてみたい。

日英語の「視点」に関して、池上（2006: 195）は、川端康成の『雪国』の冒頭を例として用いて、日本語の原文と E. Seidensticker 氏による英語の訳文を比較することで、言語学的な見地から、次のように述べている。

原文：国境の長いトンネルを抜けると、雪国であった。
訳文：The train came out of the long tunnel into the snow country.

日本語の原文は……汽車に乗って旅をしている主人公が、いままさに体験していることを語るという構図となっている。……主人公は体験の主体として、自らの乗っている汽車……ともども〈ゼロ〉化され、言語化されていない。英語訳のほうはどうかといえば……主人公が自らの分身を汽車の中に残したまま、汽車の外に身を置いて、自らの分身を乗せてトンネルから出てくる汽車を客体として捉えるという構図になっている。

上の例では、英語の場合、第三節の代名詞の説明で述べた「自己の他者化」が行われ、「ドッペルゲンガー」や「幽体離脱」のように、自己が「表現する自己」と「表現される自己」の二つに分離し、「表現される自己」（ここでは自己の乗った汽車が自己の代わり）は「表現する自己」に明確に見えていることになるので、「話し手」自身が言語化されやすいことになる。逆に日本語では、このような分離は行われず、「表現する自己」には「表現される自己」は明確には見えないことになり、「話し手」自身は言語化されにくいことになる。つまり、自己は「ゼロ化」されるので、多くの場合に表現されない。上で述べたのと同様の説明を、池上氏は NHK 教育テレビの「現代ジャーナル―日本語」というシリーズ（1991 年 2 月放送）で既に行っていたようで、この時のことを池上（2007: 318-319）では次のように述べている。

……NHK 国際部勤務の英語の話し手数人（いずれも日本語の堪能な人たち）に英訳の方の文を見せ、そこから読み取れる状況を絵に描いてもらうということをした。ほぼ共通して出てきたのは、向こうの山の端から姿を現し

てきた汽車という構図であった。……日本語の原文から受ける印象は、これとは明らかに違う。主人公は薄暗くて狭い車内にいて黒く煤けたトンネルを通ってきた—それが突然明るく視野の広がった雪の銀世界に出た—多分、日本語の平均的な話し手が読みとるイメージというのはそのようなものであろう。しかも、このように読みとりながらいつの間にか、読者は自分自身もまるで主人公と同じ車内で—あるいは、もう一歩進んで、自分自身が主人公と一体化してしまって—主人公と同じ経験をしているかのような想いを抱くようになる。

このテレビ放送をもとに、金谷（2004: 31）では、言語学的見地から、もう少し「視点」の問題に関して一般化を行い、英語の視点を「神の視点」と呼び、日本語の視点を「虫の視点」と呼んで、下の引用のように説明している。この説明の仕方は、主要な問題のありかが「視点」の取り方の違いにあると明確に捉えていることになる。

「神の視点」の方は不動である。言語化されようとしている状況から遠く身を引き離して、上空から見おろしている。そして、スナップ写真のように瞬間的に事態を把握する。時間の推移はない。

「虫の視点」はその反対で、状況そのものの中にある。コンテキスト（文脈）が豊かに与えられている。そしてこの視点は時間とともに移動する。あたかも虫が地上を進んでいくように。あるいは、トンネルを走る列車の乗客や、家の周りを行きつ戻りつしている人のように。

本章では、英語では、話し手（書き手）の「視点」が「外へ、上へ」と向かうので、下にある汽車を上から俯瞰することになり、日本語では、話し手（書き手）の「視点」が「中へ、下へ」と向かうので、列車の中にいる主人公の視点と一体化することになると理解しておく。そして、「読み手」の視点は「書き手」、「語り手」、「主人公」の視点と一体化することが多いはずだ。

さらに、上の池上氏や金谷氏の議論を受けて、熊谷（2011: 41-42）は、心理

学的な見地から、下のように述べている。この説明の仕方では、「視点」の問題こそが、最も重要であると捉えられるように思われる。

『雪国』の主人公は島村という名の男性である。彼は一人で列車に乗っている。共に話す相手もいない状況である。けれども、その横には実はもう一人の乗客が乗っている。それは……架空の人物であり、読者という名の乗客である。……日本語では、話し手と聞き手が相並んで共有する映像を見つめる、という構造を基本としている。この関係は、話し手と聞き手のあいだだけでなく、書き手と読み手とのあいだにも当てはまる。主人公は書き手の分身である。そして、読み手の分身は想像の中で主人公のそばに常に付き添っているのである。

熊谷（2011: 31-42）は、上で述べてきたような現象を、「話し手」、「聞き手」、話し手と聞き手がいっしょに見ている「共有映像」の三項目の関係で説明しようとする。そして、話し手と聞き手は、何かをいっしょに見ながら言語表現を産出して会話を進めていくわけだが、言語表現を産出するときの話し手の「視点」の位置が、英語と日本語では異なるのだと言う。日本語では三項関係の内部、それも話し手と聞き手のすぐそばに言語表現の視点があり、その視点から共有映像を見て言語化が行われるので、普通、話し手には自分は「見えない」ことになるし、「話し手」が「聞き手」といっしょに何かに視線を向けている場合、「話し手」には「聞き手」さえも「見えない」ことが少なくないことになる。その結果として、見えない「話し手」や「聞き手」は「言語化されない」ことになると言う。それに対して英語では三項関係の外側、つまり、「話し手」も「聞き手」も「共有映像」も、全部が見える高い位置に言語化の視点があり、その視点から全体を見おろして言語化が行われるので、普通は話し手も聞き手も「見える」ことになり、結果として全てが「言語化される」ことが多くなると言う。（この場合、話し手自身も「他者化」され、表現の主体と客体に分裂することは言うまでもない。）さらに、日本語の場合は、「共有映像」であっても、「話し手」と「聞き手」の両方が注意を向けて見ていると、省略されることが多くなるのだと言う。この点も非常に重要である。つ

まり、「見えていない」から言語化できる可能性があることに気づかない場合と、「一緒に見ているのだから言うまでもない」と言う理由で言語化するのをサボっている場合の両方があることになる。例えば、英語で「Tell me if you know that man.」と表現した場合、これを日本語訳するのに、「君があの男を知っているのか私に教えてくれ。」と全ての主語や目的語を訳出する必要がある状況はまずないのではないだろうか。むしろ、見えていない「私」を省略し、「君があの男を知っているのか教えてくれ。」と言う方が多いのでないか。さらに、話し手の視線が「that man」の方を向いていて、聞き手の注意を「that man」に向けさせようとしているのであれば、「君」も視界から外れるので省略され、「あの男を知っているのか教えてくれ。」と言うことになるのかもしれないし、二人が「that man」に目を向けていることが明白な場合、共有映像である「that man」すら省略して、「知っているのか教えてくれ。」、「知っているのか？」と言うことすら可能だろう。このように、「言語化されない」という場合でも、二種類あるのだという考え方は、大変重要だと思われる。

　ただ、これだけでは、必要に応じて「私」のような代名詞が使用される場面、つまり、「話し手」に「話し手自身」が見えているような場合の説明がしにくいし、「話し手」と「聞き手」が対面していて、視線が相互に向いているような場面、つまり、「共有映像が原理的に存在しない」場合の説明も難しい。もう少し考え方の枠組みを広げておきたい。

　ひょっとすると、日本語の場合、「話し手が見ている映像」、「聞き手やその他の人物などと一体化した話し手が見ている映像」、そして、「話し手が産出する言語表現」が渾然一体となって、「映像・言語複合体」が構成され、その「映像・言語複合体」が、コミュニケーション行為の土台になっているのかもしれない。つまり、誰かに向かって、「お昼ご飯に何を食べたのか教えてくれる？」と言った場合、話し手には、漠然とではあっても、「(「話し相手の映像」が)お昼ご飯に何を食べたのか(「話し手の映像[体の一部のような断片的映像かもしれない]」に)教えてくれる？」というようなイメージが意識されているのかもしれない。つまり、映像部分を絵文字で表現すれば、「(言語化されない(^o^)が)お昼ご飯に何を食べたのか(言語化されない(^_^)

に）教えてくれる？」というようなイメージだ。そして、そのような「映像・言語複合体」の「視点」の位置は、「話し手の視点」の位置と同一であるのが基本だが、この「話し手の視点」は移動が可能で、移動の方向としては、上下で言えば「下」、内外で言えば「内」に向かう傾向が強いのだが、必要に応じて色々な位置に移動することも可能なのだと考えておく。その上で、「話し手に見えていないもの」と「話し手と聞き手（聞き手とは、実際は、聞き手に一体化した話し手）などの当事者がいっしょに注意を向けて見ているもの」は、言語化されないことが多いのだと考えれば、比較的自然なコミュニケーションのあり方のように思われる。英語の場合も、視点が異動しないわけではないだろうが、日本語に比べれば少なく、表現の主体である「話し手」の視点は、表現の客体である「話し手」自身も見えるように、上下で言えば「上」、内外で言えば「外」に固定される傾向が強いのだと考えておけばよい。そして、状況の中のほとんどの事物が言語化されるので、日本語の場合とは違って、「映像・言語複合体」のようなものを考える必要はあまり無いのだと考えれば、色々なことが説明しやすい。そして、「話し手と聞き手などの当事者がいっしょに注意を向けて見ているもの」は、「代名詞」などで表現されることになり、代名詞などが何度登場しても、同一物を指示している限りは、理解の図式の中に「新たな項目が追加される」ことはないと思われる。ところが、日本語では、英語ならば代名詞などで表現されるようなもの、例えば「私」や「彼女」などは、必要以上に言語化されないのが普通なので、無理にくり返して言語化すると、理解の図式の中に「新たな項目が追加される」ことになり、何人もの「私」や「彼女」が存在してしまうことになる。そして、このたくさんの「私」や「彼女」こそが、英文和訳における理解をひどく混乱させるのだと考えれば、前節で述べた「代名詞は切れ」という大原則が非常に説明しやすくなる。

　さて、日英語の「視点」の取り方の違いを中心に据えれば、英語の間接話法を日本語に訳すのが困難な理由をかなりの程度まで説明できるし、困難を解消するために提唱されている方法がなぜ有効なのかも、かなりの程度まで説明できるのではないかと思われるが、本章の最後に、この点を下で実例を示しながら検討したいと思う。

　次の引用は夏目漱石の『坊っちゃん』[1]の冒頭部分だが、英語で言えば主語

になるようなものがほとんど言語化されていないことはもとより、カギ括弧もなしに直接話法的な表現が自在に埋め込まれていることがはっきりわかる。

　親譲りの無鉄砲で小供の時から損ばかりしている。小学校に居る時分学校の二階から飛び降りて一週間ほど腰を抜かした事がある。なぜそんな無闇をしたと聞く人があるかも知れぬ。別段深い理由でもない。新築の二階から首を出していたら、同級生の一人が冗談に、いくら威張っても、そこから飛び降りる事は出来まい。弱虫やーい。と囃したからである。小使に負ぶさって帰って来た時、おやじが大きな眼をして二階ぐらいから飛び降りて腰を抜かす奴があるかと云ったから、この次は抜かさずに飛んで見せますと答えた。

　読み手は、主人公の視点と一体化して文章を読み始めるのだが、時間が現在から主人公の小学生時代である過去に飛ぶと、読み手も主人公と一体化したまま過去に飛び、今度は現在に戻って、誰かわからぬ他者に同化して主人公の無謀な行為を責め、そしてまた主人公の視点に戻って一言述べ、また過去に戻り、ごく自然に同級生の視点に憑依して、過去の主人公自身を囃し立て、すぐに何事もなかったかのように、現在の読み手の視点にもどって一言述べ、さらに、すぐまた過去に飛び、過去の主人公の視点で、主人公自身と主人公の父親の描写を始めたかと思うと、次の瞬間には、父親の視点に同化して自分自身に小言を言い、またすぐ過去の自分自身に同化し直して、父親の小言に対して口答えしている。さて、この原文に、現代の日本語の人称代名詞を、可能な限り多く付け加えて下に提示してみる。

　おれは、親譲りの無鉄砲で、おれが小供の時から損ばかりしている。おれが小学校に居る時分、おれは学校の二階から飛び降りて、一週間ほど腰を抜かした事がある。あなたはなぜそんな無闇をしたと聞く人があるかも知れぬ。別段深い理由でもない。おれが新築の二階から首を出していたら、同級生の一人が冗談に、おまえは、いくら威張っても、そこから飛び降りる事は出来まい。弱虫やーい。と囃したからである。おれが小使に負ぶさって帰って来た時、おやじが大きな眼をしておれに、二階ぐらいから飛び降りて腰を抜か

す奴があるかと云ったから、おれはおやじに、おれはこの次は抜かさずに飛んで見せますと答えた。

　一読してわかるとおり、非常に読みにくい。この読みにくさの主要な原因の一つは、人称代名詞が出てくるたびに、「視点」を移動するかどうかを確認しなければならないからではないかと感じられる。最初の「おれは」が出てきた時点で、読み手の視点は「おれ」に同化するだろうが、次の「おれが」が出てきた時点で、視点をリセットするかどうかを確認し、最初の「おれは」と次の「おれが」の二つの「おれ」が同一人物であることを確認しなければならない。三つ目の人称代名詞の「おれが」が出てきたときにも同じである。さらに、「あなたは」の「あなた」が出てくると、「あなた」とはいったい誰が誰に向かって言っているのかも確認しなければならない。この主人公を横から対等の立場で見ている人物は誰なのか？この煩わしさが、読みにくさにつながっているように思われる。その点で、後半は比較的読みやすい。この部分では、「おれが新築の二階から」と書かれるので、読み手の視点は「おれ」に同化するだろうが、次に「同級生の一人が冗談に」と出てくるので、すんなりと「同級生」の視点に移り、次の「おまえ」が同級生から見た主人公であることがわかる。主人公を横から対等の立場で見ているのが同級生であることは明白だ。そして、最後の文では、「おれが小使いに」が出てきて、視点が「おれ」に移ったあと、「おやじが」という表現が出てくるので、「おれ」にとっての「おやじ」と「おれ」との対話であることが非常に明瞭なので、「おれ」と「おやじ」がくり返されはするものの、「おれ」の視点を中心に話が展開していることがはっきりわかることから、それほど読みにくくはない。要は、視点が定まったあとで、同じ視点を表す言葉がくり返されることで、逆に視点が混乱してしまうのだと考えれば、代名詞などのくり返しが読みにくさにつながるのかそうでないのかが、非常に説明しやすいのではないかと思われる。単に代名詞が多用されるから読みにくいのではなく、視点が混乱するから読みにくいのである。
　では、英語の場合はどうであろうか？ルイス・キャロルの『不思議の国のアリス』[2]の冒頭部分を下に引用し、拙訳を添えてみる。

Alice was beginning to get very tired of sitting by her sister on the bank, and of having nothing to do: once or twice she had peeped into the book her sister was reading, but it had no pictures or conversations in it, 'and what is the use of a book,' thought Alice 'without pictures or conversations?'

So she was considering in her own mind (as well as she could, for the hot day made her feel very sleepy and stupid), whether the pleasure of making a daisy-chain would be worth the trouble of getting up and picking the daisies, when suddenly a White Rabbit with pink eyes ran close by her.

アリスは、川のそばでお姉さんのよこにすわっていましたが、何もすることがないので、ひどくたいくつになってきました。一回か二回、お姉さんの読んでいる本をのぞいて見たのですが、さし絵も会話もありません。アリスは、「さし絵も会話もない本なんて、何の役に立つのかしら？」と思いました。

その日は暑かったので、アリスはとても眠くなってしまい、あまりうまく考えることができなかったのですが、それでも頑張って、ヒナギクの花輪を作ってみたら楽しいかしら、でも立ち上がってヒナギクを摘みに行くのもめんどうかしら、などと考えてみました。そのとき突然、赤い目をした白いウサギが、アリスのすぐそばを走って行きました。

この英文は、引用符でくくられている部分以外は、全て「書き手」の視点で書かれている。主人公の Alice が登場したあとは、代名詞の she や her が多用され、book が言及された後では、代名詞の it も多く使われる。しかし、視点は一貫して「書き手」のものであり、「書き手」が外から全てを見おろしている状況に変化はない。「読み手」は代名詞が何度出てきても視点の移動がないことがわかっているので、読んでいても混乱することはない。では日本語訳で代名詞を全て訳出したらどうなるだろうか？下に第一段落を示してみよう。

アリスは、川のそばで彼女のお姉さんのよこにすわっていましたが、何もすることがないので、ひどくたいくつになってきました。一回か二回、彼女は彼女のお姉さんの読んでいる本をのぞいて見たのですが、それはさし絵も

会話もその中にはありません。アリスは、「さし絵も会話もない本なんて、何の役に立つのかしら？」と思いました。

　全く意味不明の文章になる。最初の「彼女」はアリスのことだろうか？違う人物の可能性の方が高いのではないか？二回目や三回目の「彼女」はいったい誰だろう？「彼女のお姉さん」とはいったい誰のお姉さんなのか？日本語では最初にアリスが登場した時点で、「読み手」の視点はアリスと同化し始めるはずだ。そうすると、アリスの姉のことは「お姉さん」と呼ぶのが自然であり、「彼女のお姉さん」では、「アリスから見て対等の立場にいる別の女性（彼女）のお姉さん」と理解されてしまうことが多いのではないだろうか。思い出して欲しいが、日本語では、「人称代名詞は話し手の視点からのみ使用される」のだ。アリスは自分のことを「彼女」とは呼べない。したがって、アリスの視点に同化した読み手は、その理解の図式の中に、不明の「彼女」を複数追加していくことになる。その後の it の訳は、日本語表現としての不自然さはあるが、大きな誤解を招くような問題はないように思われる。これは、「読み手」の視点が「それ」と一体化しないからだと思われる。さすがに、擬人化でもしない限り、「本」とは一体化しないだろう。

　次に第二段落を検討する。原文ではアリスが考えた内容が、「書き手」の視点で書き直されて表現されているが、拙訳ではその部分をアリスの言葉に書き直して訳している。そのような書き直しを行わない訳文を下に示してみよう。構文ももう少し直訳に近い形に戻してみる。ただし、意味不明の訳文になることを避けるために、代名詞は元の名詞に戻すか訳出しないことにする。

　　その日は暑かったので、アリスはとても眠くなってしまい、あまりうまく考えることができなかったが、それでも頑張って、ヒナギクの花輪を作ってみることの楽しさは、わざわざ立ち上がってヒナギクを摘みに行くことに値するかどうか、心の中で考えていた。そのとき突然、赤い目をした白いウサギが、アリスのすぐそばを走って行った。

　書き直した拙訳は、確かに、多くの部分が「書き手」の視点で書かれている

ので、その意味では原文に近づいているが、やはり読みにくいのではないだろうか。原因は色々あって、例えば、長い名詞句の使用なども重要だ。つまり、「the pleasure of making a daisy-chain」や「the trouble of getting up and picking the daisies」を名詞句として訳出しているが、日本語ではこのような名詞句の使い方を普通はしない。しかし、そもそも、訳文の最初の方に「アリスは」という表現があるので、「読み手」の視点が早い段階で「アリス」の視点と重なり始めると思われるが、その後に続く長い名詞句を使用した表現が、日本語としては非常に理屈っぽく感じられることもあり、アリスの視点に同化し始めた「読み手」は、このまま少女の視点で読んで良いものかどうか躊躇し、理解の進行が阻害される結果になるのではないかと思われる。日本語の物語の文章としては、少女であるアリスの視点にはっきりと寄り添い、「日本語として期待されるアリスの声」が聞こえるような表現の方が、日本語の読み手にとっては遙かにわかりやすいのではないかと思われる。

5. おわりに

英文和訳では目をつぶって見逃すことにしていても、英日翻訳では真剣に検討しなければならない困難点が、本当に数多く存在する。本章では、そうした困難点の最も基本的な部分のいくつかを、英語と日本語の「視点」の取り方の違いによって説明してきた。そして、この「視点」の取り方を調整することで、訳文のレベルが大きく向上する可能性があることも、少しは示すことができたのではないかと思われる。おそらく、「代名詞」と「話法」以外にも、例えば「仮定法」のような文法項目も、本章の延長線上の議論で説明できるかもしれないが、それは今後の検討課題にしたい。

注
1　冒頭部分の文章は、下の「青空文庫」のサイトから引用した。ルビは省いた。
　　http://www.aozora.gr.jp/cards/000148/files/752_14964.html
2　冒頭部分の文章は、下の Project Gutenberg のサイトから引用した。
　　http://www.gutenberg.org/files/11/11-h/11-h.htm

引用文献

安西徹雄（1982）『翻訳英文法：訳し方のルール』東京：バベル・プレス。
安西徹雄（1994）『翻訳英文法徹底マスター』東京：バベル・プレス。
安西徹雄（1995）『英文翻訳術』（ちくま学芸文庫）東京：筑摩書房。
安西徹雄（1996）『翻訳英文法トレーニング・マニュアル』東京：バベル・プレス。
池上嘉彦（2006）『英語の感覚・日本語の感覚：〈ことばの意味〉のしくみ』（NHKブックス）東京：日本放送出版協会。
池上嘉彦（2007）『日本語と日本語論』（ちくま学芸文庫）東京：筑摩書房。
金谷武洋（2004）『英語にも主語はなかった：日本語文法から言語千年史へ』（講談社選書メチエ）東京：講談社。
熊谷高幸（2011）『日本語は映像的である：心理学から見えてくる日本語のしくみ』東京：新曜社。
鈴木孝夫（1973）『ことばと文化』（岩波新書）東京：岩波書店。
鈴木孝夫（2009）『日本語教のすすめ』（新潮新書）東京：新潮社。

Lakoff, G. and Johnson, M. (1980), *Metaphors We Live By*. Chicago and London: The University of Chicago Press.

第 5 章

5つの言語における「味を表す表現」

武藤　彩加

1. はじめに

　言語相対性仮説の、いわゆる強い形の言語決定論では「言語がその話者の認識を決定するが故に、話す言語が異なれば世界の認識も異なる」とされる。また構造意味論では、言語によって虹の色数が異なる等の例から色彩語彙の恣意性が主張されてきた。一方、Berlin Kay（1969）では、一見多種多彩な色彩語彙体系において、20 言語に共通した法則性がみられることを明らかにした。すなわち、色彩語彙は、人類共通の生理学的メカニズムにより裏づけられるという。

　この研究では、複数の言語を比較することにより、「味を表す表現の普遍性と多様性」を探る。例えば先行研究によると、日本語の「味を表す表現」の種類は計 220 表現にものぼり（大橋，2010）、それらは 37 種のカテゴリに分類できるとされるが（瀬戸，2003）、日本語以外の言語も同様であろうか。

　本稿では、「色彩語彙と同じように、味覚表現には複数の言語に共通した法則性がある」という仮説を立て、5つの言語を対象とし検証する。すなわち、言語により多種多様であるとされる「味を表す表現」において、人間の生理学的普遍に基づく普遍性があるのか、それと同時に、食文化の違いにより生じるであろう多様性とはどのようなものであるのか、という点について検証する。

2.「味を表す表現」とは

味の表現に関する先行研究を挙げ、本稿における「味」を定義し、分析の枠組みを示す。

(1)「味」の定義

大橋他編（2010）では日本語の味の表現を次のように分類し、計 220 種の表現について多くの使用例を提示している。

① 味覚系表現（味覚で味を捉えた表現）（69 表現）：甘い、辛い、あっさりなど
② 食感系表現（触覚で味を捉えた表現）（77 表現）：カリカリ、パリパリなど
③ 情報系表現（知識で味を捉えた表現）（74 表現）：産地限定、老舗のなど

同著では、味を広義に捉え、触覚あるいは知識で味を捉えた表現も味に含んでいる。本稿においても味を広く捉え、「さまざまな感覚を複合したもの」（石毛, 1983: 22）とする。すなわち、食べるという行為に参加する、すべての器官で受容される感覚や、食そのものだけでなく、食をとりまく環境を含むものすべてを考察の対象と含める。

(2) 分析の枠組み（瀬戸 2003）

食品科学の研究によると、食品のおいしさは、甘味・うま味といった味や香りなどの「化学的な味」とともに、食品を口にしたときの歯ごたえや、触覚で感知される情報による「物理的な味」が大きく影響するとされる。この他、食品の色や形状（視覚）、咀嚼音（聴覚）等も含め、五感のすべてがおいしさの感じ方に影響し、環境や文化などの要素やこれまでの食生活や文化的背景などもまた、影響するとされる。図表 5-1 は、言語学的な観点から、豊富な日本語の味表現を網羅して帰納的に分類されたものであるが、食品科学的な観点から

2.「味を表す表現」とは　101

みても網羅的に味表現を集約できる。本稿では、この分類表を分析の枠組みとしているが、これを元とし、これまでの研究を経て改訂した味ことば分類表・改訂版を分析の枠組みとする（図表5-3、後述）。

図表5-1　味ことば分類表（瀬戸2003：29）

```
味表現─┬─食味表現─┬─評価表現─┬─一般評価(1)：よい，悪い；貧しい，怖ろしい
       │           │           └─味覚評価(2)：うまい，まずい，おいしくない
       │           ├─素材表現─┬─素材(3)：塩っ辛い，松茸の香り
       │           │           └─素材特性(4)：新鮮な，クセのある
       │           └─味覚表現─┬─甘味(5)：甘い
       │                       ├─酸味(6)：酸っぱい
       │                       ├─塩味(7)：からい，塩辛い
       │                       │ └─(辛味)(8)：辛い
       │                       ├─苦味(9)：苦い
       │                       │ └─(渋味)(10)：渋い，えぐい
       │                       └─旨味(11)：旨みがきいた
       └─五感表現─┬─共感覚表現─┬─聴覚─┬─静騒(12)：静かな，うるさい
                                 │        └─擬音(13)：パリパリとした
                                 ├─視覚─┬─光─┬─色(14)：青臭い
                                 │        │     ├─明暗(15)：明るい
                                 │        │     └─透明度(16)：すっきり
                                 │        └─形─┬─形態(17)：まるい，まろやか
                                 │              ├─大小(18)：大味，小味
                                 │              └─次元─┬─垂直(19)：厚みのある
                                 │                      ├─水平(20)：幅のある
                                 │                      └─奥行き(21)：奥深い
                                 ├─嗅覚─┬─におい(22)：匂い，におう
                                 │        ├─芳香(23)：香しい，芳ばしい
                                 │        └─悪臭(24)：くさい
                                 └─触覚─┬─テクスチャ─┬─硬軟(25)：硬い，脆い
                                         │              ├─乾湿(26)：湿った
                                         │              ├─粘性(27)：ねばねば
                                         │              └─触性(28)：ざらついた
                                         ├─圧覚(29)：重い，ずしっとくる，軽い
                                         ├─痛覚(30)：突き刺すような，ピリピリ
                                         ├─温覚(31)：あったかい
                                         └─冷覚(32)：冷やっこい
       └─伏況表現─┬─場所(33)：中国の，下町の，京都の，北陸ならではの
                   ├─時(34)：昔の，古い，戦後の，85年ものの，伝統の
                   ├─作り手(35)：おふくろの，一流シェフの，プロの，素人の
                   ├─食べ手(36)：庶民的な，お子さまの，女の子向きの
                   └─製造プロセス(37)：じっくり発酵させた，手作りの，丹誠込めた
```

出所：瀬戸（2003）

3. 本稿の課題

　以上をふまえ、以下では日本語を枠組みとして、4つの言語（スウェーデン語、韓国語、英語、中国語）を対象とし、次の2点について検証していく。
　a．味覚表現の普遍性について（人間の生理学的普遍に基づく、共通の規則性）：日本語の「味ことば分類表」（図表5-1）によって他の言語の味表現も分類できるのか。b．味覚表現の多様性について（食文化の違いによる相違）：例えば、日本語は「テクスチャ表現」（食感表現）が飛びぬけて多いとされるが（図表5-2、早川，2006）、他の言語の表現の偏りや多様性はどのようなものであるか。
　これまで調査をしたスウェーデン語、韓国語、英語については、言語ごと

図表5-2　日本語のテクスチャ用語一覧（早川 2006:43）

厚い	堅い	乾いた	くたっ	ぐにょぐにょ	ゴリッ	ざらつく
脂っこい	固い	皮ばった	口あたりがよい	ぐにょっ	ころころ	さらり
油っこい	塊状の	キシキシ	口ざわりがよい	クリーミー	ごろごろ	ざらり
脂っぽい	かちかち	ギシギシ	口どけがよい	クリーム状の	ころっ	サンドイッチ状の
油っぽい	がちがち	ぎっしり	くちゃくちゃ	結晶状の	ごろっ	しけた
粗い	かちんかちん	ぎとぎと	ぐちゃぐちゃ	コキコキ	ころり	しけった
泡状の	かちんこちん	ぎとっ	くちゃっ	こくがある	ごろり	しこしこ
泡の立つ	がっしり	きめ細かい	ぐちゃっ	固形の	こわい（強い）	しこっ
いがいが	かどばった	吸湿性がある	くちゅくちゅ	こしがある	ごわごわ	舌ざわりがよい
糸を引く	かみ切れない	球状の	ぐちょぐちょ	こちこち	ごわっ	舌に残る
薄い	かみごたえがある	吸水性がある	ぐちょっ	こちっ	こわれやすい	しっかり
うろこ状の	かゆ状の	強靭な	くっつく	こちんこちん	サクサク	しっけた
液状の	からから	切れやすい	くにゃくにゃ	ごつごつ	ザクザク	しっとり
液のしたたる	からっ	均一な	くにゃぐにゃ	こってり	サクッ	じっとり
重い	からみつく	くしゃくしゃ	くにゃっ	粉状の	ザクッ	じとじと
かくばった	からり	ぐしゃぐしゃ	ぐにゃっ	粉っぽい	裂けやすい	しとっ
かさかさ	カリカリ	くしゃっ	くにゃり	粉をふいた	さっくり	じとっ
がさがさ	ガリガリ	ぐしゃっ	ぐにゃり	細かい	ざっくり	しなしな
かさつく	カリッ	ぐすぐず	くにゅくにゅ	ゴムのような	さらさら	しなっ
かすかす	ガリッ	くずれやすい	ぐにゅぐにゅ	コリコリ	ざらざら	しなびた
かたい	顆粒状の	くたくた	ぐにゅっ	ゴリゴリ	さらっ	しなやか
硬い	軽い	くだけやすい	くによくによ	コリッ	ざらっ	渋い

出所：早川（2006）

に、日本語との類似点や相違点などを明らかにしてきた（武藤，2011，2013，2015他）。本稿では、これら3つの言語の調査結果をふり返りつつ、それに加え、2015年度に実施した中国語に関する調査結果についても報告する。それをふまえ、日本語を含めた5つの言語の間に現れる共通性などについて改めて検証するものとする。

4. 中国語の味覚表現の使用状況

　この章では、中国語母語話者を対象として行った最新の調査結果について報告する。

(1) 「中国語の味表現」に関する調査の概要
　中国語母語話者が味を表す際にどのような表現を使用するか、この課題について検証すべく、中国語母語話者を対象とし「中国語における味の表現使用実態」について調査をした。調査の概要は以下の通りである。
　a．調査時期：2015年9月
　b．調査地：上海市、北京市、重慶市における3つの大学
　c．対象人数：76名
　d．研究協力者：広島市立大学所属の大学院生、および交換留学生
　調査方法は自由記述式とし、150食品のリストの中の各々の食品について、その味を表現するのに中国語ではどのような表現があり得るのかを自由に記入するよう依頼した。なお、あらかじめ大学および受け入れ教員とその所属先の長からの承認を得たうえで、アンケートの説明から依頼、収集まで筆者自身で現地にて行なった。回答者の専攻や学年などについても記入を求めた。なおアンケートの回答に要する時間制限は特に設けず、各自の自由とした。

(2) 分析結果
　以上の手順で調査をした結果、1,423種類の中国語の味表現を得た（回答数は11,108）。そしてこれらの表現を次の「味ことば分類表・改訂版」（図表

図表 5-3　味ことば分類表・改訂版

```
味表現
├─ 食味表現
│   ├─ 評価表現
│   │   ├─ 一般評価 (1)
│   │   └─ 味覚評価 (2)
│   └─ 五感表現
│       ├─ 素材表現
│       │   ├─ 素材 (3)
│       │   └─ 素材特性 (4)
│       ├─ 味覚表現
│       │   ├─ 甘味 (5)
│       │   ├─ 酸味 (6)
│       │   ├─ 塩味 (7)
│       │   │   └─ (辛味) (8)
│       │   ├─ 苦味 (9)
│       │   │   └─ (渋味) (10)
│       │   └─ 旨味 (11)
│       └─ 共感覚表現
│           ├─ 聴覚
│           │   ├─ 静騒 (12)
│           │   └─ 擬音 (13)
│           ├─ 視覚
│           │   ├─ 光 ─ 色 (14) ─ 明暗 (15)
│           │   │                └─ 明るさ ─ 透明度 (16)
│           │   └─ 形 ─ 形態 (17)
│           │         └─ 大小 (18) ─ 垂直 (19)
│           │           └─ 次元 ─ 水平 (20)
│           │                    └─ 奥行き (21)
│           ├─ 嗅覚
│           │   ├─ におい (22)
│           │   ├─ 芳香 (23)
│           │   └─ 悪臭 (24)
│           └─ 触覚
│               ├─ テクスチャー ─ 硬軟 (25)
│               │               ├─ 乾湿 (26)
│               │               ├─ 粘性 (27)
│               │               └─ 触性 (28)
│               ├─ 圧覚 (29)
│               ├─ 痛覚 (30)
│               ├─ 温覚 (31)
│               └─ 冷覚 (32)
└─ 状況表現
    ├─ 場所 (33)
    ├─ 時 (34)
    ├─ 作り手 (35)
    ├─ 食べ手 (36)
    ├─ 製造プロセス (37)
    ├─ 市場価値 (38)
    ├─ 結果 (39)
    └─ 量 (40)
```

出所：筆者作成

（武藤，2015：327）

5-3）により分類し、まとめたものが続く図表 5-4 である。

すでに述べたように、この図表 5-3 は、瀬戸（2003）による図表 5-1 をもとに作成しているが、これまでの考察（武藤，2011, 2013, 2014）を経て図表 5-1 に、市場価値（38）、結果（39）、量（40）の 3 つのカテゴリが追加されている。なお、ここでいうカテゴリとは、「一般評価」や「味覚評価」等の区分をいう。また以下で示す各言語のデータは、研究協力者 2 名の翻訳に基づき、筆者自身が分析をした結果である。分析をした結果についても再度、協力者に確認や判断を仰いだ。図表 5-4 が示すように、この調査で得られた表現を分類すると、ほぼ図表 5-3 の 40 のカテゴリ全体に表現の分布が認められる。

4. 中国語の味覚表現の使用状況　105

図表 5-4　中国語　結果（おいしさ）

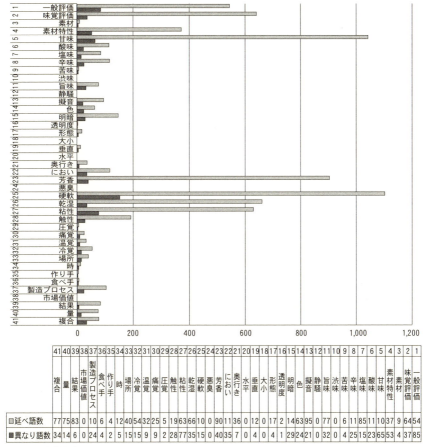

出所：筆者作成

　なお、この図表5-4は「おいしさ」に関する回答結果である。一方、食品の味に対するマイナス評価、つまり「まずさ」に関する中国語母語話者の回答結果をまとめたものが、次の図表5-5である。

図表 5-5　中国語　結果（まずさ）

	41	40	39	38	37	36	35	34	33	32	31	30	29	28	27	26	25	24	23	22	21	20	19	18	17	16	15	14	13	12	11	10	9	8	7	6	5	4	3	2	1
	複合	量	結果	市場価値	製造プロセス	食べ手	作り手	時	場所	冷覚	温覚	痛覚	圧覚	触性	粘性	乾湿	硬軟	悪臭	芳香	におい	奥行き	水平	垂直	大小	形態	透明度	明暗	色	擬音	静騒	旨味	渋味	苦味	辛味	塩味	酸味	甘味	素材特性	素材	味覚評価	一般評価
□延べ語数	0	2	82	11	44	2	0	0	0	6	12	48	7	67	50	5	43	16	0	10	0	0	73	9	30	5	85	0	9	0	7	11	13	14	18	14	33	11	32	39	13
■異なり語数	0	1	19	4	14	1	0	0	0	3	6	14	2	12	49	3	65	26	0	2	0	0	12	4	20	3	28	0	2	0	2	11	19	15	13	15	20	20	12	40	25

出所：筆者作成

　図表5-4の「おいしさ」においては、「市場価値、水平、大小、悪臭、渋味」の5つのカテゴリに回答がみられなかったが、図表5-5の食品の味に対するマイナス評価（まずさ）も併せてみてみると、「水平」を除くすべてのカテゴリに回答がみられた。

　なお、この調査で中国語母語話者が味を表す際にもっとも多く使用したのは、「硬軟、甘味、芳香」の3種の表現であった。

図表 5-6　中国語の「硬軟、甘味、芳香」表現

a. 中国語の「硬軟」表現

No.	中国語	日本語	回答数
1	有嚼劲	歯ごたえがある	113
2	有嚼劲	歯ごたえがある	88
3	软软的	柔らかい	63
4	筋道	歯ごたえがいい	47
5	软软的	柔らかい	41
6	松软	柔らかい	34
7	筋道	歯ごたえがいい	30
8	口感好	食感がいい	29
9	松软	柔らかい	25
10	口感好	食感がいい	25

b. 中国語の「甘味」表現

No.	中国語	日本語	回答数
1	甜甜的	甘みがある	176
2	香甜	甘くて美味しい	168
3	甜	甘い	108
4	甜甜的	甘みがある	105
5	香甜	甘くて美味しい	98
6	甜	甘い	50
7	甜的	甘い	26
8	甜美	甘くておいしい	24
9	鲜甜	甘くておいしい	20
10	甘甜	ほのかな甘みがある	19

c. 中国語の「芳香」表現

No.	中国語	日本語	回答数
1	香	いい匂い	167
2	香	いい匂い	112
3	香喷喷	香ばしい	101
4	香香的	匂いが美味しそう	99
5	香浓	香り豊か	65
6	醇香	芳醇な味	41
7	清香	清々しい香りがある	38
8	香醇	芳醇な味	34
9	香浓	香り豊か	33
10	清香	清々しい香りがある	31

出所：筆者作成

なお、最も多かった「硬軟」の表現とは、「歯で感じる硬軟感覚に関わることばで味を表す表現」をいい、「甘味」は「食物の甘味によって味を表す表現」、そして「芳香」は「いいにおいの表現」をそれぞれ指す。一方、これら「硬軟、甘味、芳香」以外では、「乾湿、味覚評価、粘性」などの表現も多く使用された。

その他、中国語を母語とする人々が多く調査紙に記入した上位50の表現は、次のようなものであった。

図表5-7　中国語の調査で多く回答された味表現

No.	中国語	日本語	回答数	分類
1	甜甜的	甘みがある	176	甘味
2	香甜	甘くて美味しい	168	甘味
3	香	いい匂い	167	芳香
4	脆脆的	さくさく	155	硬軟
5	有嚼劲	歯ごたえがある	113	硬軟
6	香	いい匂い	112	芳香
7	甜	甘い	108	甘味
8	爽口	爽やかな味	107	一般評価
9	甜甜的	甘みがある	105	甘味
10	可口	口に合う／美味しい	104	味覚評価
11	香喷喷	香ばしい	101	芳香
12	香香的	匂いが美味しそう	99	芳香
13	香甜	甘くて美味しい	98	甘味
14	新鲜	新鮮な食感	95	素材特性
15	美味	美味	91	味覚評価
16	有嚼劲	歯ごたえがある	88	硬軟
17	美味	美味	77	味覚評価
18	香浓	香り豊か	65	芳香
19	软软的	柔らかい	63	硬軟
20	脆脆的	さくさく	61	硬軟
21	醇厚	コクがある	61	味覚評価
22	可口	口に合う／美味しい	60	味覚評価
23	香脆	ぱりぱり	59	硬軟
24	脆	さくさくの歯ざわり	58	硬軟
25	鲜美	旨みがある	56	味覚評価
26	爽口	爽やかな味	50	一般評価

27	新鮮	新鮮な食感	50	素材特性
28	甜	甘い	50	甘味
29	浓厚	濃厚	50	明暗
30	清淡	あっさり	49	味覚評価
31	筋道	歯ごたえがいい	47	硬軟
32	香脆	ぱりぱり	47	硬軟
33	鮮美	旨みがある	44	味覚評価
34	健康	体にいい	43	味覚評価
35	醇香	芳醇な味	41	芳香
36	软软的	柔らかい	41	硬軟
37	清爽	さっぱり	41	硬軟
38	脆	さくさくの歯ざわり	41	硬軟
39	浓郁	コク深い味わい	41	味覚評価
40	多汁	ジューシ	39	硬軟
41	好吃	美味しい	38	味覚評価
42	清香	清々しい香りがある	38	芳香
43	香醇	芳醇な味	34	芳香
44	松软	柔らかい	34	硬軟
45	香浓	香り豊か	33	芳香
46	浓郁	コク深い味わい	33	味覚評価
47	醇厚	コクがある	32	味覚評価
48	清香	清々しい香りがある	31	芳香
49	筋道	歯ごたえがいい	30	硬軟
50	入口即化	とろける食感	30	粘性

出所：筆者作成

「甘味」でおいしさを表す表現が1位と2位を占めるが、甘味の表現は他にも、10位以内に3つもみられる。ついで、やはり「芳香」の表現、「硬軟」の表現も多くみられる。なお日本語の「甘味、芳香、硬軟」の味の表現は、先行研究では次のような表現が挙げられている。

　　　「甘味」の味表現：甘い、甘口、甘み、甘さ、甘味、甘ったるい、甘み
　　　　　　　　　　　のある
　　　「芳香」の味表現：香り、香る、香ばしい、香ばしさ、芳しい、芳醇
　　　　　　　　　　　な、含み香
　　　「硬軟」の味表現：堅い、硬い、固い、柔らかい、軟らかい、ふにゃふ
　　　　　　　　　　　にゃの、ソフトな、ふんわりとした、ふくよかな、

110　第5章　5つの言語における「味を表す表現」

　　　　　　　　　　　ふっくらとした　　（瀬戸，2003: 42-52 より抜粋）
　これら「甘味、芳香、硬軟」に加え、「一般評価表現」（さわやかな味）や「味覚評価」（口に合う）も多く使用された。この「一般評価」の味表現とは、「味ことばに限定されない表現」（瀬戸，2003: 39）もしくは「人の性格などを表す」（瀬戸，2003: 40）をいい、日本語には次のような表現があるとされる。
　　　「一般評価」の味表現：：すばらしい、よい、優秀な、上品な、品のよ
　　　　　　　　　　　　　　い、最高の、やさしい、でしゃばらない、控
　　　　　　　　　　　　　　えめな、親しみやすい
　　　　　　　　　　　　　　　　　　　（瀬戸，2003：39-40 より抜粋）
　また「味覚評価」の表現は、日本語では次のような表現が挙げられている。
　　　「味覚評価」の味表現：美味しい、うまい、いける、おいしい、おいし
　　　　　　　　　　　　　さ、美味　　　（瀬戸，2003：41 より抜粋）
　つまり、こうした「味そのものを評価する表現」（瀬戸，2003: 41）が「味覚評価」の味表現である。

5. スウェーデン語の味覚表現の使用状況

　続いて、スウェーデン語母語話者を対象とした調査の概要と結果について、武藤（2011）に基づき概略をふり返る。

(1) 「スウェーデン語の味表現」調査概要
　スウェーデン語における味覚表現の使用状況に関する調査は、以下の通り中国語と同様の手順で実施された。
　a. 調査時期：2010 年 2 月
　b. 調査場所：スウェーデン、イェーテボリ大学
　c. 調査方法：自由記述式
　d. 調査対象人数：60 名
　e. 研究協力者：イェーテボリ大学、文学部所属の 3 名の学生

(2) 分析結果

この調査では、531種類のスウェーデン語の味の表現を得た（回答数は1,607）。これら531種の味表現を表3により分類したものが次に挙げる図表5-8である。

図表5-8 スウェーデン語 調査結果

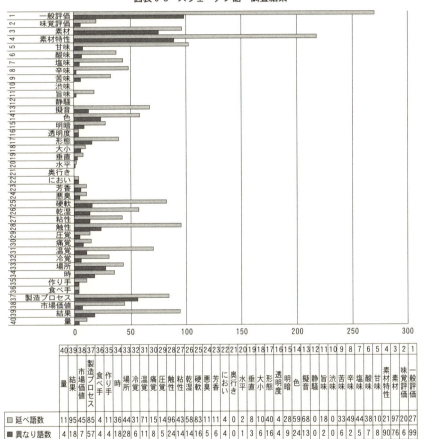

出所：筆者作成

図表5-8が示すように、スウェーデン語においても40のほとんどすべてのカテゴリに使用の分布がみられた（「奥行き、静騒、渋味」を除く）。また、スウェーデン語母語話者が味を表す際に最も多く使用した表現は「一般評価、素

材特性」が突出して多く、次いで「甘味、素材、触性」等が続くという結果であった。

なお、「素材特性」の味表現とは、「素材そのものがもつ特性」によって味を表す表現（瀬戸，2003）をいうが、日本語には次のような例がある。

「素材特性」の味表現：フレッシュな、新鮮な、鮮度抜群の、鮮度の落ちた、肉感のある、熟成された、選び抜かれた、生の、冷凍の、冷凍食品の、養殖の、～の持ち味　　　　　（瀬戸，2003: 42 より抜粋）

具体例をみてみよう。スウェーデン語を母語とする人々が多く調査紙に記入した「一般評価、素材特性、甘味」の表現とは、次のようなものであった。

図表 5-9　スウェーデン語の「一般評価、素材特性、甘味」表現

a.「一般評価」

	スウェーデン語（英語）	日本語（英語）	回答数
no.1	gott	良い（good）	82
no.2	nyttigt	ヘルシーな（healthy）	37
no.3	starkt	強い（strong）	28
no.4	billig	安い（cheap）	20
no.5	dyrt	高価な（expensive）	18
no.6	onyttigt	不健康な（unhealthy）	18
no.7	enkelt	単純な（simple）	13
no.8	god	良い（good）	13
no.9	nyttig	ヘルシーな（healthy）	13
no.10	tråkigt	つまらない（boring）	7

b.「素材特性」

	スウェーデン語（英語）	日本語（英語）	回答数
no.1	fett	脂肪の多い（fat）	19
no.2	fräsch	新鮮な（fresh）	13
no.3	saftigt	ジューシーな（juicy）	11
no.4	mättande	お腹がいっぱいになる（the feeling of something satisfying one's hunger）	10
no.5	fräscht	新鮮な（fresh）	10
no.6	flottigt	油っこい（greasy）	7
no.7	fet	脂肪の多い（fat）	6

no.8	matigt	満足感のある（satisfying）	4
no.9	basmat	主食の（staple food）	4
no.10	smält	溶けた（melted）	4

c.「甘味表現」

	スウェーデン語（英語）	日本語（英語）	回答数
no.1	söt	甘い（sweet）	42
no.2	sött	甘い（sweet）	41
no.3	＊sweet	甘い	13
no.4	sliskig	甘ったるい（sickly-sweet）	3
no.5	väldigt sött	とても甘い（very sweet）	1
no.6	halvsöt	いくらか甘い（somewhat sweet）	1
no.7	sötsliskigt	甘ったるい（sickly-sweet）	1
no.8	sliskigt	甘すぎる（too sweet）	1

出所：筆者作成　　　　　　　　　　　　　　　　　＊英語による回答

　図表5-9のaに示されるように、スウェーデンでは「良い（味）」に相当する表現が飛び抜けて多い。そのほか、この調査で調査紙に多く記入された上位50の表現は、次のようなものであった。

図表5-10　スウェーデン語の調査で多く回答された味表現

No.	スウェーデン語（英語）	日本語（英語）	回答数	分類
1	gott	良い（good）	82	一般評価
2	söt	甘い（sweet）	42	甘味
3	sött	甘い（sweet）	41	甘味
4	varmt	温かい（warm）	40	温覚
5	nyttigt	ヘルシーな（healthy）	37	一般評価
6	mjuk	柔らかい（soft）	36	硬軟
7	salt	塩辛い（salty）	33	塩味
8	starkt	強い（strong）	28	一般評価
9	kryddigt	辛い（spicy）	25	辛味
10	stark	辛い（strong）	24	辛味
11	torrt	乾いた（dry）	22	乾湿
12	sur, syrlig	酸っぱい（sour）	21	酸味
13	knaprig	カリカリした（crunchy）	21	擬音
14	billig	安い（cheap）	20	一般評価
15	fett	脂肪の多い（fat）	19	素材特性

16	dyrt	高価な (expensive)	18	一般評価
17	onyttigt	不健康な (unhealthy)	18	一般評価
18	smaklöst	味のない (tasteless)	18	味覚評価
19	smakrik	美味	18	形態
20	beskt	苦い (bitter)	16	苦味
21	smaklös	味のない (tasteless)	15	味覚評価
22	slemmig, geggig, kletig	プニプニした	15	触性
23	kall	冷たい (cold)	15	冷覚
24	smakrikt	こくのある (rich flavour)	14	粘性
25	enkelt	単純な (simple)	13	一般評価
26	god	良い (good)	13	一般評価
27	nyttig	ヘルシーな (healthy)	13	一般評価
28	fräsch	新鮮な (fresh)	13	素材特性
29	＊ sweet	甘い	13	甘味
30	varm	温かい (warm)	13	温覚
31	äckligt	まずい (yucky)	12	味覚評価
32	krispig	パリパリした (crispy)	12	擬音
33	kladdigt	粘っこい (sticky)	12	粘性
34	slät, len	なめらかな (smooth)	12	触性
35	saftigt	ジューシーな (juicy)	11	素材特性
36	mättande	お腹がいっぱいになる (the feeling of something satisfying one's hunger)	10	素材特性
37	fräscht	新鮮な (fresh)	10	素材特性
38	segt	ゴムのような (rubbery)	10	触性
39	segt	ゴワゴワの (tough/leathery)	10	触性
40	knaprigt	ザクザクした (crackly)	9	擬音
41	vitt	白い (white)	9	色
42	tjockt	濃い (thick)	9	色
43	hård	硬い (hard)	9	硬軟
44	kallt	冷たい (cold)	9	冷覚
45	fruktigt	フルーティーな (fruity)	8	素材
46	surt	酸っぱい (sour)	8	酸味
47	gult	黄色い (yellow)	8	色
48	vattnig	水っぽい (watery)	8	乾湿
49	lätt	軽い (light)	8	圧覚
50	snabbt	速い (fast)	8	製造プロセス

出所：筆者作成　　　　　　　　　　　　　　　　　　　　　＊英語による回答

繰り返すが、スウェーデン語においては、「良い (gott)」という「一般評価」の表現が飛び抜けて多くみられたが、次いで「甘味」(「甘い (sot, sott)」) に関する表現が2種類みられるほか、「温覚」(「温かい (varmt)」) や「一般評価」(「ヘルシーな (nyttigt)」) の表現が続くという結果であった。「甘味」で多くおいしさを表すという点は中国語と共通しているが、中国語に多くみられた、良いにおいでおいしさを表す「芳香」の表現はスウェーデン語においては上位には見当たらず、一方、スウェーデン語では上位の「温覚 (温かい)」に相当する表現が中国においては上位にみられなかった。

6. 韓国語の味覚表現の使用状況

続いて、韓国語母語話者を対象とした調査の概要と結果について、武藤 (2013) に基づき簡略に述べる。

⑴.「韓国語の味表現」調査概要

韓国語における味表現の使用に関する調査は、中国語、スウェーデン語と同様、以下の手順で実施された。

a. 調査時期：2012年9月
b. 調査場所：韓国、啓明大学
c. 調査方法：自由記述式
d. 調査対象人数：60名
e. 調査対象者：啓明大学生（1年生〜4年生）、男女各30名
f. 研究協力者：琉球大学所属の留学生3名（大学院生1名、短期交換留学生2名）

(2) 分析結果

この調査では、2,474種類の韓国語の味表現を得た（回答数は1万4,064）。ここから、慣習化されていない表現を除くため、回答数3以下のものは除いた結果、460種（回答数1万1,447）となった。これら460種の味表現を分類したものが次に挙げる図表5-11である。

116　第5章　5つの言語における「味を表す表現」

図表 5-11　韓国語　調査結果

	40	39	38	37	36	35	34	33	32	31	30	29	28	27	26	25	24	23	22	21	20	19	18	17	16	15	14	13	12	11	10	9	8	7	6	5	4	3	2	1
	量	結果	市場価値	製造プロセス	食べ手	作り手	時	場所	冷覚	温覚	痛覚	圧覚	触性	粘性	乾湿	硬軟	悪臭	芳香	におい	奥行き	水平	垂直	大小	形態	透明度	明暗	色	擬音	静騒	旨味	渋味	苦味	辛味	塩味	酸味	甘味	素材特性	素材	味覚評価	一般評価
延べ語数	36	77	56	41	0	0	0	0	18	30	78	13	10	77	56	20	24	99	12	14	0	20	8	33	24	68	12	11	13	0	28	30	33	44	33	14	19	78	10	10
異なり語数	4	12	7	6	0	0	0	0	7	11	8	2	8	27	23	51	12	17	2	2	0	3	1	14	4	25	16	10	1	0	3	12	15	16	10	19	14	14	7	75

出所：筆者作成

　図表 5-11 が示すように、「食べ手、作り手、時、場所、旨味」の5つのカテゴリを除くすべてのカテゴリに回答がみられた。
　また、韓国語において最も多く回答がみられた表現は「硬軟、甘味、一般評価」の3つであったが、それは次のような表現である。

図表 5-12　韓国語の「一般評価、素材特性、一般評価」表現

a.「硬軟」表現

NO	韓国語	日本語	回答数
1	부드럽다	柔らかい	441
2	부드러운	ソフトな	267
3	딱딱하다	硬い	234
4	쫄깃쫄깃	コリコリした	217
5	아삭아삭	さくさく	142
6	바삭하다	サクサクだ	97
7	바삭바삭	サクサク	92
8	딱딱한	硬い	56
9	딱딱하다	硬い	46
10	오독오독	コリコリ	34

b.「甘味」表現

NO.	韓国語	日本語	回答数
1	달다	あまい	400
2	달콤하다	あまったるい	325
3	달콤한	あまい	207
4	달달하다	甘さがちょうどいいぐらい	141
5	너무 달다	とてもあまい	100
6	새콤달콤	甘酸っぱい	52
7	달콤함	甘ったるさのある	44
8	달콤	甘い	34
9	달짝지근하다	少し甘味がある	33
10	달짝지근	甘辛い	30

c.「一般評価」表現

NO.	韓国語	日本語	回答数
1	그윽한	奥ゆかしい	95
2	텁텁하다	さっぱりしない	86
3	상큼한	さわやかな	69
4	깔끔하다	さっぱりしている	62
5	텁텁한	さっぱりしない	58
6	상큼하다	爽やかな	46
7	질긴	強い	44
8	그윽하다	奥ゆかしい	43
9	상쾌하다	爽快な	32
10	건강하다	元気な	19

出所：筆者作成

第5章 5つの言語における「味を表す表現」

さらに、韓国語の調査で多く使用された味の表現は次のようなものであった。

図表5-13 韓国語の調査で多く回答された味表現

	韓国語	日本語	回答数	分類
1	부드럽다	やわらかい	441	硬軟
2	달다	あまい	400	甘味
3	고소하다	こうばしい	347	芳香
4	달콤하다	あまったるい	325	甘味
5	느끼하다	あぶらっこい	310	粘性
6	부드러운	やわらかい	267	硬軟
7	딱딱하다	固い	234	硬軟
8	쫄깃쫄깃	しこしこした	217	硬軟
9	달콤한	あまい	207	甘味
10	쓰다	苦い	206	苦味
11	담백하다	淡泊な	204	明暗
12	시원하다	すっきりした	203	透明度
13	짜다	しおからい	190	塩味
14	아삭아삭	さくさくした	142	硬軟
15	달달하다	甘さがちょうどいいぐらい	141	甘味
16	느끼한	あぶらっこい	131	粘性
17	쫄깃하다	コシが強い	130	形態
18	달달한	ぐつぐつした	127	温覚
19	밍밍하다	うすい	119	明暗
20	고소한	こうばしい	118	芳香
21	비리다	なまぐさい	115	悪臭
22	고소한	こうばしい	107	芳香
23	질기다	コシが強い	103	形態
24	너무 달다	とてもあまい	100	甘味
25	담백한	淡泊な	97	明暗
26	바삭하다	さくさくした	97	硬軟
27	시다	酸っぱい	96	酸味
28	그윽한	奥ゆかしい	95	一般評価
29	바삭바삭	サクサクした	92	硬軟
30	맵다	辛い	88	辛味
31	신선하다	新鮮な	87	素材特性
32	텁텁하다	さっぱりしない	86	一般評価

33	구수하다	香ばしい	85	芳香
34	따뜻하다	あたたかい	85	温覚
35	매콤하다	やや辛い	81	辛味
36	새콤하다	やや酸っぱい	73	酸味
37	싱겁다	水っぽい	73	乾湿
38	상큼한	さわやかな	69	一般評価
39	시원한	すっきりして涼しい	66	冷覚
40	시큼하다	酸っぱい	65	酸味
41	퍼석퍼석	ぱさぱさの	64	乾湿
42	깔끔하다	さっぱりしている	62	一般評価
43	텁텁한	さっぱりしない	58	一般評価
44	눅눅하다	湿っぽい	57	乾湿
45	딱딱한	硬い	56	硬軟
46	푸석푸석	ぱさぱさした	56	乾湿
47	구수한	香ばしい	54	芳香
48	싱싱하다	みずみずしい	54	乾湿
49	새콤달콤	甘酸っぱい	52	甘味
50	맛있다	おいしい	51	味覚評価

出所：筆者作成

　図表5-13が示すように、韓国語においては「やわらかい（부드럽다）」（硬軟）が最も多く、次いで「甘い（달다）」（甘味）、「香ばしい（고소하다）」（芳香）が続いた。また上位10表現の中では、「硬軟」の表現が4表現、「甘味」の表現が3表現と多くみられる。なお、「一般評価」の味表現が多いという点はスウェーデン語と共通している一方で、「硬軟」「甘味」が突出して多く「芳香」の表現が多いという点は、中国語と類似している。

7. 英語の味覚表現の使用状況

続いて、武藤（2016）に基づき、英語母語話者を対象とした調査の概要と結果について概略を述べる。

(1) 「英語の味表現」調査概要
英母語話者を対象とした調査は、中国語、スウェーデン語、韓国語と同様の手順で実施された。
 a. 時期：2014年3月
 b. 場所：米国、ハワイ大学ヒロ校
 c. 方法：自由記述式
 d. 対象人数：50名
 e. 調査方法：204の食品についてその味を表現するのに英語でどのような表現があり得るかを自由に記入するよう依頼（複数回答可）
 f. 質問数：被験者一人につき68食品
 g. 研究協力者：琉球大学所属の留学生2名（短期交換留学生）

周知のとおり、ハワイ大学は多国籍化しており、学生の母語も様々である。従って、アンケートに回答を依頼する際、英語母語話者であるということをあらかじめ確認し、記入を求めた。

(2) 分析結果
この調査では、1,240種類の英語の味の表現を得た（回答数は1万124）。これら1,240種類の味表現を瀬戸（2003）の分類表により分類したものが次に挙げる図表5-14である。

図表5-14が示すように、「奥行き、静騒、渋味」の3つのカテゴリを除くすべてのカテゴリに回答がみられた。また、英語母語話者により最も多く回答がみられた表現は「一般評価」が突出して多く、次いで「硬軟」「甘味」という結果であった。

図表 5-14　英語語　調査結果

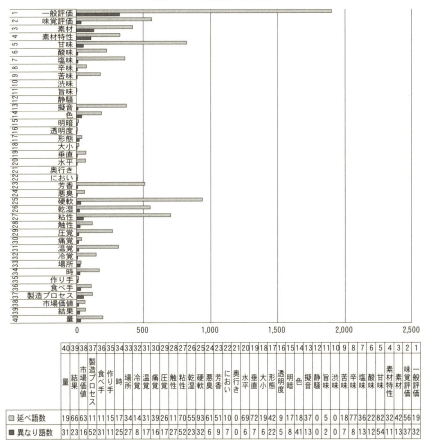

出所：筆者作成

　最も多かった「一般評価」の味表現とは、「味ことばに限定されない表現」（瀬戸, 2003: 39）もしくは「人の性格などを表す」表現（瀬戸, 2003: 40）をいうが、英語では次のような表現が回答された。

図表 5-15　英語の「一般評価」「硬軟」表現

a.「一般評価」表現

NO.	英語	日本語	回答数
1	healthy	健康的な	143
2	refreshing	爽やかな	115
3	rich	リッチな	96
4	good	良い	85
5	strong	強い	32
6	satisfying	満足させる	27
7	mild	マイルドな	22
8	comforting	なぐさめられる	22
9	simple	シンプルな	16
10	complex	複雑な	16
11	bold	大胆な	15
12	hearty	心のこもった	15
13	clean	クリーンな	13
14	robust	堅牢な	12
15	great	すばらしい	12
16	firm	かたい	11
17	balanced	バランスのとれた	11
18	delicate	繊細な	11
19	awesome	驚くばかりの	10
20	bland	当たり障りのない	10

　図表 5-15 が示すように、一般評価の中では「健康的な（healthy）（味）」がという表現が最も多く回答用紙に書かれ、さらに「さわやかな（refreshing）」「リッチな（rich）」「良い（good）」といった表現が続くという結果であった。

　さらに、英語の「硬軟」と「甘味」の表現とは次のようなものである。

b.「硬軟」

NO.	英語	日本語	回答数
1	soft	柔らかい	323
2	hard	ハードな	139
3	tender	軟らかい	58
4	mushy	ふやけた	3
5	semi-soft	セミソフトな	1
6	re-hardened	再硬化した	1
7	too soft	柔らかすぎる	1
8	tough meat	硬い肉	1
9	hardens	硬化した	1

c.「甘味」

NO.	英語	日本語	回答数
1	sweet	甘い	653
2	too sweet	甘すぎ	56
3	sugary	甘い	16
4	semi-sweet	セミスイート	5
5	honeyed	甘い	4
6	mellow	メロウな	2
7	naturally sweet	自然に甘い	1
8	overly sweet	過度に甘い	1
9	mildly sweet	穏やかに甘い	1
10	too sweet	甘すぎ	1

出所：筆者作成

「甘味」表現の「甘い（sweet）」が突出して多く使用されたほか、「柔らかい（soft）」や「新鮮な（fresh）」などの表現もおいしさを表す際に多く使用された。

なお一般評価と味覚評価表現の違いは、味覚評価の表現は「うまい」「まずい」「おいしい」などもっぱら味覚に限定された評価の表現であり、これに対し「一般評価」は、この表にあるように「good」「rich」など味に限定されない表現をいう。

また、英語の話者に多く回答された味の表現とは次のようなものである。

図表 5-16　英語の調査で多く回答された表現（一部）

NO.	英語	日本語	回答数	分類
1	sweet	甘い	653	甘味
2	crunchy	カリカリの	334	擬音
3	soft	ソフトな	323	硬軟
4	salty	塩味	212	塩味
5	tasty	おいしい	196	味覚評価
6	flavorful	風味豊かな	173	芳香
7	fresh	新鮮な	144	素材特性
−	delicious	おいしい	144	味覚評価
8	healthy	健康的な	143	結果
9	hard	ハードな	139	硬軟
10	warm	暖かい	136	温覚
−	chewy	歯ごたえのある	136	硬軟
11	creamy	クリーミーな	134	粘性
12	juicy	ジューシーな	133	乾湿
13	crispy	クリスピーな	130	硬軟
14	savory	香ばしい	129	芳香
15	smooth	滑らかな	127	粘性
16	refreshing	さわやかな	115	一般評価
17	spicy	スパイシーな	108	辛味
18	fluffy	ふわふわの	106	硬軟
19	rich	リッチな	96	一般評価
20	hot	あたたかい	94	温覚
21	light	軽い	90	圧覚
22	good	良い	85	一般評価
23	fragrant	香りのよい	74	芳香
24	cold	冷たい	70	冷覚
25	filling	詰まった	68	素材特性
26	moist	しっとりした	63	乾湿
27	tender	やわらかい	58	硬軟
28	thick	厚い	55	垂直
29	yummy	おいしい	52	味覚評価
30	meaty	肉のたくさん入った	45	素材
31	fruity	フルーティーな	44	素材
32	tangy	ピリッとした	37	辛味
33	strong	強い	32	一般評価
34	white	白い	30	色
−	sour	酸っぱい	30	酸味
35	satisfying	満足感のある	27	一般評価

36	flaky	フレーク状の	25	形態
37	mild	マイルドな	22	一般評価
38	comforting	気分が和らぐ	22	一般評価
39	seasoned	味付けされた	21	素材特性
－	buttery	バターの	21	素材
40	red	赤の	20	色
－	green	緑の	20	色
－	grainy	粒状の	20	形態
－	cool	クールな	20	冷覚
41	sticky	スティッキーな	18	粘性
－	brown	ブラウンの	18	色
42	aromatic	良い香りの	17	芳香

出所：筆者作成

　以上のように、英語の調査で最も多く使用された表現は、飛び抜けて「sweet（甘味）」が多かった。その一方で、英語に特徴的なのは、「sweet」を除くと、どのカテゴリーに偏ることなく、「擬音」(crunchy)、「硬軟」(soft)、「塩味」(salty)など、回答がバラエティに富むという点である。「甘味」の表現が味を表す際に多く使用されるという点は中国語や韓国語と共通しており、一方で、スウェーデン語にはあまり見られなかった「芳香」の表現も英語には見られる。また、「一般評価」以外に多かったのは、「素材特性」、「硬軟」の表現という結果であったが、しばしば食品の「柔らかさ」でおいしさを表現するというこの英語の特徴は、韓国語とスウェーデン語にも共通して見られる特徴である。

8. 4つの言語（スウェーデン語、韓国語、英語、中国語）の調査結果のまとめ

　以上、4つの言語における味を表す表現の使用状況を日本語の「味ことば分類表」を枠組みとして見てきた。その結果、「水平」表現（中国語）、「渋味」表現（スウェーデン語）、「水平」表現（韓国語）、「食べ手」表現（英語）など、一部に欠ける部分があるものの、おおむね満遍なく、表3の40種のカテゴリすべてに相当する表現の分布がみられることが明らかになった。表現の分

126　第5章　5つの言語における「味を表す表現」

布がみられなかったカテゴリ、および多く分布がみられたカテゴリを改めて振り返ってみよう。

(1)　中国語

a. この調査では回答が無かったカテゴリ：水平

図表 5-17　上位 50 表現の中で回答が多かったカテゴリ

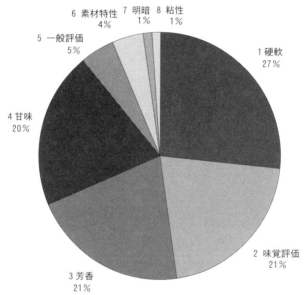

出所：筆者作成

図表 5-18　上位 50 表現の中で回答が多かったカテゴリ

	カテゴリー	回答数
1	硬軟	917
2	味覚評価	729
3	芳香	721
4	甘味	705
5	一般評価	157
6	素材特性	145
7	明暗	50
8	粘性	30
	計	3,454

出所：筆者作成

8. 4つの言語（スウェーデン語、韓国語、英語、中国語）の調査結果のまとめ　　127

　b. 回答が多かったカテゴリ：硬軟、甘味、芳香
　c. 上位50表現の中で回答が多かったカテゴリ：硬軟、味覚評価、芳香、甘味

以上、中国語の上位50表現に注目すると、「硬軟」「味覚評価」「芳香」「甘味」が突出して多いという結果であった。

(2)　スウェーデン語

　a. この調査では回答が無かったカテゴリ：奥行き、静騒、渋味
　b. 回答が多かったカテゴリ：一般評価、素材特性、甘味
　c. 上位50表現の中で回答が多かったカテゴリ：一般評価、甘味、素材特性、温覚

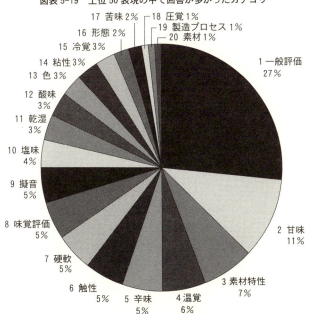

図表5-19　上位50表現の中で回答が多かったカテゴリ

出所：筆者作成

図表 5-20 上位 50 表現の中で回答が多かったカテゴリ

NO.	カテゴリー	回答数
1	一般評価	242
2	甘味	96
3	素材特性	63
4	温覚	53
5	辛味	49
6	触性	47
7	硬軟	45
8	味覚評価	45
9	擬音	42
10	塩味	33
11	乾湿	30
12	酸味	29
13	色	26
14	粘性	26
15	冷覚	24
16	形態	18
17	苦味	16
18	圧覚	8
19	製造プロセス	8
20	素材	8
	計	908

出所：筆者作成

 以上のように、スウェーデン語においては、「一般評価」のみが突出して多いという結果であった。

(3) 韓国語

a. この調査では回答が無かったカテゴリ：水平、食べ手、作り手、時、場所、旨み
b. 回答が多かったカテゴリ：硬軟、甘味、一般評価
c. 上位50表現の中で回答が多かったカテゴリ：硬軟、甘味、芳香、粘性、明暗

8. 4つの言語（スウェーデン語、韓国語、英語、中国語）の調査結果のまとめ　　129

図表 5-21　上位 50 表現の中で回答が多かったカテゴリ

出所：筆者作成

図表 5-22　上位 50 表現の中で回答が多かったカテゴリ

NO.	カテゴリー	回答数
1	硬軟	1,546
2	甘味	1,225
3	芳香	711
4	粘性	441
5	明暗	420
6	一般評価	370
7	乾湿	304
8	酸味	234
9	形態	233
10	苦味	206
11	透明度	203
12	塩味	190
13	辛味	169
14	温覚	127
15	悪臭	115

130　第5章　5つの言語における「味を表す表現」

16	素材特性	87
17	冷覚	66
18	味覚評価	51
	計	6,698

出所：筆者作成

以上のように、韓国語では、「硬軟」と「甘味」が目立って多く使用された。

(4) 英語
a. この調査では回答が無かったカテゴリ：食べ手、奥行き
b. 回答が多かったカテゴリ：一般評価、素材特性、硬軟
c. 上位50表現の中で回答が多かったカテゴリ：硬軟、甘味、一般評価、芳香

図表5-23　上位50表現の中で回答が多かったカテゴリ

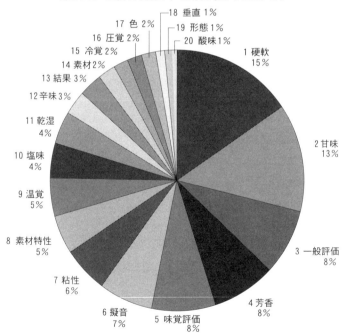

出所：筆者作成

8. 4つの言語（スウェーデン語、韓国語、英語、中国語）の調査結果のまとめ　131

図表 5-24　上位 50 表現の中で回答が多かったカテゴリ

NO.	カテゴリー	回答数
1	硬軟	750
2	甘味	653
3	一般評価	399
4	芳香	393
5	味覚評価	392
6	擬音	334
7	粘性	279
8	素材特性	233
9	温覚	230
10	塩味	212
11	乾湿	196
12	辛味	145
13	結果	143
14	素材	110
15	冷覚	90
16	圧覚	90
17	色	88
18	垂直	55
19	形態	45
20	酸味	30
		4,867

出所：筆者作成

　上記のように、英語においては「硬軟」と「甘味」が突出して多いという結果であった。
　以上、4言語で多く使用された上位50表現に注目して改めて調査の結果を振り返った。これらをまとめると、4つの言語に共通点して多くみられたのは次の3つの表現であるとまとめることができる。

a.「硬軟」表現：中国語、韓国語、英語
b.「甘味」表現：中国語、スウェーデン語、韓国語、英語
c.「一般評価」表現：スウェーデン語、韓国語、英語

　上記のa. b. cから、「甘味」の表現は、すべての言語において多く使用さ

れることがわかった。この他、上記の3種以外では、中国語と韓国語については「芳香」の表現も多くみられた。40種のカテゴリーの中でもとりわけ、この「硬軟」、「甘味」、「一般評価」、そして「芳香」という4つの限定された表現のみが特に、複数の言語に共通して多く使用されたという点は注目すべき結果である。

以上、中国語、スウェーデン語、英語、韓国語の4つの言語の母語話者を対象とした調査で得た結果の概略をまとめ、日本語を枠組みとして改めて考察した。

なお、既に述べたように、図表5-3は、瀬戸（2003）の分類表に「市場価値」「結果」「量」の3つのカテゴリを追加し修正したものである。これにより、4言語の味を表す表が分類可能となったことから、図表5-3は、今後、他の言語の味覚表現を分類するための枠組みとしても使用できる可能性がある。

9. 結論

以上、本稿では日本語を分析のフレームとし、中国語、スウェーデン語、英語、韓国語の4つの言語の調査結果をもとに、計5言語における味を表す表現の全容を体系的に示したうえで、そこに認められる共通性と多様性について考察した。明らかになった点は次の2点である。

a.（普遍性について）5つの言語の母語話者による味を表す表現は、一見、混沌としていて多種多様であるが、おおむね味ことば分類表（図表5-3）によって分類が可能である。従ってそこには、5言語においてある種の「共通の規則性」が認められる。

b.（相対性について）その一方で、表現の分布と広がりには多様性が認められる。例えば、中国語と韓国語においては、硬軟、芳香の表現が飛び抜けて多く使用されるなど、似通った表現の分布がみられるが、その反面、スウェーデン語と英語の表現の分布のさまは、一般評価表現のみが飛び抜けて多く使用されるなど、アジアの諸言語とは全く異なる様態をみせる。以上から、表現の分布と偏りには、環境などの要素や食生活、文化的背景等の差異が直接的に反

映されていると考えられる。

　「硬軟」の表現が中国語と韓国語というアジアの言語において多く使用されるという本調査の結果と関連して、先行研究では次のような指摘がある。森光（2007）では「日本語の根底にある主観性、日本語話者が好む主観的把握は、なぜ日本語に擬声語・擬態語が多いのかを明らかにしてくれるのである」と述べている。特に韓国語の硬軟を表す表現の中にはオノマトペが多く含まれ、日本語においてもオノマトペでおいしさを表す例が数多くみられるとされるが、これが森光氏のいう「主観的把握」とどう関わるのか。一方で、英語やスウェーデン語において一般評価表現が多く使用される傾向があるという点は、「客観的把握」と関わる特徴なのだろうか。こうした主観的把握と客観的把握という観点からの考察についても今後の課題とし、さらに多くの言語を対象として味を表す表現における普遍性と多様性に関する検証を続ける必要がある。

〈謝辞〉　本章は科学研究費補助金、基盤（C）「味覚語彙における普遍性と相対性に関する研究」（研究課題番号：16K02636、研究代表者：武藤彩加）による研究成果の一部である。

引用文献
石毛直道（1983）「味覚表現語の分析」『言語生活』382、筑摩書房、14-24 頁。
石間紀男（1995）「食品に対する評価の基礎要因」『食の文化フォーラム　食のことば』ドメス出版、113-128 頁。
大橋正房他編著（2010）『「おいしい」感覚と言葉　食感の世代』株式会社 B・M・FT 出版部。
大橋正房（2015）ふわとろ SIZZLE WORD『おいしい言葉の使い方』株式会社 B・M・FT 出版部。
楠見孝（1995）『比喩の処理過程と意味構造』風間書房。
瀬戸賢一（2003）『ことばは味を超える　美味しい表現の探求』海鳴社。
辻幸夫編（2002）『認知言語学キーワード事典』研究社。
副島健斗・武藤彩加（2013）「日本語学習者によるテクスチャー（食感）表現の使用」『東北大学高等教育開発推進センター紀要』8、27-38 頁。
早川文代他（2004）「中国語テクスチャー表現の収集と分類」『日本食品科学工学会誌』51、日本食品化学工学会、131-140 頁。
早川文代（2006）「テクスチャー（食感）を表す多彩な日本語」『豆類時報』52、日本豆類基金協会、42-46 頁。
松本仲子（1983）「美味しさの科学」『言語生活』第 382 号、筑摩書房、58-64 頁。
武藤彩加（2011）「スウェーデン語における味を表す表現の収集と分類」『日本認知言語学会論文集』11、日本認知言語学会、234-244 頁。
武藤彩加（2013）「韓国語における味を表す表現の類型化―日本語と韓国語の比較を通して」『韓国日本語学会論文集』37、17-35 頁。
武藤彩加（2014）「英語母語話者によるおいしさの表現―韓国語と日本語との比較を通して―」『The 10th International Symposium for Japanese Language Education and Japanese Studies 予稿集』

香港大学専業進修学院。
武藤彩加（2015）『日本語の共感覚的比喩』株式会社ひつじ書房。
武藤彩加（2016）「中国語母語話者による「味を表す表現」―日本語との比較から―」『2016 年度第 2 回日本語教育学会研究集会予稿集』21-24 頁。
武藤彩加（2016）「英語母語話者によるおいしさの表現―日本語との比較を通して―」『広島国際研究』22 号、105-115 頁。
森光 有子（2007）「主観的把握と客観的把握―なぜ日本語には擬声語・擬態語が多いのか」『相愛大学研究論集』23、相愛大学、19-45 頁。
山梨正明（1988）『比喩と理解』（認知科学選書 17）、東京大学出版会。
郭旻恵（2005）「味覚における共感覚表現：日本語、英語の両言語の比較」『言語文化と日本語教育』30、お茶の水女子大学日本言語文化学研究会、122-125 頁。

Bloomfield, Leonard (1933), *Language*. New York: Holt.
Shen, Y. and Cohen, M. (1998), "How come silence is sweet but sweetness is not silent: A cognitive account of directionality in poetic synaesthesia," *Language and Literature*, 7 (2): 123-140.
Werning, M., Fleischhauer, J., and Beseoglu, H. (2006), "The cognitive accessibility of synaesthetic metaphors", *Proceedings of the 28th Annual Conference of the Cognitive Science Society*, 2365-2370.
Williams Joseph M. (1976), "Synaesthetic adjectives : a possible law of semantic change", *Language*, 52 : 2. pp.461-477.

【参考資料】

a. 英語の調査結果

カテゴリ番号	大分類	カテゴリ名	おいしさ (種類数)	まずさ (種類数)	おいしさ・まずさ (異なり語数)	おいしさ (回答数)	まずさ (回答数)	おいしさ・まずさ (延べ語数)
1	評価表現	一般評価	199	127	326	1,049	856	1,905
2		味覚評価	21	16	37	444	119	563
3	素材表現	素材	67	66	133	270	152	422
4		素材特性	67	43	110	222	106	328
5	味覚表現	甘味	40	14	54	685	138	823
6		酸味	7	5	12	48	179	227
7		塩味	7	6	13	223	142	365
8		辛味	3	5	8	40	37	77
9		苦味	2	5	7	13	167	180
10		渋味	0	0	0	0	0	0
11		旨味	2	0	2	5	0	5
12	共感覚表現	静騒	0	0	0	0	0	0
13		擬音	5	8	13	345	30	375
14		色	33	8	41	161	27	188
15		明暗	5	3	8	11	6	17
16		透明度	5	0	5	9	0	9
17		形態	10	12	22	21	21	42
18		大小	3	3	6	10	9	19
19		垂直	3	4	7	14	58	72
20		水平	2	4	6	3	66	69
21		奥行き	0	0	0	0	0	0
22		におい	2	5	7	5	5	10
23		芳香	9	0	9	511	0	511
24		悪臭	2	4	6	2	59	61
25		硬軟	16	16	32	674	265	939
26		乾湿	11	12	23	243	308	551
27		粘性	26	26	52	353	350	703
28		触性	16	11	27	60	59	119
29		圧覚	10	7	17	221	48	269
30		痛覚	6	10	16	8	31	39
31		温覚	7	10	17	241	74	315

136　第5章　5つの言語における「味を表す表現」

32		冷覚	4	4	8	102	45	147
33	状況表現	場所	25	2	27	32	2	34
34		時	16	9	25	29	141	170
35		作り手	7	4	11	7	8	15
36		食べ手	16	15	31	36	74	110
37		製造プロセス	30	22	52	66	53	119
38	その他	市場価値	5	11	16	18	45	63
39		結果	13	10	23	19	47	66
40		量	21	10	31	181	16	197
		計	723	517	1,240	6,381	3,743	10,124

b. 中国語の調査結果

カテゴリ番号	カテゴリ名	おいしさ (種類数)	まずさ (種類数)	おいしさ・まずさ (異なり語数)	おいしさ (回答数)	まずさ (回答数)	おいしさ・まずさ (延べ語数)
1	一般評価	85	25	110	545	135	680
2	味覚評価	37	40	77	641	398	1,039
3	素材	4	12	16	9	32	41
4	素材特性	53	20	73	373	117	490
5	甘味	65	20	85	1,040	333	1,373
6	酸味	23	15	38	115	141	256
7	塩味	15	13	28	85	180	265
8	辛味	25	15	40	117	140	257
9	苦味	4	19	23	6	139	145
10	渋味	0	11	11	0	111	111
11	旨味	32	2	34	77	7	84
12	静騒	0	0	0	0	0	0
13	擬音	21	2	23	95	9	104
14	色	24	0	24	63	0	63
15	明暗	29	28	57	149	85	234
16	透明度	1	3	4	2	5	7
17	形態	4	20	24	17	300	317
18	大小	0	4	4	0	9	9
19	垂直	4	12	16	12	73	85
20	水平	0	0	0	0	0	0
21	奥行き	7	0	7	36	0	36
22	におい	35	2	37	118	10	128

【参考資料】 *137*

		おいしさ・まずさ(種類数)	おいしさ・まずさ(回答数)			おいしさ・まずさ(種類数)	おいしさ・まずさ(回答数)
23	芳香	40	0	40	903	0	903
24	悪臭	0	26	26	0	164	164
25	硬軟	154	65	219	1,099	430	1,529
26	乾湿	35	3	38	660	5	665
27	粘性	77	49	126	630	501	1,131
28	触性	28	12	40	194	67	261
29	圧覚	2	2	4	5	7	12
30	痛覚	9	14	23	25	48	73
31	温覚	9	6	15	32	12	44
32	冷覚	15	3	18	54	6	60
33	場所	15	0	15	40	0	40
34	時	5	0	5	12	0	12
35	作り手	2	0	2	4	0	4
36	食べ手	4	1	5	6	2	8
37	製造プロセス	24	14	38	104	44	148
38	市場価値	0	4	4	0	11	11
39	結果	6	19	25	83	82	165
40	量	14	1	15	75	2	77
41	複合	34	0	34	77	0	77
	計	941	482	1,423	7,503	3,605	11,108

c. 韓国語の調査結果

カテゴリ番号	カテゴリ名	おいしさ・まずさ(種類数)	おいしさ・まずさ(回答数)	カテゴリ番号	カテゴリ名	おいしさ・まずさ(種類数)	おいしさ・まずさ(回答数)
1	一般評価	75	1,005	21	奥行き	2	14
2	味覚評価	7	107	22	におい	2	12
3	素材	14	78	23	芳香	17	994
4	素材特性	14	197	24	悪臭	12	245
5	甘味	19	1,465	25	硬軟	51	2,076
6	酸味	10	338	26	乾湿	23	565
7	塩味	16	442	27	粘性	27	774
8	辛味	15	331	28	触性	8	108
9	苦味	12	307	29	圧覚	2	13
10	渋味	3	28	30	痛覚	8	78
11	旨味	0	0	31	温覚	11	309
12	静騒	1	13	32	冷覚	7	184

13	擬音	10	110	33	場所	0	0
14	色	16	126	34	時	0	0
15	明暗	25	687	35	作り手	0	0
16	透明度	4	243	36	食べ手	0	0
17	形態	14	331	37	製造プロセス	6	41
18	大小	1	8	38	市場価値	7	56
19	垂直	3	20	39	結果	12	77
20	水平	0	0	40	量	4	36
				―	不明	2	29
					計	460	11,447

d. スウェーデン語の調査結果

カテゴリ番号	カテゴリ名	おいしさ・まずさ(種類数)	おいしさ・まずさ(回答数)	カテゴリ番号	カテゴリ名	おいしさ・まずさ(種類数)	おいしさ・まずさ(回答数)
1	一般評価	99	270	21	奥行き	0	0
2	味覚評価	6	20	22	におい	4	4
3	素材	76	97	23	芳香	6	11
4	素材特性	90	218	24	悪臭	5	11
5	甘味	8	103	25	硬軟	16	83
6	酸味	7	38	26	乾湿	14	58
7	塩味	5	44	27	粘性	14	43
8	辛味	2	49	28	触性	24	96
9	苦味	6	33	29	圧覚	5	14
10	渋味	0	0	30	痛覚	8	15
11	旨味	2	18	31	温覚	11	71
12	静騒	0	0	32	冷覚	6	31
13	擬音	13	68	33	場所	28	44
14	色	24	59	34	時	18	36
15	明暗	9	28	35	作り手	4	11
16	透明度	4	4	36	食べ手	4	4
17	形態	16	40	37	製造プロセス	57	85
18	大小	6	10	36	市場価値	7	45
19	垂直	3	8	37	結果	18	95
20	水平	1	2	38	量	4	11
					計	630	1,877

第6章

日本における「孝」の受容と展開について
――その読みと意味を中心に――

欒　竹民・施　暉

1. はじめに

　中国という大陸において創出された「孝」という観念、道徳観は儒教思想と共に、時空（際）を超えて夙に東アジア地域に伝播、受容、展開され、今日に至っても依然としてその国々の社会の隅々に根を下ろし生活思想として人々の日常生活の中に生き続けている。かかる「孝」という概念は何時どのように日本に伝わったのか、また、日本においては如何にして摂取、受容されたのか、更に、日本の風土と固有文化の中でどのような変容を遂げたのか、などのような諸点を巡って考察することは本章の目的とする。が、小稿では、それに先立って先ず「孝」という概念語は日本語に入ってどのように読まれたのか、亦、その読みと意味との関係が如何なるものかについて「孝養」等を取り上げて検討を加えることとする。

　日本に儒教が何時伝来したのかについては、『古事記』（応神天皇条）に依拠すれば、応神天皇の時代に、応神天皇から百済国に対し賢人を献上するように要請したところ、百済から「和迩吉師」と共に『論語』十巻、『千字文』一巻、合せて十一巻が献上されたとされる。その後、継体・欽明天皇の時代には、五経博士が百済から交代派遣されたという（『日本書紀』継体天皇七年条、欽明天皇十五年条）。「これらの記事を信じれば、儒教は、仏教伝来以前に、古代宮廷の知識人に享受され学ばれていたと考えられ、宮廷知識人の思想形成に大きく関わっていたものと推測される」[1]。それについては下記の『日本書紀』における儒教の思想に由来する記述からも示唆される。「可以郊祀天神

大孝者也」（神武天皇四年春二月条）、「孝性純深。（中略）、本乖仁義」（綏靖天皇即位前紀条）、「令知長幼之次第」（崇神天皇十二年条）、「有五婦人志並貞潔」（垂仁天皇五年条）、「仁孝遠聆」（仁徳天皇即位前紀条）。一方、仏教請来は六世紀中葉であるとされる。

　儒教が日本社会、文化、思想に如何なる影響を与えたのかについては、先行研究では、往々にして儒教を道徳倫理、学問知識の教えとして把捉されがちで、そちらの側面の注目、強調に偏っているため、否定的な見方を取るのが一般的である。つまり、儒教は日本の生活思想への影響が殆どなかったと考えられている。「このように一般的に理解されていることには津田左右吉氏の論による影響が大きいと思われる。氏は、『文学に現はれたる国民思想の研究　貴族文学の時代』（東京洛陽堂、1916 年津田左右吉全集第四巻、岩波書店、1964 年所収）において、平安朝には、儒教は書物によって学ばれたものの、それは漢文や漢詩文を作る際の知識を得るために過ぎないのであって、現実の政治上に儒教の政治思想が影響を及ぼしたこともなく、また文学においても儒教思想は現れていないと述べている」[2]。津田氏のこのような論については、その後の日本思想史研究において継承、肯定、高評された[3]。因って、儒教は日本思想に影響を齎さなかったとする津田氏説が定着していくこととなった。尚、津田氏の論説に対して、平安時代以前の儒教の影響に関して、「当時の儒教はただ単に教養と個人の信仰ではなく、政治理念、政治方策であり」、また、当時の「法と制度の主たる拠り所」であった[4]と指摘され、また、「日本古代に限ってはあまり正確とは言えない」と述べている[5]。しかし、上述したように、儒教思想の核心である「孝」については、従来の研究では、「孝」の祖先祭祀、崇拝という宗教的な側面からの考究は欠如していると言えよう。それに応えるように、加地伸行氏が『儒教とは何か』、『沈黙としての宗教―儒教』において「孝」を儒教の根本思想と位置付けて、祖先祭祀を重視するという角度から儒教の宗教性について「孝」の真諦を解明している。「この祖霊信仰こそ、実は儒教と最も深い関わりを持つもので」とした上、「その家父長制・礼教性をさらに根本的に支える基盤である宗教性をこそ見るべきであると考える。つまり、儒教文化圏を歴史的に継続せしめてきた根本は、儒教の宗教性にある」と、更に、その宗教性の意義について、「この、祖先崇拝と結び付く宗教性に

1. はじめに

基づく儒教の政治的・文化的影響を、有史以来、今日に至るまで受けている中国・朝鮮・日本を一つの文化圏と考えることができる」[6]。加地氏の論点について、中村雄二郎氏は「通常われわれが日本固有のものだとか仏教的だと思っていることがいかに儒教と深い関わりももっていたか」を解き明かしたものであると好評している[7]。加地氏の斬新な学説の影響を受けて、田中徳定氏も日本における宗教としての儒教の受容について研究を積み重ねて、その集大成として『孝思想の受容と古代中世文学』(2007年、新典社)を上梓された。その中で従来の通説を再検討して儒教の宗教性に立脚して日本における儒教の影響を見るべきであり、「津田左右吉氏は、儒教が日本思想に影響を及ぼさなかったことを論じる際に、儒教を「儒家の道徳教」と表現していることから知られるように、氏は儒教を道徳と捉え、その礼教性のみに注目して、日本思想への影響を考察していたのである。儒教が倫理道徳の教えであることを前提とした津田氏の論は、その後の日本における儒教観を方向づけたと云ってよいであろう。(中略)、しかし、加地伸行氏が明らかにした、儒教の宗教性という視点に立ちながら、儒教の古代日本への影響を考えた場合はいかがであろうか。儒教の礼教性が影響を及ぼさなかったとする従来の見解とはまた異なった状況が見えてくるのではないだろうか」[8]と力説している。

尚、「孝」を例にして儒教道徳が古代日本社会への影響についての考察もあるが、「儒学の政治理念が古代日本政治の指導的理念になり、しかも儒学の道徳規範―例えば「孝」など―は程度に違いこそあれ、日本社会の各階層に浸透したが、全体から見れば、日本の早期儒学の影響はおおむね日本文化の表層に及んだに過ぎなかった」と結論付けられているが、これは儒教を道徳倫理の理念として捉えられた結論であると言えよう[9]。しかし、儒教は本来祖先祭祀と密接に関わる宗教性と倫理道徳(礼教性)の両方を具有し、その宗教性と礼教性の双方を繋ぐのが孝の思想であったとされたため、「儒教の孝思想は、仏教の追善供養法会の基盤を為す思想として、仏教と融合して深く中世日本人の信仰や生活思想の中に浸透していたのである」[10]。中世に止まることもなく、今日に至っても、盆という行事において保たれているし、日本の「人々はなぜ柩を拝むのか。これは実は、仏教ではなくて儒教のマナーである。厳密に言えば、儒式葬儀の一段階なのである」、「今日の葬式において、お通夜をしたり告

別式がすむまで柩を安置しているのは、(遺体を葬る、あるいは焼くまで、医学上・法律上の時間制限があるが、それは別として) 儒教における殯の残影なのである」[11]と指摘されているように、日本の生活思想、信仰風習に浸透しているのである。

次項においては「孝」及びそれによって構成された語の読みと意味用法に焦点を当てて考察してみる。

2.「孝」の読みと意味について

「孝」の日本における受容、変容の実態を把握するには、その読みが如何なるものであるかを明らかにするのは先決問題であると思う。以下に、先ず中国の古辞書に掲載されている「孝」の意味を挙げてみよう。

孝　善事父母者从老省从子子承老也 (説文解字)

善父母為孝 (爾雅)(表記変更、声点とヲコト点の省略有り以下同)

孝　呼教切 (唐韻)

孝　許教切从謬去 (集韻、韻会、正韻)

『説文解字』に依れば、「孝」の字義とは二つあり、一つは「善く父母に事える」こと、一つは「子が老を承ける」ことであるが、すなわち先祖を祭り、その遺志、功績等を継ぐことと解される。次に日本の古辞書及び古文献における「孝」の読みと注釈を列挙してみる。先ず、呉音資料を挙げてみる。

孝(平声) ノリ　86　5　4 (法華経音訓)
　ケウ

孝　ケウ 126　3　1 (法華経単字)

とあるように、「孝」の呉音読みは「ケウ」となるが、一方、漢音資料における「孝」の読みは以下の通りである。

江　革　忠(平声) 孝(去声) 15 (長承本蒙求)
カウ カク チウ　　　カウ

のように、漢音の「孝」は「カウ」と読むことが明らかになる。次に院政期及び以降に成立した古辞書や古文献に載っている「孝」の字義について挙げてみる。

孝　ノリ　イキ　ノフ　ツカマツル　マサル　カシコマル　ウヤマフ　タカ

シ　ネキ　和ケウ　法下 139 ⑥（観智院本類聚名義抄）
孝　ツカフ（大般若経音義三 69 ウ⑥）
孝　タカシ　ウヤマフ　ネヤ　カシコマル　マサル　イキ　ノフ　ノリ　ツ
カマツル　ヲシフ　巻五 6 ウ②（龍谷大学善本叢書 8 字鏡集）

のように、「孝」は複雑な概念を持つ語であるため、それに対応するのに沢山の訓が形成されていることが分かる。確かに所謂定訓はないが、決して訓はなかったというわけではない[12]。

仁孝遠聆（ヒトヲメクミオヤニシタカフこと）（日本書紀、仁徳天皇即位前紀、平安後期書写平安院政期加点、尊経閣善本 26）
仁孝（左注：ヒトヲメクミオヤニツカフ、右注：ヒトヲメクミオヤニシタカフ）（図書寮本日本書紀允恭天皇即位前紀、永治二（1142）年頃加点）[13]

のように、「孝」は「オヤニシタカフ」、「オヤニツカフ」と意訳されていることが分かる。つまり、日本語における「孝」については意味的に読み下されていた場合もあったことが否めないであろう。その概念の定着に伴って、敬意を表す接頭辞を冠する「御孝」、サ変動詞として登場して日本化に至ったのであろう。平安時代の仮名文学では、

おやなとの御けうをもいかめしきさまをはたてて（源氏物語大成・野わき 869 ⑪）
かせやます子孝せんと思へともおやまたすいさいせけんにしやう（高知大学文学部国語史研究会編栄花物語・巻第 15 第 25 丁⑨）

とあるが、一方、訓点資料においては、

朝夕ニ見テ孝シケリ　（長承本打聞集）
母ニ孝シ妻子ヲ養フ　（東寺観智院蔵注好選、仁平二（1152）年写本、上 15 表）

の如く、早くも院政期に「孝ス」というサ変動詞が登場するようになった。尚、「孝」の読みについては、下記の古辞書と訓点資料のように、

孝　ケウ　善父母為－　下 40 オ⑦人事部（天理本世俗字類抄）
孝養（ケウヤウ）　下 42 オ⑥（同上）　不孝（フケウ）下 47 オ④（同上）
父母に孝－養（し）、師長を恭－敬せよ（平仮名はヲコト点、片仮名は仮名

点）（高野山西南院蔵訓点資料の研究・院政期写観普賢菩薩行法経古点 404）

とあるが、「孝」は呉音読みとなっていることが明らかである。今日の「コウ」「フコウ」「コウヨウ」という漢音読みと異なった。つまり、『世俗字類抄』が成立した院政期以前には「孝」は呉音読みが主流であったと言えよう[14]。この点については平安時代成立の仮名文学（書写年代の明白で且つ仮名表記である文献）に見られる「孝」の「ケウ」呉音読みである用例が中心の存在となっていることからも示唆される。例えば、『宇津保物語総合研究』、『源氏物語大成』、『枕草子』、『落窪物語』、『栄花物語』及び『浜松中納言物語』では底本として用いられた写本の時代はそれぞれ異なっているものの、呉音読み「ケウ」が圧倒的に多かったのである。

　いとかしこきけうの子なり（宇津保物語総合研究・としかげ 32 ②）
　かくたまさかにあへるおやのけうせむの心あらはこのもののたまふこゑ（源氏物語大成・とこなつ 844 ⑪）
　おやのけうよりもけにやつれ給へりみたてまつり（同上・かしは木 1259 ⑪）
　おやにそむけるこそたくひなきふけうなるはほとけのみちにもいみしくこそいひたれと（同上・ほたる 818 ⑩）
　いとかたしけなうなをよろしきほとにけうしきこえさせ給へ（高知大学文学部国語史研究会編栄花物語・巻第 26 第 35 丁 ⑫）
　明暮なげき仏を念じ給けうの心いみじくあはれなれど（浜松中納言物語・226 ⑤）

そうとはいえ、漢音読み「カウ」の用例は写本によって皆無でもなかった。例えば、下記の例のように、同じ文ではあるが、異本によって「ケウ」と「カウ」の共存が確認される。寛政六年刊記のある木活字本を底本とした日本古典文学大系『落窪物語』には漢音読み「カウ」に対して、室町中期の書写と言われ、伝本中随一の古写本である九条家本を底本とした新日本古典文学大系や極近世初期寛永頃の書写とされる安田文庫本を底本とした日本古典文学全集等の『落窪物語』にはいずれも呉音読み「ケウ」と記されている。

　世の人は老いたるおやのためにする孝こそはいと興あれと思ふことは（日本古典文学大系・落窪物語 195・2）
　世人は老いたる親のためにする孝こそいとけうありと思ふ事は（新日本古典

2.「孝」の読みと意味について　145

文学大系・落窪物語 219・16)
　世人は老いたる親のためにする孝こそいと興ありと思へ（日本古典文学全集・落窪物語 255・13)
　また、梅沢本を底本とした高知大学文学部国語史研究会編『栄花物語本文と索引』には漢字表記「孝」に対して右傍貼紙「かう」とあると注記されている。しかしながら、当該文献における「孝」は仮名表記としては「ケウ」呉音読みとなって、漢音読み「カウ」は見当たらなかった。
　いとかたしけなうなをよろしきほとにけうしきこえさせ給へかしとのみ申す（巻第 26 第 35 丁⑫)
　更に、日本古典文学大系、新日本古典文学大系、日本古典文学全集及び日本古典評釈・全注釈叢書等の『枕草子』における「孝」は多くの場合は呉音読み「ケウ」となっているが、異本によって僅かながら漢音読み「カウ」の例も見られる。例えば、
　あはれなるもの孝ある人の子（日本古典文学全集・枕草子 115 段)
　あはれなるものけうある人の子（枕草子本文及び総索引・123 段)
　あはれなるもの孝ある人の子（日本古典評釈・全注釈叢書・枕草子・123 段)15
　あはれなるもの孝ある人の子（慶安刊本枕草子・123 段)
　以上のように、仮名文学における「孝」は呉音読み「ケウ」が多かったが、写本によって漢音読み「カウ」も全くないというわけではなかった。何故斯様な現象が起きたのか、これについては以下のことが推測されるかと思う。つまり、「孝」の音読みについては呉音読み「ケウ」から漢音読み「カウ」へと変わって行くという過渡期のゆれ（いわば共存とも）として表れていることであろうか、または、写本間の書写年代差に因るものだったであろうか、更に、書写者の言語意識の個人差に因由したことであろうか、などといった点については考えられるが、それについての解明は今後の調査研究の課題とする。仮名文学に対して、訓点資料では漢音読みの「孝」も見えている。
　惟孝 彫 声ナヲ金版ニ（六地蔵寺善本遍照発揮性霊集巻二 181)
　孝明継火ヲ（東寺観智院蔵注好選、仁平二（1152）年写本、上 9 裏)
　「孝」の呉音読みに関しては以下に挙げる古辞書からも伺える。

孝養　ケウヤウ　中100オ⑦、不孝　フケウ　中107ウ③　梟　ケウ、フクロウ　古堯反　又サケ、不孝鳥也　中102オ①　勘当　カンタウ　上88ウ⑧（黒川本色葉字類抄）

梟　フクロウ　不孝鳥　巻下上38オ④動物部（二巻本色葉字類抄）

勘（去声）当（平濁声）カムタウ　巻上108ウ6畳字（三巻本色葉字類抄）

とあるように、当時の俗信として「梟」は「不孝鳥」であることが分かる[16]。次の項では、日本語における「不孝」の読みと意味について考察してみよう。

3.「不孝」の読みと意味について

中世以降の古辞書では、「不孝」について次のようなことが記されている。

勘当　為君父所擯之義　巻下2オ③、不孝（不孝）者其子不随父母命也然日本俗以（不孝）二字為勘当義也似無其理歟勘当義見上面　巻下2オ③（下学集）

勘当　カンダウ　為君父所擯之義也　36①　不孝　フカウ（不孝）者其子不随父母命也倭俗以（不孝）子為勘当義似無其理歟勘当義見（正）78⑪（伊京集）

と記されているように、日本では、「不孝」は本来の「父母の命に従わぬ」という意味から、「勘当」の「君父等の間で結ばれた関係を断ち、君父のもとから退ける」といったことを表すのに俗に用いると注釈されている。つまり、父母に善く事えないという意味が転じて、そのような子供を不孝者として親子の縁を切るという日本語的な意味が派生したのである。かかる意味用法は早くも平安時代文献に見られる。また、中世の武士法にも確認でき、前の時代の法典を異にする。

親父願西与大納言局存在之時、被不孝畢、仍悔返彼文□願西之譲状（平安遺文5064条、治承4（1180）年）

其ノ時ニ父其ノ瓜取タル児ヲ永ク不孝シテ此ノ人々ノ判ヲ取ル也ケリ（中略）瓜一菓ニ依テ子ヲ不孝シ可給キニ非ス（鈴鹿本今昔物語集、巻29、21

ウ②)
　七、八歳になる息子が親の留守の間に親のもらった瓜を一つ取って食べたので、父親が早速近所の人々を呼び集めて、皆の前で自分の子供を勘当すると言って、更に、皆に立ち会いを依頼し、署名してもらったのである。「不孝」は親子の関係を切るという意味に用いられている。一方、近所の人々は瓜一つを盗み食っただけで勘当してはならないと思っている。

　男子一人イデキヌ。父母是ヲ聞テ大キニ忿リテ軈而<u>不孝</u>シタリケレバ（日本古典文学大系沙石集巻一、80）

　娘は若い僧侶と恋に落ちたあげく、男の子が生まれた。両親が怒って娘を勘当した話であった。このような意味の「不孝」は鎌倉幕府の基本法である『御成敗式目』にも現れている。

　女子則憑不悔返之文、不可憚<u>不孝</u>之罪業（18条）

　一方、同時代の公家法の『明法条々勘録』にある「不孝」は本来の意味として使われているが、その上、下記の例のように、近来「義絶（勘当と同意で、親子関係の断絶を親の側からパブリックに明示する行為）」を「不孝」ということについては如何なるものかと疑問視した上、両者が本来別のものなのであると説いている。

　近来世俗、以義絶称<u>不孝</u>歟、（中略）、抑於子孫謂之<u>不孝</u>、於夫妻称之義絶歟（12条）

　律令では、子孫の祖父母、父母に対する特定の悪行を不孝と呼んで、八虐の一つに数え（名例律）、妻が夫及び夫の祖父母、父母に対して為した特定の不法行為を強制的離婚原因として義絶と称し、規定した（戸令）。すなわち、律令等の法典では「義絶」と「不孝」がそれぞれ違った意味で用いられていたことである。しかし、近来いわば今頃になって「不孝」が「義絶」と同様に使用されるようになったと指摘されている。つまり、名例律等では「不孝」は八虐罪の名目の一つとして定められ、祖父母、父母の告訴、罵言や祖父母、父母の喪に居て自ら嫁娶し、また祖父母、父母の喪を聞いて隠して挙哀しない、等のような内容から構成されている。他方の「義絶」は、「婦人犯夫、及義絶者」とあるように、妻が不義を働いたことによって、夫婦関係を断って、離婚させられる。それのみならず、斯様な「義絶」はあくまでも「妻」のみに適応し、

「夫」はその対象とならないのである。これは、中国人の伝統的な観念では父子は「天合」すなわち血縁関係によって強く結ばれているものであるのに対して、夫婦は「義合」すなわち社会的関係で結ばれている後天的なものであるという男尊女卑の思想に由来するであろう。中世になって、「義絶」は、強制的な離婚によって夫婦関係を絶つことから転じて、下記の例のように、夫婦という限定的な関係から人間同士の諸関係に広まったことが明らかである。

　既被忽諸衆命之旨上者、老若上下一同可被義絶之旨、所被定置也（東寺百合文書、永正十二（1275）年三月二十七日、東寺衆徒連署起請文）

　一方、「勘当」は平安時代に罪人を調べて、どの罪に該当するかを決めるといった意味としてよく用いられていたが、中世に下って、上掲した『下学集』に「為君父所擯之義」と注釈されているように、主君や親子等の関係を絶ってそのもとから追放されるということを表すようになった。このような意味変化によって「勘当」は意味的に「義絶」と類似することになる。そこで、前出の『下学集』や『伊京集』等に記されている「不孝」に関する注釈ができたのであろう。

　「不孝」の呉音読みと意味変化によって次の例のように、表記も揺らいだのである。

　若於成彼所妨子孫者、可為不教之子（本間文書応永十四（1407）年）

　上の御用に立ちがたき物なりと思ひて、常に不教を加へし事、大きなる誤りなりけり。（天正本太平記、第十巻分陪関戸小手指合戦の事）

のように、「不孝」と書くべきところに「不教」と記されてしまった。それは、同じ箇所であるが、神田本等の『太平記』では「不教」ではなく「不孝」と表記されていることからも裏付けられる。「不孝」は「不教」と音読みとして音が通じて初めて「不教」いう表記ができたのであろう[17]。

　又、「不孝」が本来「義絶」の表す意味まで獲得したのは、下記の用例のように、「不孝」が「義絶」とよく共起することによって実現できたのであろう。つまり、「不孝」を働くため、親子関係を絶つということは、親の「不孝」の子に対しての必然的な処罰である。いわば、「不孝」は常に「義絶」を伴う共起的行為であると言えよう。その結果として「不孝」は「義絶」の意味をまで吸収してしまって、単独で本来の「不孝義絶」ということを示すように

なったと考えられる[18]。

 <u>不孝</u>子、擬<u>義絶</u>（平安遺文 332 条、永延二（988）年）
 可処<u>不孝義絶</u>者（同上 3826 条、治承二（1178）年）
 武田伊豆入道光蓮令<u>義絶</u>次男信忠、（中略）、有<u>孝</u>無忩、<u>義絶</u>故何事（吾妻鏡、仁治二（1241）年十二月二十七日）
 女子則憑不悔返之文、不可憚<u>不孝</u>之罪業、父母亦察及敵対之論不可譲所領於女子歟、親子<u>義絶</u>之起也（御成敗式目 18 条）

 次項では「孝養」を巡ってその読みと意味との関係を中心に検討を加えてみることとする。

4.「孝養」の読みと意味について

 「孝養」は「孝」と同様、儒教の重要な道徳観念として重んじられるが、それについて古辞書を調べて次の例のように、注目すべき記述もある。
 孝養 ケウヤウ 仏事 599 ⑥（文明本節用集）
 教養 ケウヤウ 仏事 75 ⑥（伊京集）
 孝養 ケウヤウ 追善 38 ②第六十一逝去部（頓要集）
 「不孝」と同じく、「孝養」も「教養」と書き、両者の混同が生じている[19]。それは仏事としての「孝養」の呉音読みが「教」と音が通じて「教養」と書くことができたのである。一方、「親孝行」という儒教的な意味概念を示す漢音読みである「カウヤウ」は「教養」と表記された例は管見に及んでいない。「孝養」と「教養」との混用は既に鎌倉時代文献に見られている。
 義朝ノ首給テ可<u>孝養</u>由申タリケレバ（延慶本平家物語下 144 ⑦）
 北方重衡ノ<u>教養</u>シ給事（同上 366 ③）
 心の及び弔へども、五逆深重の<u>孝養</u>、亡魂承けずや思ひけん（陽明文庫蔵本保元物語中、為義最期の事）
 入道殿の<u>教養</u>に手向け奉り（同上下、為朝生捕り遠流に処せらるる事）
 のように、「孝養」と「教養」両方とも追善供養の意味として用いられている。それは、表記上の揺ればかりか、両者とも「仏事」という上掲した古辞書

の注釈からも、また、「逝去部」に所属する語であることからも察知される。つまり、亡親や亡者を追善するという仏事のことを「孝養」として掲載されているのではないかと推測される。この点については下記の『邦訳日葡辞書』から明らかになる。

　Qeôyŏ ケウヤウ（孝養）ある死者のために行われる法事，または，追善供養．Bumo qeôyŏno tameinisuru（父母孝養のためにする）自分の父母の霊のために何事かを行う．（489頁）

　同じ『邦訳日葡辞書』には呉音読みの「孝養」の他に「カウヤウ」という漢音読みの「孝養」も載っている。

　Cŏyŏ カウヤウ（孝養）例，Bumouo cŏyŏ suru.（父母を孝養する）子としての愛情をもって父や母を扶養する．（158頁）

とあるように、漢音読みの「孝養」は明らかに儒教の本来の道徳規範として記されている。それに対して、呉音読みの「孝養」は仏教の追善供養ということを表す。つまり、前出の古辞書が編纂された室町時代では、読みに依って「孝養」は儒教と仏教の意味に使い分けられているように思われる[20]。但し、「孝養」以外の「孝」または「孝」によって構成された語は漢音読みが主流となっているらしい。

孝_{カウカウ}行　−敬_{ケイ}　−順_{ジュン}　−道_{タウ}　−感_{カン}　−子_シ　−孫_{ソン}　−心_{シン}　−終_{シウ}　302⑥（文明本節用集）

　孝行カウカウ36①（伊京集）、孝子カウシ36⑤（同左）

　孝行カウカウ77④（易林本節用集）孝子カウシ71③（同左）孝徳（カウ）トク77⑤（同左）孝道（カウ）タウ77⑤（同左）

　孝行カウカウ3①孝子（カウ）シ孝男（カウ）ナン孝女（カウ）ニヨ孝心（カウ）シン121④（運歩色葉集）

のように、いずれも漢音読みとなっている。「孝養」だけは呉音読みで仏教用語としても使用されるようである。「孝養」は、本来儒教の概念として形成されたが、仏教にはなかったのである[21]。しかし、何故、日本の中世成立した古辞書には「仏事」として認識されていたのか。それを生成させた背景は如何なるものであろうか。以下それについて検討を加えてみたい。渡辺照宏『日本の仏教』において、日本の仏教の第三の特色として、死者儀礼を挙げている。

4.「孝養」の読みと意味について

「中国から伝わってきた仏教は、人間の死後の運命について複雑な知識をもたらし、豪華な死者儀礼の様式を教えた。もちろんはじめのうちは、ただ上層階級のみに許された贅沢であったが、仏教の儀礼は次第に下層社会にも及んだ。また地方を遍歴した僧侶たちの手で、一般化されもした。そのうえ、新興宗派の進出によって促進されたので、鎌倉時代以後からは仏式の葬礼が一般的になり、江戸幕府の政策によって、死者の戸籍簿が仏教寺院に一任されて以来、仏教と死者とが不可分の関係をもつようになったのである」[22] と述べているように、亡者への追善供養を含めての仏教による死者儀礼の受容と推移の有り方が明らかにされている。

　追善とは追うて善根福徳を修めるということで、死者に対する仏教の重要な宗教儀礼である。追福とも言うが、生者の積んだ善根功徳を死者のために巡らし向ける（廻向）ことである。中国や日本において盛んに行われてきたが、特に亡き父母のために追善を営むことは子の大事な務めと考えられた。その端緒は目連が餓鬼の世界に堕ちて苦しむ母親を救ったということを主題とする『盂蘭盆経』となるとされる。仏教の「孝養」（追善供養）という法事は、仏教側が儒教の宗教性の核心を為す孝思想を受容、摂取した過程の中で成立したことである。偽経と共に日本に伝来し、日本の固有の祖先祭祀と融合しながら日本の生活思想として浸透、定着していくと考えられる[23]。仏教儀礼としての追善供養は、持統天皇朝に端を発したとされ、その以降代代の天皇による亡親追善供養法会が盛行するようになり、平安時代から追善儀礼としての先祖供養のウエイトが一層高まってくる。これは延喜十四（914）年二月十五日、醍醐天皇が詔を下し臣下の意見を徴したのに応じ、当時式部大輔であった三善清行が奏上した十二箇条の第二条「奢侈を禁ぜむと請ふこと」において、当時朝野上下に亘って贅を尽くして盛んに行われている追善供養に歯止めを掛けるべきという意見を建白した、ということからも察知される。「又王臣以下、乃于庶人、追福之制、飾終之資、随其階品皆立式法、而比年諸喪家、其七々日講筵、周闋法会、競傾家産、盛設斎供、一机之饌、堆過方丈、一僧之儲、費累千金、或乞貸他家、或斥売居宅、孝子遂為逃債之逋人、幼孤自成流冗之餓殍」[24] というように、王臣以下から庶人に至るまで、追福の制、飾終の資、その階品に随ひて皆式の法を立てている。尚、三善はこの過剰の追善供養法会について、先ず死

者への報恩は人間の行うべき孝道であると認めた上に、贅沢を競って過度の行いを慎むべきと奏上している。「蒙顧復拯育愛者、誰追遠報恩之志焉、然而修此功徳、宜有程章、豈可必待子孫之破産、以期父祖之得果乎、（中略）、各慎此僭濫、令天下庶民知其節制」とある。このように、追善供養法会が貴賤を問わずに盛行を呈出しているため、山本真吾氏の諷誦文類に属する表白、願文についての研究で明らかにされたように[25]、数多くの追善願文、表白が追善供養法会に用いられていることにもつながったのである。追善供養法会において朗誦される願文、表白の内容からすると、多くは先ず父母の大恩が取り上げられ、その報恩として歴史上に名を馳せた孝子説話が引用され、亡親追善供養法会を営む施主の行いが孝子に匹敵する孝行であるとして称賛される。そして、死者の冥福を祈願し、施主の善根功徳を冥界の親に廻向され、亡き親の来生の救済となる、といったものである。続いて院政期頃になると、所謂十仏事の法要が導入されて、仏教主導型の死者追善供養が盛んに行われるようになった。追善願文の作成も最初儒者を中心に行ったが、院政期以降僧侶が担当するのは主流となったとされる[26]。「忌日の追善中陰の作善なんどは皆在家に用ふる所なり。衲子は父母の恩の深き事をば実の如く知るべし。余の一切も亦かくの如しと知るべし」（道元の語録を記した『正法眼蔵随聞記』）というように、当時の一般社会では両親の追善供養のために善行を行うことが営まれていたということが分かる[27]。「追善供養の唱導を通して、人々の信仰の中に、亡親追善供養は「孝」であるという理解が浸透した結果、「孝」という語が、亡親追善供養をも意味するようになったのである」[28]。「孝養」も同じ理由で「仏事」用語として成り立ったのであろう。

また、日本語では「孝養」と類義表現として「追善」が多用されているが、中国語では、下記の例のように「追薦」の方が一般的であると思われる[29]。

　捜索聖賢之教、虔求追薦之方（唐　宗密　盂蘭盆経疏上）

　人亡毎至七日、必営斎追薦（釈氏要覧）

「追薦」は「追善」の意味に用いられている。つまり、功徳を積んで、亡き人の霊を弔う或いは死者の冥福を祈ることを表すのはもともと「追薦」であり、「追善」ではなかったと考えられる[30]。これは次に列挙する室町時代以降に編纂された古辞書の記載からも明らかである。

4.「孝養」の読みと意味について　153

追薦ついぜん（中略）－福　追善之義 104 ①（村井本節用集）
追薦ついぜん　追善同　仏事作善也　205 ④（和漢通用集）
追薦　仏事作善義或ハ作追善　（正宗節用集）
追薦ツイゼン仏事作善義也或作追善 39 ウ④（増刊下学集）
追薦ツイセン仏事作善義或作追善　43 ④（大谷大学本節用集）

のように、「追薦」はまた「追善」と為すが、両者が同義語として掲載されている。「追善」が「追薦」に替って早くから日本古文献に登場したのである。

汝等カ追善ノ力ニ依テ我レ難勘キ苦ヲ免ルル事ヲ得タレトモ（鈴鹿本今昔物語集巻七 39 ウ⑥）

又其寺ニテゾ如形ノ追善ナムドモ営テ（延慶本平家物語　第一末 105 ウ②）

しかし、室町時代になっても依然として「追薦」が使われており、完全に「追善」に取って代わられていない。一方、現代日本語では「追薦」が姿を消して、「追善」のみとなった。なお、両者の混用は、「追薦」の「薦」と「善」とが音が通じること、また、上掲の「仏事作善也」という意味上の因由もあると考えられる。一方、「追福」も古来「追薦」と同義に用いられ、また同じく「追善」と書き換えられたのである。それは、下記の例のように、原典にある「追福」を「追ひて善を修す」と訓読したといった過程を経て出来たかと思われる。

我レ、罪ヲ謝シテ汝等ガ為ニ追テ善ヲ修セム（日本古典文学大系今昔物語集巻第九、217 ④）

この箇所はその出典である『冥報記』などにある「為追福」を読み下したと看取される。次の例も同様である。

彼等ガ為ニ追テ善ヲ修セム（同上、222 ①）

亦、下記の「追貢」も「追善供養」意として用いられている。

十方の諸仏も明らかにこの追貢を随喜し給ひ、（土井本太平記、第三十九巻 1250）

光厳院法皇の命日に今上陛下が三回忌の追善供養を営まれて、十方の諸仏もこの盛大な法事を明らかにお喜びになる。次の例は後白河法皇の御遠忌のために追善供養を行う。

これは後白河法皇の御遠忌追貢の御ために、三日まで御逗留あつて法華御読

経あり。(同上、第四十巻11)

泣修追賁奉祈正覚（大日本古文書五、695 条）

一方、中国語では、「追賁」は死者の供養をするという「追善」でなはく、死者の生前の功績に対して恩華を追加することを表す。

貴妃張氏薨（中略）宜有以追賁（続資治通鑒、宋仁宗至和元年）

とあるように、「孝養」と類義表現である「追善」、「追薦」及び「追賁」は意味用法として出自である中国語と違った一面を見せている。

5. 結び

以上、「孝」を中心にその読みと意味について考察を加えてみたところ、次のことが判明したかと思う。「孝」の思想は早くも奈良時代以前に日本に伝来して、爾来日本の文化、宗教信仰、思想道徳等に多大な影響を与えつつ今日に至っている。亦、この舶来思想である「孝」を受容する中において読みとしては意味的に訓読みを行った場合もあれば、呉音読みと漢音読みという字音読みもある。また、サ変動詞として形成され、最後に漢音読みに収斂され、日本語に定着したのである。更に、「孝養」等のように、呉音と漢音との読みによって表記の揺れと意味用法の差異も見せている。

グローバル化の浸透によって所謂グローバル・スタンダードが否応なしに世界に広がっている。しかしながら、東アジアでは古来共有してきた「孝」、「和」及び「仁愛」等の伝統的価値観、規範意識は変容しながら現代社会、現代人の心に根付いて依然として人々の言動や日常生活の営みに影響を与え続けている。これはまぎれもなく東アジア「共同体」を構築するための不可欠で且つ強固な土台となり、東アジアの人々が共存、共栄の紐帯、基礎でもある。

注

1　田中徳定『孝思想の受容と古代中世文学』14 頁、2007 年、新典社、加地伸行「大胆に、私は西暦前にもうすでに（日本に）儒教は伝えられていたと思っている」(「儒教的仏教そして仏教的儒教」『仏教』no.351996.4、法藏館）と指摘している。

2　田中徳定『孝思想の受容と古代中世文学』14 頁、2007 年、新典社。

3　例えば、尾藤正英「儒教」中国文化叢書 10『日本文化と中国』1968 年、大修館書店、井上光貞

「日本文化と日本史研究」岩波講座日本歴史 24「別巻 1」1977 年、岩波書店。
4　下出積與「神祇信仰、道教と儒教」『講座日本の古代信仰』1 神々の思想、1980 年、学生社。
5　王華騑「古代日本の儒学」日中文化交流史叢書 3、1995 年、大修館書店。
6　加地伸行『儒教とは何か』1990 年、中央新書、『沈黙としての宗教—儒教』1994 年、筑摩書房、更に、加地伸行が「儒教的仏教そして仏教的儒教」(『仏教』no.35 1996.4、法蔵館）においても「儒教の持つ二元性、すなわち孝によって連結（本来は重層）していた道徳性と宗教性との二元による構造は、私によってはじめて明らかにされた」と説いている。
7　中村雄二郎『日本人における罪と罰』1998 年、新潮社。
8　田中徳定『孝思想の受容と古代中世文学』17 頁、2007 年、新典社。
9　同 5 注。
10　加地伸行『儒教とは何か』14 頁、1990 年、中央新書。
11　同 10 注、序。
12　「日語漢字「孝」、只有音読而没訓読」(日本語の「孝」は音読みのみで、訓読みない) と言っている。（王華騑『日本学刊』1992 年第 2 期）。
13　『日本書紀』の古訓の用例としては漢文の訓読語と異なった特殊なものであると説かれているが、「孝」が訓読されたことは確実であると言ってよい。
14　「「孝」は今、漢音カウに従って読むが、古代には多く呉音ケウによって読んだ」佐藤喜代治『日本の漢語』158 頁、1979 年、角川書店、亦、原田芳起『平安時代文学語彙の研究』1988 年第三刷、風間書房。『源氏物語における漢語彙の位相』章において「孝」及び「孝養」は呉音系漢語として挙げられている。
15　「三巻本　あはれなるもの孝（「けう」トアル本文多シ）ある人の子」田中重太郎『枕草子全注釈』三、21 頁、角川書店、1978 年、とあるように、「ケウ」と呉音読みとなった写本が多いことが分かる。
16　中国では「梟」が親を喰うという伝説が知られているが、例えば、梁代劉勰撰劉子曰「梟, 僂伏其子百日而長, 羽翼既成食母而飛, 盖稍長从母索食, 母无以応于是而死」。亦、『説文解字』にも「梟, 不孝鳥也」と解されている。清段玉裁『説文解字注』に拠れば、「梟, 鳥名. 食母」（271 頁、上海古籍出版社）とある。『色葉字類抄』の「不孝鳥」という注釈は中国の伝説や古辞書のそれを踏襲しているとも言ってよいであろう。
17　『俚言集覧』には「不教（ケウ）君父の勘気を被るを不教を受るを云。又、不興の字を用う」とある。
18　斯様な意味変化は認知のメカニズムの一つである換喩に起因するものであろう。「換喩の基本的な機能は、あるものをそれに関係した別のものによって表していく点にある。この機能は、空間的な隣接性、近接性、共存性や時間的な前後関係、因果関係によって特徴づけられる」山梨正明『比喩と理解』93 頁、1991 年、第 3 刷、東京大学出版会。尚、「料理」は同様に「食物を加工、調理する」という意味用法の多用を土台に、食べ物として加工、調理によって出来た食物そのものを指すようになったとする（拙稿「漢語の意味変化について—「料理」を中心に—」『訓点語と訓点資料』第 100 輯、1997 年 9 月、訓点語学会）。
19　「「教養」は、現代のそれとは別語で、(中略)、死者の後世を弔うという意の「孝養（けうやう）」の別表記である。(中略)、中世後期には「孝養」と「教養」とに意味分担があった」と書かれている。(『日本国語大辞典』第二版「教養」の条)。
20　「「供養」という語があり、三宝に供え物をし、死者に手向ける意で「クヤウ」が一般的な読みであったが、「供」の漢音読みの「キョウヤウ」が中世に現われ、「供養」「孝養」が同音同義に使われるようになり、「供養」と区別するため、「カウヤウ」が広まったとみられる」と説かれている。(『日本国語大辞典』第二版「孝養」の条)。

21　加地伸行「儒教的仏教そして仏教的儒教」『仏教』no.35 1996.4、法藏館、において「儒教的仏教、あるいは仏教的儒教、これが日本仏教の大半の姿なのであり、そのような形で日本人は儒教シャマニズムを仏教においても実質化してきたのである」と指摘している。
22　渡辺照宏『日本の仏教』1988年、第40刷、岩波書店。
23　「儒教の孝思想は、祖先祭祀を重視する宗教性を有するがゆえに、亡親追善供養法会の場において、仏教と融合しながら人々の生活の中に浸透していったが、古代日本人が、宗教的な孝思想を受容した背景には、古代日本において、早くから祖霊観念が発達し、祖先神を祭祀する風習があったことと関わっていると思われる」田中徳定『孝思想の受容と古代中世文学』22頁、2007年、新典社、と述べている。亦、「日本に渡来していた儒教のシャマニズム理論と儀礼とは、神道の原形的なもの、仮に原神道と称しておこう、その原神道と密接な関わりを持っていたと考える」(加地伸行「儒教的仏教そして仏教的儒教」『仏教』no.35 1996.4、法藏館、と指摘している。
24　『古代政治社会思想』竹内理三校注「意見十二箇条」日本思想大系8 (1979)、岩波書店)。
25　山本真吾『平安鎌倉時代に於ける表白・願文の文体の研究』2006年、汲古書院。
26　同23注。
27　渡辺照宏『日本の仏教』1988年、第40刷、岩波書店。
28　田中徳定『孝思想の受容と古代中世文学』155頁、2007年、新典社。
29　『漢語大詞典』(中国漢語大詞典出版社)等の大型中国国語辞典には「追善」が収録されていない。
30　『大漢和辞典』(諸橋轍次)や『広説仏教語大辞典』(中村元)においては「追善」は「追薦」の俗用として扱われている。

付記：

本章は欒竹民平成26年度海外長期研修及び江蘇省哲学社会科学応用研究精品工程外国語類課題 (16jsyw-08) による研究成果の一部である。

第7章

中日の現代小説及びその翻訳文における
共感覚的比喩の対照研究
―味覚を表す形容詞を中心に―

劉　蓓

1. はじめに

　感覚を表す言葉は、人間が五感によって得られた感覚を、言葉により表現し言語化したものである。感覚は、人間が生まれながらに有している感覚器官を通して得られているため、人類に普遍的と言えるが、国や文化により、感覚表現は多種多様である。感覚表現は、各言語において重要な一部分を占めており、各国の人間が外部世界に対する認知と思考を反映している。言語学と言語対照研究の角度から、感覚表現を対照的に分析することは、我々人間の五感を良く知り、人間の思考回路をより深く理解することができると同時に、異なる民族の認知方式、異文化に対する理解を深めることができる。

　本章は、中日の現代小説における五感を表す形容詞の比喩的表現について、比較という見地に立脚して、その使用実態を記述、分析することによって、両言語の五感を表す形容詞の全体像を明らかにすること、さらに、両国の文化背景の差異に関して比較研究することも重要な課題とする。本章で扱う感覚形容詞の比喩表現は、主として2種類に分けられる。一つは感覚形容詞の共感覚的比喩である。もう一つは感覚形容詞が五感を超えて、人間の感情、心理、物事の性質、状態を比喩的に表す比喩表現である（以下はその他の比喩表現と言う）。本章はその一環としてまず味覚を表す形容詞の共感覚的比喩に焦点を絞って比較を通して両国の共通点と相違点を探ってみたい。

2. 調査概況と計量分析

(1) 調査概況

　文学作品はその社会に用いられる言葉や文化、社会などを反映する鏡とも言えるものであるため、本章は、中日の現代小説及びその両言語の翻訳版を研究資料とするが、それらにおける五感を表す形容詞の比喩表現を抽出して、その使用実態、翻訳の有りかたを把捉する。現代小説とその訳本を研究資料として選ぶ理由については、現代小説は現代社会を投影するためにその社会に相応しい、生きた言葉を使っているので、いま現在の感覚形容詞の比喩表現を調べるのには好資料となる。また、辞書などと比べて、多様でバラエティに富んだ比喩表現の用例を多く得られる可能性が高いと考えられる。更に、両言語の訳本を通してそれぞれの感覚形容詞の比喩表現の有無、多寡及び特質などが見えてくる。言うまでもないが、文学作品はその内容、登場人物、地域、言葉遣い、更に作者の個人差などによって生じる個別差があるという嫌いが存在していると否めないが、それらについては調査、分析、比較に当たって考慮に入れてよく注意を払う必要がある。

　具体的研究資料として次のようなものを選ぶことにした。

　なるべく多くの作家、作品を研究資料として使用するために、長編小説よりも60年代以降中日両国において公表された中編、短編の代表的な現代中国小説と日本小説を用いる。また、中日両言語における感覚形容詞の比喩表現の共通点と相違点を究明するために、日本語に翻訳された現代中国小説、中国語に翻訳された現代日本小説をも研究資料として積極的に利用したいので、原本があって、更に正式的に出版されている訳本もあるという条件が揃う中国と日本の現代小説が望ましい研究資料として必要となる。このような条件を満たす資料としては、中国現代小説については、日本で『中国現代小説季刊』という中国現代小説の日本語訳のシリーズがあり、主として60年代から2000年までの中国の著名な作家の短編小説が日本訳されている。このシリーズに収録されている中国現代小説の原本もある。それを調査した結果、124篇の中国語小説

(原本と訳本)を見出し、その字数は合計166.5万字となる。日本現代小説については、中国で刊行されている訳本から日本語の原本の調査に当たった。中国語とほぼ同じ分量の日本語小説(原本と訳本)を見つけた。63篇(短中編)を収集でき、字数が合計166.1万字となる。詳細として、中国現代小説は70年代の作品が2篇、80年代の作品が29篇、90年代の作品が70篇、2000年以降の作品が23篇である。日本現代小説は60年代の作品が5篇、70年代の作品が12篇、80年代の作品が28篇、90年代の作品が6篇、2000年以降の作品が12篇である。

図表7-1 研究資料となった中日現代小説の年代別の篇数及び合計字数

	60年代	70年代	80年代	90年代	2000年以降	合計篇数	合計字数
中国語	0	2	29	70	23	124	166.5万
日本語	5	12	28	6	12	63	166.1万

出所:筆者作成。

(2) 計量分析

　感覚形容詞の比喩表現の特徴を把握するには、その比喩表現の使用量、使用頻度及び比喩の範囲というような量的な観点からの調査、分析が必要で且つ不可欠である。それは感覚形容詞の比喩表現の量的調査、分析を通して、五感において使用頻度が高い分野とそうでない分野を明らかにすることができ、また、使用量の多寡、比喩範囲の傾向性から語彙の多義性、その言語の背後にある文化も見えるであろう。従って、本章ではまず中日両言語の感覚形容詞の比喩表現について計量的に分析を行い、その語彙数、比喩範囲の傾向性を統計したうえで、両言語の異同を明らかにする。量的調査をするに際して、感覚形容詞の延べ用例数(以下は用例数という)、感覚形容詞の異なり語彙数(以下は語彙数という)、比喩のパターンといった三つの視点に立って計量に当たった。比喩表現の用例数は語彙の多様性を無視し、同じ感覚形容詞でも比喩表現に用いられる度に加算して得られる総数で統計する方法である。すなわち、各感覚に対しての語彙の使用量から使用頻度の高い意味分野を測ることができる。一方、感覚形容詞の語彙数は語彙の多様性に焦点を当てて、同じ感覚形容詞が何回用いられてもこれを一語とカウントし、全体で異なる感覚形容詞がい

くつあるかを集計するやり方である。この統計法によって、各感覚形容詞の使用量と頻度、五感の中で使用頻度の高い意味分野、また、比喩パターンから比喩範囲の傾向性を判断することができる。

　統計の結果から、次のことが判明した。中日両言語とも感覚形容詞の比喩表現が豊富であるが、中国語の感覚形容詞は比喩表現の用例数といい、語彙数といい、いずれも日本語より多く、生産性に富んでいると言ってよい。更に注目すべきことは用例数が語彙数を大幅に上回っている点で、これは中日両言語で同じ感覚形容詞が繰り返し比喩表現に使われることが多いということが主な要因であるといえるが、それのみならず、同じ感覚形容詞がいくつもの意味として、比喩表現として用いられることもその一因でもあると考えられる。

　さらに五感別の語彙数と用例数から見ると、中日両言語とも触覚形容詞が多い。山梨氏で指摘されているように、「五感の発達過程においては、触覚が最も低次の最初な感覚であり、視覚、聴覚は、相対的にみて後期より高次の感覚として発達したものと考えられる。五感の発生順序として、より原初的な感覚が、文字通りの感覚表現として、高次の新たに発生した感覚の比喩的な形容として機能することが予測される[1]」。今回の調査を通して、中国語においても日本語においても、触覚が最も低次の最初な感覚として、触覚形容詞の語彙数と用例数ともに多いということが分かる。

図表7-2　共感覚比喩表現に使われる中日五感形容詞の語彙数及び比喩表現用例数

	触覚	視覚	味覚	嗅覚	聴覚	合計
中国語	54/307	26/263	20/143	1/1	2/2	103/716
日本語	39/77	18/101	8/36	3/3	1/1	69/220

出所：筆者作成。

図表7-3　その他の比喩表現に使われる中日五感形容詞の語彙数及び比喩表現用例数

	触覚	視覚	味覚	嗅覚	聴覚	合計
中国語	46/559	50/302	18/174	2/24	2/2	118/1061
日本語	21/106	21/168	5/20	5/6	2/3	54/303

出所：筆者作成。

(3) 共感覚的比喩の体系図

① 共感覚的比喩の普遍性

共感覚は本来人間の一つの生理現象として、生理学など様々な分野から研究がなされている。共感覚を言語化にした表現が共感覚的比喩であるが、人間の感覚に基づいた共感覚的比喩は、生物としての人間の持つ普遍性と個々の文化の持つ特殊性から織り成されており、各言語において、普遍性と特殊性と二つの性格を持っているといえよう。

英語における共感覚的比喩の研究は、ウルマン（1964）[2]の研究とWilliams（1976）[3]の研究がある。Williams（1976）の分析結果として、英語における五感を表す語の意味転用の関係を次の図表7-4のように示した。そして、日本語の共感覚的比喩の研究においても、英語のこの二つの研究結果が日本語に当てはまるとする考えが主流となっている。山梨氏（1988）[4]による五感の修飾・被修飾関係の体系図は英語のの分析結果（Williams 1976）と基本的なところではかなり一致する。

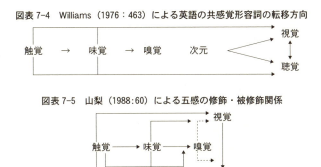

図表7-4　Williams（1976：463）による英語の共感覚形容詞の転移方向

図表7-5　山梨（1988:60）による五感の修飾・被修飾関係

中国語における共感覚的表現の研究は、尤東旭（2004）[5]による中国語五感形容詞の共感覚比喩体系がある（図表7-6）。

この図で示されているように、中国語五感形容詞の転用方向性も、大方のところ、英語と日本語と共通しているといえよう。この結果は認知言語学で主張している言語の普遍性を呈している。

図表 7-6　尤東旭（2004:237）　中国語五感形容詞の共感覚比喩体系

触覚 ↔ 味覚 → 嗅覚 → 視覚
　　　　　　　　　　　　↓
　　　　　　　　　　　聴覚

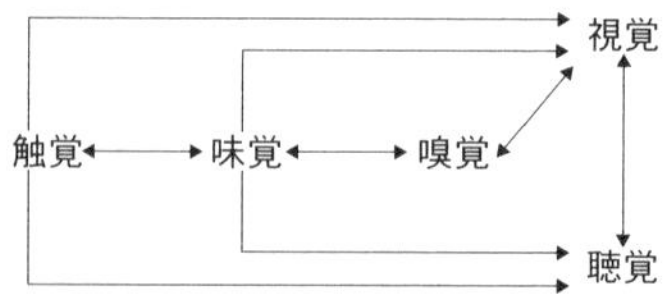

② 共感覚的比喩の特殊性

　共感覚は人類に普遍的といえるが、それを言語化した共感覚的比喩は普遍性を有していながら、各国の文化、時代により異なるという特殊性をも有しているとされる。

　共感覚的比喩に関する研究は各国において、用例から各感覚の転用方向を記述し、五感を表す語の意味転用の関係を体系図にまとめるといった方法で行われてきた。用例の使われる場面いわゆる研究資料の性格、時代などの要素により、得られた共感覚的比喩の方向性にずれがあると予測できるであろう。Williams（1976）は英語の三つの辞典から用例を分析し、ある感覚モダリティの語が他の感覚のモダリティの記述に転用される通時的用例を調べ、英語における五感を表す語の意味転用の関係を体系図にまとめた。山梨（1988）は主として日常的に使われる可能な共感覚の組み合わせを体系図に示した。尤東旭（2004）は中国と日本の辞書から調べ、共感覚的比喩を抽出し、中国語と日本語の五感形容詞の共感覚比喩体系を提示した。

　これらの先行研究で明らかになった共感覚的比喩の方向性は、多言語にも可能な普遍性と言語による特殊性を、より広範なデータに基づく検証が望ましいと考えられる。本章は中日現代小説を研究資料に、用例収集を通し先行研究の共感覚的比喩の方向性に対して検証を試みた。検証の結果、本章で得られた中国語の共感覚的比喩の体系も日本語の共感覚的比喩の体系も、先行研究と比べ、大方のところかなり一致しているといえよう。一方、本章の調査は中日現代小説に基づき行われてきたため、用例の使われる場面が先行研究と異なり、得られた共感覚的比喩の体系において転用の方向性は先行研究と少しずれも見られた。現代小説は文学作品であるため、その言葉遣いが日常会話とは違い、文章のスタイルにより日常では使われない表現が多々あることは否めないが、

ほとんどその国の母語話者にとって理解が可能な表現であるとも思われる。そのうえ、現代小説はその社会や国の文化を投影し、そこから辞書などにない多種多様な表現がたくさん得られ、共感覚的比喩の体系をより全面的に考察できたといえよう。

③　本章の中日共感覚的比喩の体系図

本章は次のような中日の共感覚的比喩体系図をまとめることができるかと思われる。

図表7-7　発表者の中国語感覚形容詞の詞比喩体系

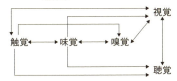

図表7-8　尤東旭（2004:237）中国語五感形容の共感覚比喩体系（図表7-6再掲）

中国語五感形容詞の共感覚比喩体系は、先行研究において、尤東旭（2004）の中国語五感形容詞の共感覚比喩体系がある。尤氏の共感覚比喩の体系図では触覚から嗅覚への共感覚的比喩と、視覚から触覚への共感覚的比喩は存在しないと示されている。しかし、本調査を通して、触覚から嗅覚への転用例もあれば、視覚から触覚への転用例もあったことが明らかになる。そのため、中国語の触覚と視覚は一方的な転用ではなく、相互転用という双方向性を持っており、また、触覚から嗅覚への転用方向もあると指摘できる。この差異は筆者の調査した小説と尤氏の使用した辞書という両者の研究対象の性格によるものであろう。と同時に、比喩表現の研究を行うのには、文学作品という資料が有効であることをも裏付けることにもなる。

図表7-9 筆者の日本語感覚形容詞の共感覚比喩体系図

図表7-10 尤東旭（2004:237）日本語五感形容詞共感覚比喩体系図

図表7-11 山梨（1988：60）による五感の修飾・被修飾関係図（図表7-5再掲）

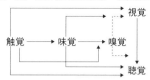

　日本語五感の共感覚比喩について、国広氏と山梨氏と尤氏によって示された体系図がある。本章では、国広氏と違って、次元形容詞を視覚形容詞の一部分として扱うから、主に山梨氏と尤氏の体系図と比較する。

　両氏の体系図では、どちらも「触覚→視覚」、「触覚→味覚」、「嗅覚→視覚」一方的な共感覚的比喩であるが、＜図表7-9＞（筆者）に示した通り、今回の調査によって、そのいずれも双方向性を要する共感覚比喩である。「視覚→触覚」の用例は、「鋭い痛み」、「味覚→触覚」の用例は、「甘い疼き」、「視覚→嗅覚」の用例は、「尖ったにおい」等のような比喩表現が見られた。

　また、山梨氏の体系では、触覚と嗅覚の間で共感覚的比喩は存在しない、「嗅覚→聴覚」の共感覚比喩は判断のゆれとされている。尤氏の体系でも、同じように、触覚と嗅覚の間、嗅覚と聴覚の間は共感覚比喩は存在しないとされている。しかし、本調査では、「触覚→嗅覚」、「嗅覚→聴覚」のような共感覚的比喩は存在していることが分かる。例えば、「触覚→嗅覚」の用例としては「暖い匂い」、「苦いような重いような、男の人の、岸田さんの汗のにおい」などが挙げられる。「嗅覚→聴覚」は「生臭い声」という用例があった。そのため、「触覚→嗅覚」、「嗅覚→聴覚」のような共感覚的比喩も可能な共感覚の組み合わせとして成り立つと考えられる。

3. 味覚形容語の共感覚的比喩

(1) 中国語味覚形容語の共感覚的比喩
① 味覚→触覚

中国語では、味覚形容語を用いて、体内の感覚を表すことがある。特に、"酸"を用いて、手足や腰などの筋肉がだるいという感覚を表す用例が多かった。これは、体から乳酸が分解されることから、こういう表現ができるのであろう。また、"鼻子一酸"で鼻がツンとして、涙をこぼしそうな感覚を表すこともある。"酸"以外に、"酸酸的"を用いることもある。その他、"辣"で体が熱い状態を表すことがある。

図表 7-12　中国語味覚形容語が触覚へ転用の語彙と用例数

中国語味覚形容語	酸	酸酸的	辣
用例数	40	3	2

出所：筆者作成。

(1)　两晌活干下来，我腰<u>酸</u>腿疼。
二ときも続けると、足も腰も痛いてきた。（桑树坪记事　金斗―中篇『桑樹坪の出来事』より―）
(2)　他忽然鼻子一<u>酸</u>，落下泪来。
彼はふいに鼻がツンとして、涙をこぼした。（叔叔的故事　叔父さんの物語）
(3)　妙妙心里暖暖的。鼻子<u>酸酸的</u>。
妙妙は心が暖かくなり、目頭が熱くなった。（妙妙　妙妙）
(4)　小小杨月楼叫李金鳌这一席话说得又热又<u>辣</u>，五体流畅。
小楊月楼は李金鳌の言葉に全身がしびれ、あついものを感じた。（市井人物　市井の人々）

② 味覚→視覚

「相、笑、脸」はもともと視覚に関係する語彙であるが、まるで苦いものを

食べた時のつらそうな顔や、苦々しい想いで浮かべた笑顔は、味覚形容詞の"苦"で表すことが見られる。特に"苦笑"の用例は多く、39例もあった。"苦"以外に、"苦渋"を用いることもある。"苦渋"は苦くて渋いという意味で、"苦"同じように、不快な味覚として不快な思いのする物事の比喩に使われるのである。また、例 (8) の"洋味"は、西洋の味という元の意味であるが、ここでは見た目は西洋風のものの叙述のたとえに使われている。

図表 7-13　中国語味覚形容語が視覚へ転用の語彙と用例数

中国語味覚形容語	苦	苦渋	洋味十足
用例数	49	1	1

出所：筆者作成。

(5) 齐志远苦笑：赵志高那小子是个人精。
斉志遠が苦笑していった。「趙志高って若造はずる賢いやつですよ」（大厂国営工場）
(6) 一个西装革履的经理模样的男人从暗处苦着脸走过来。
背広に革靴の社長風が暗がりからしかめ面で歩いてきた。（午夜起舞　真夜中の踊ろうよ）
(7) 那人似乎苦笑了一下。晓菌当时觉得他那苦涩的笑意，是想迁就她的无赖，趁势撒娇。
男は少し苦笑したようだった。暁菌は、彼の苦渋の笑いが自分の強引さに折れたことを意味するのだと思い、調子に乗って言った。（蛇宫　蛇のいる部屋）
(8) 虽是银的却已经旧了，上面雕的花纹和字码都洋味十足。
銀とはいってももう古びていて、表面に彫ってある模様と数字は西洋風であった。（銀盾　銀の盾）

③　味覚→嗅覚
味覚形容語で匂いを表すことがある。味と匂いはとても緊密な関連性があるため、味覚と嗅覚も共感覚の傾向が強い。味覚形容語で匂いを表す時、"甜"は心地よい、いい香りを表すが、"苦"と"酸"は悪い感じがする匂いを表す

ことが多い。特に"酸"は物が腐敗した匂いを表す。また、"酸甜"で表すこともあるが、"酸"と"甜"の複合したもので、特にマイナスなイメージがない。

図表7-14 中国語味覚形容語が嗅覚へ転用の語彙と用例数

中国語味覚形容語	甜	腥甜	酸	酸甜	甜香	苦涩	甜丝丝	清甜	甜滋滋	酸哄哄	酸苦	甜蜜
用例数	4	4	4	2	3	2	2	2	2	1	1	1

出所:筆者作成。

(9) 区长在他们中毒的躯体上嗅了嗅，嗅出一股什锦酸菜的<u>甜</u>味儿。
区長が毒にあたった彼らのからだを嗅ぐと、酢漬け野菜の甘いにおいがした。(黄泥街　黄泥街)

(10) <u>腥甜</u>的气味立即布满河滩，红色的卵石闪着鲜血的光泽。
生臭く甘い匂いが、たちまち河原を満たし、赤い玉石に鮮血が光った。(回廊之椅　回廊の椅子)

(11) 煮出一股子<u>酸</u>味。
煮ると酸っぱい臭気を放つ。(一地鸡毛　鶏の毛いっぱい)

(12) 空气里散发着<u>酸甜</u>的气味。
空気中にあま酸っぱいにおいが拡がる。(妙妙　妙妙)

(13) 做起来就闻到了一股水果的<u>甜香</u>味。
そして起き上がったとたんに、果物の甘い香りがした。(跟上，跟上　とき を往く)

(14) 这样她身上那种皮毛的气息便被一种<u>苦涩</u>的清香所代替，屋子里也到处都弥漫着这样的香气。
このようにすると母の体についた皮のにおいが、しぶみのあるさわやかな香りにかわり、部屋中至るところこの香りで満たされた。(大额尔齐斯河　大エルティシ川)

(15) 猪的嚎叫声凄厉地回荡在整个章家宅院，从一楼直抵四楼，先期下锅的红薯和芋头已经飘出<u>甜丝丝</u>的香气，给这个寒气浓重的下午混进了些许温和的气息。

豚の壮絶な啼き声が一階から四階まで章家の屋敷全体にこだました。先に鍋に入れられた薩摩芋と里芋はすでに甘い香りを漂わせており、寒々とした午後に幾らか暖かな気配が入り混じった。（回廊之椅　回廊の椅子）

④　味覚→聴覚

味覚形容語で聴覚を表すことがある。この種の比喩表現は"甜"、"甜蜜"、"甜膩膩"など"甜"に関連する味覚形容語が多用されている。女性や子供の心地よい、いい声の比喩に"甜"、"甜蜜"、"甜膩膩"で表すことが多い。それ以外に、"甜言蜜語"という熟語があり、人の歓心を買うためのうまい言葉という比喩的な意味を表す。"酸"は味覚を表す時の強い酸味の刺激でしかめた顔の表情から、人の話す口調にやきもちや嫉妬の態度が聞こえるとき、"口気酸""話很酸"と"酸"を用いて表す。また、"味"を使い、"一口带东北味的普通話"のように、字面からの意味では「東北の味がする標準語」とあるが、比喩表現としては「東北なまりの標準語」という意味になる。"味"が元の意味の「味」から、聴覚への比喩に使われている。"味道"も同じようである。

図表 7-15　中国語味覚形容語が聴覚へ転用の語彙と用例数

中国語味覚形容語	甜	甜蜜	甜膩膩	甜甜的	酸	……味	有……的味道
用例数	7	4	1	1	1	4	1

出所：筆者作成。

(16)　奉承的，拍马的，<u>甜言蜜语</u>的。
お世辞を言ったり、甘い言葉を並べたり。（跟上，跟上　ときを往く）

(17)　"找个说话算数的，快点！"老张的反映看上去有点反常，说话的口气<u>酸</u>得厉害。
老張の様子は普通ではなく、語気も荒々しかった。（有话好好说　キープ・クール）

(18)　如果我没记错，他在和我说话的时候讲的是一口带<u>东北味</u>的普通话。
記憶に間違いがなければ、ぼくとしゃべっている間、修理屋が使っていたのは東北なまりの標準語だった。（颤抖的手　震える手）

(19)　这些普通的话由他那一口清脆悦耳的北京话说出来，有一股难以形容的

好听的<u>味道</u>。
男のあの歯切れよい北京語で話される共通語には、なんともいえぬ心地よさが感じられた。(妙妙　妙妙)
(20)　客人不多，老板殷勤地为我们换上一张<u>甜腻腻</u>的唱片。
客は少なく、マスターが気を利かせて甘い音楽のレコードに変えてくれた。(黑夜温柔　闇はやさしく)

(2)　日本語味覚形容語の共感覚的比喩

① 味覚→触覚

日本語味覚形容語が触覚に転用の用例が少なく、ただ1例だった。かすかな快い疼きを「甘い」で表す用例である。「甘い」の味覚の快さが転じて、触覚的表現に使われるのである。

(21)　体の奥の方に僕は微かな<u>甘い</u>疼きを感じた。
我觉得身体深处掠过了甘甜的微痛。(国境の南、太陽の西　国境以南　太阳以西)

② 味覚→視覚

日本語味覚形容語が視覚に転用の用例は、表情を表す用例と、色、柄を表す用例があった。表情を表す用例は、人間が渋味、甘味、酸味、苦みなどを食べたときに、顔に現れる表情をそのまま比喩表現に用いたものである。渋味などに刺激されたときに、顔に現れる不愉快な表情をそのまま「渋い顔」で表すが、おいしい甘みを感じた時に、顔に現れる快い表情をそのまま「甘い顔」で表す。

また、日本語において、派手でなく、落ち着いた色や柄を味覚形容詞「渋い」で表すことがある。渋いとは、主に渋柿の味のことを言う。舌がしびれるような刺激的な味である。このような渋さは、日本人の「わびさび」の好みに合致し、主に高齢者の愛好する価値観となり、渋さは日本人の美意識の一つでもある。たとえば色でいえば、派手でなく地味、明るくなく暗い、どちらかというと彩度や明度の低い色である。また、中高年の男性で、もの静かで落ち着いている人物を「渋い」などとほめる。

図表7-16　日本語味覚形容語が視覚へ転用の語彙と用例数

日本語味覚形容語	渋い	甘い	苦みと甘さの混ざった	渋味のある
用例数	4	3	1	1

出所：筆者作成。

(22)　結婚を決めた時、母に渋い顔で「男が一つ歳下ってことは十も二十も下ってことだよ」と言われた言葉が最近になって実感としてわかる。
当初决定结婚时，母亲面有难色地说："男人小一岁，就等于小十岁、二十岁。"直到最近，她才体会母亲的这句话。(恋文　情书)
(23)　今日の着物も、渋くて、よい趣味で、りっぱだ。
我说伯母今天的和服素净淡泊、情趣雅致。(年の残り　残年)
(24)　甘い顔を見せると、朋輩や丁稚から、ひやかし半分にたかられるのが、惜しかったからである。
他不愿让人看出有笑容，免得被师兄弟和小伙计们取笑。(しぶちん　吝嗇人)
(25)　構治は女に不自由しない職業柄と、苦みと甘さの混ざった風貌とで、この十八年の間にもずいぶん沢山の女と関係をもった。
构治做的事和女人打交道的工作，再加上他刚中带柔的风情，这十八年来曾和许多女人发生过关系。(私の叔父さん　我的舅舅)
(26)　後で彼の母の物語るところによれば、生前愛用の渋味のある茶っぽい洋服を一着に及び、細いステッキを携へた新樹の身軽な扮装が、鮮明に眼裏に映つたといふことです。
之后新树的母亲跟我说，当时她清楚地看到了新树的样子。他穿着身前偏爱的茶色西装，手里还拿着一把细手杖。(新樹の通信　真的是你吗之新树和妈妈的心灵通信)

③　味覚→嗅覚
　日本語においても、味とにおいとはとても緊密な関連があるから、味覚のイメージがそのまま生かされ、味覚形容語を嗅覚の比喩に使う場合がある。例えば、甘いパンを食べるときのよい感じは、それをかぐときの嗅覚と共感覚が起こり、「甘い香り」と表現する。

図表 7-17　日本語味覚形容語が嗅覚へ転用の語彙と用例数

日本語味覚形容語	酸っぱい	甘い	甘酸っぱい	甘辛い	甘ったるい
用例数	7	4	2	1	1

出所：筆者作成。

(27)　三つ目の戸をあけると、なかは濃い闇で、酸っぱくて暖い匂ひがする。
打开第三扇门，里面很暗，飘来酸酸的温暖的味道。（初旅　初旅）
(28)　甘いにおいにはこれ以上我慢がならなかった。
这甘甜的气味，她一刻也不能忍受下去了。（うちの娘　自己的女儿）
(29)　りんごをかじる音が大きく聞える。甘酸っぱい香りが流れてくる。
啃苹果的动静听起来很大声。空气中飘散着酸酸甜甜的味道。（りんごの皮　苹果皮）
(30)　私の知っている緑がない、嗅ぎ慣れたあの甘辛いにおいがない。
没有我熟悉的绿意，没有我闻惯的那种咸咸甜甜的气味。（八日目の蟬　第八日的蝉）
(31)　甘ったるい匂いが家の中に充満していた。
整幢房子里有一种娇艳的气味飘散着。（黄金時代―砂の章　黄金时代―沙之篇）

④　味覚→聴覚

　日本語においても、味覚形容語を用いて声を表す場合、味の感覚をそのまま比喩に使うのである。抽出した味覚形容語が聴覚を表す用例において、「甘い」、「甘ったるい」の用例が多かった。それは、砂糖などの甘いものは昔になかなか手に入らないため、甘い味を食べたとき人の感動はとても大きく、それをそのまま聴覚の比喩に用いられ、愛嬌が感じられる心地よい声を「甘い」で表現するのである。

図表 7-18　日本語味覚形容語が聴覚へ転用の語彙と用例数

日本語味覚形容語	甘い	甘ったるい	甘さを感じた	女の声の甘さ
用例数	7	2	1	1

出所：筆者作成。

(32)　絶対に大丈夫と思っていた美津子にあの甘い声があり、無論それ以上のことはないにしろ、自分の知らない女の部分があったことにおどろき、律子についての見当はずれに、改めて溜息をついた。
又不免震惊于相比绝对无恙的美津子也有那般甜美的声音，当然，即便此外再没有什么出格的事，但这女人身上竟还有自己所不了解的部分，他再次叹息，对于律子的推测落了空。（はめ殺し窓　格窓）

(33)　「のし」がくぐもった声で何かを言い、女が甘ったるい声でそれに応えた。
一会听到野牛那嗡嗡声音说着什么，女人甜甜的、懒懒的声音答应着野牛。（黄金時代―砂の章　黄金时代―沙之篇）

(34)　痛みの説明をする美津子の声音に、江口は今まで聞いたことのない湿りと甘さを感じた。
江口听到美津子说明痛楚的声音中有种闻所未闻的濡湿和甜美。（はめ殺し窓　格窓）

(35)　それが男女の二人連れで、しかも女の声の甘さが並みの媚び方ではないと感じたからである。
那是男女两人，而那个女的嗲声不是一般的媚态。（樹影譚　树影谭）

(3)　中日味覚形容語の共感覚的比喩のまとめ

　味覚形容語の共感覚的比喩は、中国語も日本語も用例が豊富で、触覚、視覚、嗅覚、聴覚、とほかの四つのすべての感覚分野へと転用している。その中で、中日両言語の味覚形容語が触覚へ転用の用例数は、中国語の45例対日本語の1例で、明らかな格差を見せている。それは中国語は味覚形容語"酸"を用いて、筋肉がだるいという感覚を表すことが多いからであると考えられる。

4. 味覚形容詞の共感覚的比喩についての分析と比較

(1) 味覚形容詞の共感覚的比喩のパターン

① 中国語

中国現代小説における味覚形容詞の共感覚的比喩は触覚、視覚、嗅覚、聴覚という四つの感覚に転用されている。つまり、それぞれ触覚への用例が45例、視覚への用例が51例、嗅覚への用例が27例、聴覚への用例が20例となった。視覚への転用の用例が一番多く、続いて触覚、嗅覚、聴覚という順となっている。

② 日本語

日本現代小説における味覚形容語の共感覚的比喩も中国語と同じく、触覚、視覚、嗅覚、聴覚という四つの転用の分布となっている。つまり、それぞれ触覚への用例が1例、視覚への用例が9例、嗅覚への用例が15例、聴覚への用例が13例であった。中国語と違って、嗅覚への転用の用例が一番多く、続いては聴覚、視覚で、触覚という順となっている。

図表7-19 味覚形容語の各転用パターンの用例数における中日対照図

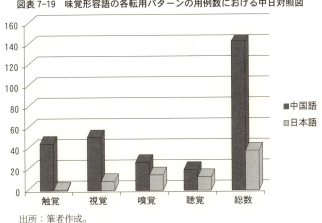

出所：筆者作成。

味覚形容語の共感覚的比喩の総用例数から見ると、中国語は143例、日本語の36例と比して、日本語の約3.97倍に達している。それのみならず、各感覚への転用、それぞれの用例数も中国語のほうが多い。

　また、中日両言語の味覚形容詞が触覚へ転用の用例数は、中国語が45例、日本語が1例だけで、明らかな格差を見せている。中国語味覚形容詞が触覚の共感覚的比喩に多用されるのは、中国語では、味覚形容語を用いて、身体的感覚を表すことが多いためではないかと考えられる。例えば、味覚形容詞"酸"で疲労などによる筋肉の痛みや、鼻がツンとして涙をこぼしそうな感覚を表したり、"辣"で体が熱い状態を表したりする。これは中国語独特な身体的感覚の比喩である。中国語に対して、日本語では、「甘い疼き」という1例だけが見出せた。

　視覚への転用の用例数も中国語の51例対日本語の9例で、差が大きく開いている。中国語味覚形容詞が視覚の共感覚的比喩に多く使われているのは、味覚形容詞"苦"で形成された熟語"苦笑"という「味覚→視覚」の用例が非常に多かったからではないかと考えられる。それに比べ、日本語の場合は、「苦笑い」、「苦笑」という言葉もありつつも、「苦笑い」以外に、「困ったなあ、参ったなあ」というとき、「呆れ笑い」、「半笑い」という表現も見られる。熟語だけでなく、「苛々を閉じこめて愛想笑いをする」、「口先だけで笑う」、「怒ったような顔してるけど、目が笑ってる」などのような文形式で表現されることもある。

(2)　訳文に見られる中日味覚形容詞の共感覚的比喩の異同

　前述したように（図表7-2）、中国語はその味覚形容詞の共感覚的比喩の用例数が143例、語彙数が20、日本語はその味覚形容詞の共感覚的比喩の用例数が36例、語彙数が8である。そのような共感覚的比喩について、それぞれどのように訳されているのか、味覚形容詞に限り次のような三種類に大別できる。

（a）　訳文も原文と同じ共感覚の比喩パターンを使い、原文を直訳するもの。（以下は直訳という）

中国語の味覚形容詞と日本語の味覚形容詞がほぼ意味的に対応し、原文と同じ共感覚の組み合わせで意味が通じる場合、そのまま日本語（中国語）の味覚形容詞に置き換えて共感覚的比喩を使うという訳文が多い。

(36) 空气里散发着<u>酸甜</u>的气味。
空気中に<u>あま酸っぱい</u>においが拡がる。（妙妙　妙妙）

(37) 芝生の上に置かれた大型のトランジスタ・ラジオから、<u>甘ったるい</u>メロディーのポップソングが風に乗って微かに聞こえてきた。
从不知是谁放在草坪上的收音机里低声传出音乐，仿佛砂糖放多了的<u>甜腻腻</u>的流行歌曲随风而来。（貧乏な叔母さんの話　穷婶母的故事）

(b) その他の句形式に置き換えられるもの。（以下はその他の句形式という）

感覚形容詞を使わず、説明的な語句を使い、全く異なる表現形式をとっているものもある。意味的な訳し方であるといえる。意味的に形容詞や形容動詞にするものや、名詞句にするものや、動詞句にするものが観察された。

(38) 这情形使王建国的鼻子里头一阵阵发<u>酸</u>。
その情景を思うとき、王建国の鼻がくりかえし<u>ツーンとなる</u>。（午夜起舞　真夜中の踊ろうよ）

(39) 結婚を決めた時、母に<u>渋い</u>顔で「男が一つ歳下ってことは十も二十も下ってことだよ」と言われた言葉が最近になって実感としてわかる。
当初决定结婚时，母亲<u>面有难色</u>地说："男人小一岁，就等于小十岁、二十岁。"直到最近，她才体会母亲的这句话。（恋文　情书）

(c) 対応する訳が存在しないもの。（以下は無訳という）

ごく少数ではあるが、訳文では原文で用いられた味覚形容詞がまったく訳されていないものがある。つまり、味覚形容詞の意味がまったく訳文の中で反映されていないのである。

(40) 头发不剃，胡子不刮，身上<u>酸</u>臭扑鼻，山鬼似的。
髪を切らず、ひげを剃らず、身体からは鼻を突くにおいがして、山の化け物のようだった。（秀色　秀色）

(41) 後で彼の母の物語るところによれば、生前愛用の渋味のある茶っぽい洋服を一着に及び、細いステッキを携へた新樹の身軽な扮装が、鮮明に眼裏に映つたといふことです。

之后新樹的母親跟我说，当时她清楚地看到了新樹的样子。他穿着身前偏爱的茶色西装，手里还拿着一把细手杖。（新樹の通信 真的是你吗之新樹和妈妈的心灵通信）

図表7-20 中国語味覚形容詞の共感覚的比喩の翻訳のパターン 〈訳文用例総数：143例〉

比喩パターン		翻訳パターン	直訳	他の句形式	無訳
味　　覚		味覚→触覚	1	44	0
		味覚→視覚	40	11	0
		味覚→嗅覚	25	2	1
		味覚→聴覚	10	9	0
合計			76 (53.14%)	66 (46.15%)	1 (0.01%)

出所：筆者作成。

図表7-21 日本語味覚形容詞の共感覚的比喩の翻訳のパターン 〈訳文用例総数：36例〉

比喩パターン		翻訳パターン	直訳	他の句形式	無訳
味　　覚		味覚→触覚	1	0	0
		味覚→視覚	0	8	1
		味覚→嗅覚	13	2	0
		味覚→聴覚	6	5	0
合計			20 (55.56%)	15 (41.67%)	1 (2.78%)

出所：筆者作成。

以上の表から、中日味覚形容詞は訳本において、直訳された用例が多いということが分かる。とくに、「味覚→嗅覚」という比喩パターンは、中国語も日本語も、"酸"（酸っぱい）、"甜"（甘い）、"酸甜"（甘酸っぱい）による比喩が多く、直訳は9割近くに達している。それに対して、中国語の「味覚→触覚」と日本語の「味覚→視覚」いう比喩パターンは意味的に訳された用例が際立っ

ている。中国語の「味覚→触覚」のパターンは、"酸"という「味覚」によって、体内感覚を表すという比喩が多用されている。それらに対し、日本語訳本においては形容詞「だるい」、動詞「痛む」、「疲れる」、「しびれる」、「張る」などで意味的に訳されている。日本語の「味覚→視覚」パターンは、「甘い」と「渋い」による比喩が多く見られた。日本語の「甘い顔」、「甘いマスク」は男女を問わずに使われ、特に「甘いマスク」は男性に使われる場合が多いが、それに対して中国語は女性の場合はそのまま"甜美"と直訳されているが、男性の場合は"俊俏"などのような意味的な訳となっている。なお、日本語の「渋い」が表情を表す比喩に対し、中国語訳は"面有难色"と味覚形容詞を使わずに意味的に訳されている。さらに、日本らしい趣としての「渋さ」に対し、中国語訳は"素净"、"雅致"などで訳されている。

5. おわりに

以上の考察で主として以下のことが判明した。

1)、中日両言語とも感覚形容詞の比喩表現が豊富であるが、中国語の感覚形容詞は比喩表現の用例数といい、語彙数といい、いずれも日本語を上回って、より生産性に富んでいると言えよう。2)、中日感覚形容詞の共感覚比喩体系の構築を試みた。先行研究の共感覚比喩体系においては不可能とされていた転用の方向は、今回の調査を通して可能であることが明らかになった。3) 中日味覚形容詞の共感覚的比喩の各転用パターンの比較を通し、中日味覚形容詞の共感覚的比喩において、共通点がある一方、相違点も多く見られた。4) 訳文に見られた味覚形容詞の共感覚的比喩の訳し方を通して、中日味覚形容詞の共感覚的比喩の転用パターンの異同が浮き彫りになっている。なお、中国語では味覚の"酸"、"苦"による比喩が多用され、そして、主にマイナス評価の意味として使われる。これは中国の酸味を好まない食文化に一因を求められるかと思われる。

注
1　山梨正明（1988）『比喩と理解』東京大学出版会、60頁。

2　ウルマン（山口秀夫訳）（1964）『意味論』紀伊国屋書店。
3　Williams（1976），"Synaesthetic Adjectives:Possible Law of Semantic Change", *Language* 52, pp.461-478.
4　山梨正明（1988）『比喩と理解』東京大学出版会。
5　尤東旭（2004）『中日の形容詞における比喩的表現の対照研究―五感を表す形容詞をめぐって―』白帝社。

参考文献
ウルマン／山口秀夫訳（1964）『意味論』紀伊国屋書店。
王湘仁／鈴木博（訳）（2001）『中国飲食文化』青土社。
銭鐘書（1962）「通感」『文学評論』第一期。
成瀬宇平（2013）『47都道府県・伝統調味料百科』丸善出版。
山梨正明（1988）『比喩と理解』東京大学出版会。
尤東旭（2004）『中日の形容詞における比喩的表現の対照研究―五感を表す形容詞をめぐって―』白帝社。
吉村公宏（2015）『はじめての認知言語学』研究社。

Williams（1976）Synaesthetic Adjectives:Possible Law of Semantic Change, *Language* 52.

第 8 章

中国消費市場における消費者アニモシティと面子知覚の影響

李　　玲

1. はじめに

　本章は国際的消費者の購買行動、すなわち、中国人消費者による日本製品の購買という国境を越えた消費者行動に焦点をあてる。企業が自国を含めた多数の国々においてマーケティング活動を同時に展開するとなれば、国際マーケティングの時代に突入するといわれ、国際マーケティングは1960年代半ば頃に開花期を迎えていた。

　同時代において、Schooler（1965）の研究を皮切りに、原産国イメージの効果に関する研究が盛んになり今日に至っている。原産国イメージは重要な情報の手がかりとして製品全体の判断または製品の特定属性の判断に効果を与えると認識されてきた。ところが、Bilkey & Nes（1982）や Verlegh & Steenkamp（1999）は原産国イメージの効果が過大評価されたと批判している。過大評価された理由として、大量の原産国イメージの研究は、製品判断に有効ならば消費者の購買意向にも効果を及ぼすというメカニズムを想定しながら議論が展開していたことが考えられる。ところが購買意向と関連づける研究の成果によれば、原産国イメージは購買意向に統計的に有意な影響を及ぼさないことがわかった。

　原産国イメージは、製品品質に対する認知的合理的な評価だけではなく、消費者の態度や行動を規定する感情的規範的なメカニズムの形成にも影響を及ぼす（Verlegh & Steenkamp, 1999）。例えば、品質に関係なく国内製品を選好する消費者がいる。外国製品に対する購買態度の形成要因には、輸入品の品質に

対する信念から愛国感情による外国製品への抵抗まで広範に及んでいる（Bilkey & Nes, 1982）。

　Klein et al.（1998）が提唱する消費者アニモシティという概念はまさに消費者の感情的規範的な側面に着目するものである。製品の品質に因らない消費者アニモシティは国家によって誘引されるバイアスであり、消費者の国内外製品の購買行動に決定的な影響を及ぼしている（Josiassen, 2011）。数多くの原産国イメージの研究は認知的合理的な評価に基づいて展開されている。感情的規範的な視点を消費者行動分析フレームワークに取り入れることによって、多面的な視点で消費者の行動を適切に分析し理解することができると考えられる。

　また、消費者は常に社会環境から影響を受けるがゆえに、国際的消費者の消費行動を理解するには文化的要素も考慮に入れなければならないことはいうまでもない。にもかかわらず、原産国イメージ関連の研究ではその視点を取り入れる議論はまだ少ない。

　中国では、面子というものが存在する。とりわけ、中国人は面子というものに対して、独特かつ顕著な民族的特徴のある考え方や扱い方をする（江, 2004）。面子は中国社会の「精神綱領」のような働きをし、命の次に重要であり（魯, 1923=2006）、人間関係の最も精緻な基準として運命や憲法よりも重要視され（Lin, 1935）、中国人の生活の全般に深刻な影響を与える心理的概念である。近年、熱狂的なブランドブームにみられるように、中国人消費者は外部資源の占有を通して面子の獲得や維持を図ろうとしており（翟, 2011）、中国では面子消費文化が形成された（姜, 2009）。よって、面子は中国人消費者の購買意思に決定的な影響を与える鍵概念として位置づけられる。

　本章は消費者アニモシティの分析フレームワークに面子知覚という社会文化的概念を取り入れ、日本に対して消費者アニモシティという敵対感情をもちながらも、日本で「爆買い」する中国人消費者による日本製品の購買行動の解明を狙う。新たな試みであるがゆえに、本章は従来と異なった新たな知見の提供が期待される。また、中国人消費者を対象とするインバウンド需要を取り込みたい企業にも有益な示唆を与えることができると思われる。

　次節以降、消費者アニモシティと面子知覚に関する理論的サーベイと仮説構

築、調査票の設計、仮説検証、結論および理論的・実務的インプリケーションという順に議論を進める。

2. 理論的サーベイと仮説構築

(1) 消費者アニモシティ

消費者アニモシティとは、「過去または進行中の軍事的、政治的あるいは経済的事柄に関連する反感の残物」である（Klein et al., 1998, p.90）。消費者アニモシティは特定の国家の製品やブランドへの敵対的な態度を強調する原産国イメージ関連の構成概念である（Jimenez & San Martin, 2010）。Klein et al. (1998) はいち早くこの概念を提起するとともに概念の尺度を開発し、実証研究を通して概念の存在を証明した。また、中国南京市の消費者は日本の耐久消費財（自動車）の品質を認めながらも消費者アニモシティによる購買意向への影響は負であることが発見された。

この先駆的研究を皮切りに、国際マーケティングやビジネスの分野では外国製品の購買における消費者アニモシティの効果に関する研究が盛んになりつつある。消費者アニモシティが生起された背景には政治、外交、武力衝突、経済、戦争などがあるが、よく議論されるのは経済的背景と戦争的背景である（Riefler & Diamantopoulos, 2007）。また、消費者アニモシティは「固定的」なものと「状況的」なものに分類される（Amine et al., 2005; Ang et al., 2004）。状況的なアニモシティは現行の経済的や政治的事柄に強く影響される結果であり、状況ないし影響力が変化するにつれ敵対的な態度が緩和される（Ang et al., 2004）。一方、固定的なアニモシティは国家間の複雑な歴史的関係より導かれた結果であり、いったん形成されれば次の世代まで受け継がれることになる（Ang et al., 2004）。また、敵対的な態度は原産国イメージの感情的メカニズムの形成を助け、特定の国家に強い敵対感情をもつ消費者は当該国家原産の製品の購買を拒否する（Fong et al., 2014）。

Klein et al. (1998) では、中国人消費者の戦争的アニモシティと経済的アニモシティが強調されている。とりわけ1931年から1945年の間に起きた日中戦

争はそれ以降の中国経済の発展に極めて深刻なダメージを与え、国民生活の長期的な貧困をもたらした。また、WTOに加盟するまで中国経済は弱い立場に立たされていた。よって、経済的アニモシティと戦争的アニモシティは日本製品の購買に負の影響を与える要因として考えられる。

　ところが、今日の状況を概観してみると、訪日ブームを主導する中国人旅行客は日本で爆買い行動を起こし話題になっている[1]。また、2010年以降中国の名目GDPは日本を抜いて米国に次ぐ世界第2位に躍り出た。さらに、国際通貨基金（IMF）の統計データによると、2013年以降中国の名目GDPは日本の2倍以上成長し、経済力の面において中国は日本を大きく引き離した[2]。同時に、中国人旅行客が大勢来日し、これらの旅行客の爆買い行動から、経済的余裕がある中国人消費者が激増していると推測される。

　経済関連のアニモシティは状況的なアニモシティであり、昨今の状況変化にともないその効果が変化する。中国経済の急成長が状況を一変させた結果、経済事情から由来する軋轢は希薄化されつつあると考えられる。よって、H1は次のように考えられる。

　　H1：　経済的アニモシティは消費者行動に影響を及ぼさない。

　他方、戦争的アニモシティは歴史的な残物であり、固定的なアニモシティに区分される。中国の政府や教育機関は日中間の歴史的な敵対関係を忘れないよう常に市民に注意を呼びかける。典型的な取組として、1931年から1945年までの日本による長期間の対中占領や1937年の南京大虐殺事件などを教科書を通して学生に学ばせるということが挙げられる。このような環境におかれる中国人消費者は例え世代交代しても日本に対する戦争的なアニモシティ意識は薄れないと考えられる。

　一部の例外があるものの（e.g., Shoham et al., 2006）、特定の国家への敵対的な態度は消費者の購買意向に負の影響を及ぼすものの、製品の品質判断を歪めないという研究成果が数多く報告されている（e.g., Klein, 2002; Klein & Ettenson, 1999; Klein et al., 1998; Maher & Mady, 2010）。消費者アニモシティが強い国家地域において、社会的圧力や心理社会的結果への恐怖は現地消費者

による加害国家原産の製品の購買を妨げる要因となる（Amine, 2008）。それは、社会的圧力が加害国家の製品の高品質知覚を凌駕するためであろう（Amine, 2008; Klein et al., 1998）。よって、H2、H3 と H4 は次のように考えられる。

H2:　戦争的アニモシティは製品判断に負の影響を及ぼさない。
H3:　製品判断は不買意向に負の影響を及ぼす。
H4:　戦争的アニモシティは不買意向に正の影響を及ぼす。

(2)　面子知覚

　いち早く中国人の性格の特徴を面子と関連づけて議論したのはイギリスの宣教師 Medhurst（1872）である。また、中国人の面子を平易な表現で西洋人に紹介したのはアメリカの宣教師 Smith（1894）である。Smith（1894）によると、面子の意味合いは極めて複雑であり、西洋人が説明や理解できる範囲をはるかに超えており、特に、「面子の保全」は中国人の最も特徴的な性格である。

　面子に関する初期の議論は主に思想家、哲学者、作家または文学者によって展開されたため、面子への認識は経験的感覚にとどまり、面子にこだわりすぎる中国人の日常行為を皮肉や批判する内容が圧倒的に多い（翟, 2011）。学術分野における面子の本格的な研究は 1940 年以降になる。Hu（1944）の研究を皮切りに、人類学、社会学や社会心理学分野における面子に関する研究は盛んに行われてきた。

　面子というのは中国人なら誰もが意識し、日常会話の中で頻繁に使用されるものである。中国人は自分自身が「何をすべきか」ではなく、他人に「どうみられているか」に鑑みながら行動の基準を定める（姜, 2009）。ナイキのシューズは成功のシンボルであり、大学生が衣食の出費を削ってまでナイキを購入するのはクラスメートの間で面子を保つためである（宋, 2012）。近年、他人に高く評価させるためにブランド品を占有し消費する消費者が増加の一途をたどる。この行為は多くの場合、面子の獲得、維持または挽回を狙いたいという心理が働いた結果である（姜, 2009）。このように、面子は中国人消費者の行動をコントロールする「精神綱領」である。

にもかかわらず、消費者行動分野において、面子に関する研究はまだ蓄積されていない（Li & Su, 2007; 姜, 2009; 宋, 2012）。集団主義と個人主義の違いに基づく国際比較研究（e.g., Bao et al., 2003; Li & Su, 2007; 宋, 2012）の結果では、米国よりも中国の被験者がブランドと価格を面子と関連づけて考える傾向が強く、特に他者志向の消費においてプレステージ感を強く意識することがわかった。

宋（2012）は面子知覚という概念を提起し、これは「特定の購買行動に対する消費者の自己評価であり、この評価の基準は一般大衆に認められる社会的イメージをどの程度獲得できるか」(p.4) である。つまり、面子知覚は個人の自己完結型行為であるが、その評価の基準を他人の見方に求める。よって、面子知覚の概念においても面子の他者志向性が強調される。

加害国原産の製品の購買を社会的規範に反する行為として捉えるという社会規範メカニズムは原産国によって活性化される（Fong et al., 2014）。つまり、アニモシティ・コンテクストでは、加害国家原産の製品を購買する行為者を一般大衆が非難する的にするというリスクを抱かせる。このような社会的圧力は現地の消費者による加害国家原産の製品の購買を妨げる（Amine, 2008）。中国は愛国感情の強い民族である。さらに、面子を重要視する中国人消費者は常に他者志向性を行動指針とする。その結果、加害国家原産の製品を購買する行動は一般大衆に認められ難く、当該行動から面子を知覚することができない。これにともない、当該国家原産の製品を購買する意欲も低下させられると考えられる。よって、H5 と H6 は次のように考えられる。

H5: 戦争的アニモシティは面子知覚に負の影響を及ぼす。
H6: 面子知覚は不買意向に負の影響を及ぼす。

図表 8-1 分析フレームワーク

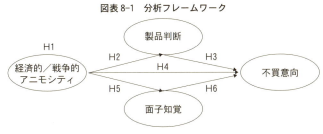

出所：筆者作成。

3. 調査設計

(1) 調査都市

前節で提示した仮説を検証するために、福建省の省都である福州市の消費者を対象にアンケート調査を実施する。江戸時代に長崎の出島に設けられた唐人館には福州からの貿易商人が来日していた（小木, 2001）。福建省では、清末から民国にかけての時期に海外への移民・出稼ぎが盛んに行われていた（山本, 2014）。世界各地に移住した華僑華人のなかで、福建省出身者は推計では全体の31%を占めており、その数は約1,033.5万人、世界160余りの国と地域に及んでいる（小木, 2001）。中国では、福建省は広東省に次ぐ2番目大きい僑郷（華僑の故郷）として位置づけられる。福建省の人は古くから海外に赴き、国内に残される家族を含め、多くの人が、海外の製品に接触する頻度が高いため、海外の製品に対して比較的オープンなマインドをもつと考えられる。Klein et al. (1998) が調査した南京市とは対照的な都市として位置づけられる。

(2) 測定尺度

本章では消費者アニモシティ、面子知覚、製品判断と不買意向といった構成概念を取り上げる。Klein et al. (1998) によると、中国人消費者は日本に対して戦争的アニモシティと経済的アニモシティを強く抱く。本章では、多くの研究で広く採用されている Klein et al. (1998) から戦争的アニモシティは3項

目、経済的アニモシティは5項目を導入する（e.g., Fong et al., 2014; Ishii, 2009; Khan & Lee, 2014; Klein, 2002）。

製品判断と不買意向についても同様に広く採用されるKlein et al. (1998)の尺度を導入し（e.g., Fong et al., 2014; Ishii, 2009; Leong et al., 2008）、製品判断は5項目、不買意向は3項目からなる。面子知覚は宋（2012）の尺度を採用し4項目から構成する。すべての測定項目は7段階のリッカート・スケールを採用し、各質問項目に対してどれほど同意するかを回答者に尋ねる（1は完全に同意しない、7は完全に同意する）。

所得レベルの向上と円安とが相まって、中国人消費者に一般化されつつある「代理購入」[3]を通じて、バッグから腕時計まで、化粧品から生理用ナプキンまで、紙おむつから粉ミルクまで、日本製品に格別に高い購買意向を示す（人民網日本語版、2015年1月28日付）。つまり、直接来日する人であるかどうかに関係なく、多くの中国人消費者は日本製品のあらゆるカテゴリーに強い関心を示している。それがゆえに、特定の製品カテゴリーに限定する必要がなく、本章は日本製品に関する一般的なイメージ評価に焦点をあてる。

インターネット経由で参加者に質問票を配布した。調査期間は2016年3月6日〜3月17日であり、178サンプルが回収された。図表8-2はサンプルの特性を表すものである。

図表8-2　サンプルの特性

プロフィール	サンプル数（%）
性別	
男	83 (46.63)
女	95 (53.37)
年齢	
60後生まれ	12 (6.74)
70後生まれ	18 (10.11)
80後生まれ	64 (35.96)
90後−95年生まれ	84 (47.19)
世帯収入	
10万元未満	83 (46.63)
10万元以上	95 (53.37)
合計	178 (100)

出所：筆者作成。

4. 仮説検証

　すべての因子データを最尤法・プロマックス回転による探索的因子分析にかける。複数回の因子分析を実施した結果、因子の共通性または因子負荷量の低い5因子が削除された。この5因子はすべて経済的アニモシティを構成する変数である。よって、予想通り、中国経済の成長にともない、経済的アニモシティの効果が薄れつつある。経済的アニモシティ因子が抽出できないため、仮説1は支持される。図表8-3は因子分析の結果と信頼性係数（クロンバック a ）を表しており、各構成概念の信頼性係数は0.856以上あり、高い内的整合性が示された。

　SPSS社のAmos23を用いて最尤法による共分散構造分析を実施する。その際、経済的アニモシティを削除し、戦争的アニモシティのみを採用して分析を進める。モデルの適合度はCMIN/DF（3未満では適合度が非常に良い、5以上ならモデルの当てはまりが悪い）、GFI（0.90以上）、CFI（0.95以上）とRMSEA（0.08未満採用可、0.05未満で非常に良い適合）を用いて検討する（Hair et al., 1998; 豊田, 2007）。なお標本数が大きい場合、χ^2検定が棄却されやすいため、Hoelter（0.05）の値を参考にし、この値が標本数を下回る場合、χ^2検定が棄却されても問題ないという（豊田, 2007）。

　採用モデルの適合度は、χ^2検定（df=84、CMIN=117.970）のp値は0.009、CMIN/DF=1.404、GFI=0.922、CFI=0.976、RMSEA=0.048、Hoelter（0.05=160 (<n=178)）となり、Hoelterの数値がサンプル数を下回ったためp値が棄却されても問題ない。非常によい適合度が示された。

　図表8-3は共分散構造分析の結果を示しており、この結果を用いて仮説検証を行う。仮説1は既に検証済みであるため、仮説2から進める。仮説2は戦争的アニモシティと製品判断との関係を問い、両者の間では有意な結果が得られなかったため、仮説2が支持される。仮説3は製品判断と不買意向との負の関係を問い、0.1%の有意水準で負の結果が得られた。よって、仮説3も支持される。また、戦争的アニモシティと不買意向との直接関係は0.1%有意水準で

図表 8-3　因子分析の結果と信頼性係数

Questionnaire	Factors				Coefficient alpha
	1	2	3	4	
Products made in Japan show a very high degree of technological advancement	.813	-.101	.029	-.004	.856
Products made in Japan are usually quite reliable and seem to last the desired length of time	.843	.000	.008	-.017	
Products made in Japan are usually a good value for the money	.646	.047	.048	-.159	
Products made in Japan are carefully produced and have fine workmanship	.706	.040	-.005	.176	
Products made in Japan usually show a very clever use of color and design	.654	.064	-.109	.028	
Consuming Products made in Japan make others look up to me	-.038	.915	.016	.044	.897
Consuming Products made in Japan make me feel a better impression to others	-.070	.934	.014	.012	
Consuming Products made in Japan make me feel more face	.015	.739	-.066	-.046	
Consuming Products made in Japan make me feel more confident	.211	.643	.016	-.057	
I would feel guilty if I bought a Japanese product	.083	.059	.984	.018	.866
Whenever possible, I avoid buying Japanese products	-.100	.004	.833	.019	
I do not like the idea of owning Japanese products	-.023	-.096	.656	-.044	
Japan should pay for what it did to Nanjing during the occupation	.108	-.084	.006	.691	.807
I will never forgive Japan for the Nanjing Massacre	-.032	.005	-.076	.791	
I feel angry toward the Japanese	-.036	.061	.076	.817	

出所：筆者作成。

正の結果を得たため、仮説 4 も支持される。

仮説 5 は戦争的アニモシティと面子知覚との負の関係を問い、0.1％有意水準で有意な結果を得たため、仮説 5 も支持される。最後に、仮説 6 は面子知覚と不買意向との負の関係を問い、有意な結果が得られなかったため、仮説 6 が棄却される。

図表8-4　共分散構造分析の結果

パラメータ	標準化推定値	標準誤差	検定統計量	確率	仮説（結果）
製品判断　<---　戦争的アニモシティ	0.042	0.063	0.517	.605	仮説2（支持）
不買意向　<---　製品判断	-0.492	0.190	-4.950	***	仮説3（支持）
不買意向　<---　戦争的アニモシティ	0.335	0.123	4.080	***	仮説4（支持）
面子知覚　<---　戦争的アニモシティ	-0.315	0.099	-3.599	***	仮説5（支持）
不買意向　<---　面子知覚	0.031	0.127	0.318	.751	仮説6（棄却）

注：***$p<.001$
出所：筆者作成。

5. 結論、考察と今後の研究課題

　本章は面子知覚という中国本土の概念を消費者アニモシティの分析フレームワークに導入し、中国人消費者を対象とする日本製品の購買行動を検証してきた。中国人の性格を象徴する面子を研究に取り入れることは新たな試みであるがゆえに、本章の成果には意義がある。ここでは仮説検証の結果に基づきながら理論的・実務的インプリケーションを検討したうえで、本章の課題を提示する。

　まずは、理論的インプリケーションについて議論する。最初に、消費者アニモシティの効果を検討する。Klein et al.（1998）は戦争的アニモシティと経済的アニモシティを強調した。ところが、アニモシティは状況的なものと固定的なものとに区別され、経済的アニモシティは状況的なものに分類されるため、状況の変化に応じてその効果も希薄すると予想される。本章の分析結果はKlein et al.（1998）で示された経済的アニモシティの効果の消失を証明した。これは経済の急成長という状況の変化によってもたらされた結果だと考えられる。よって、消費者アニモシティを消費者行動の分析に取り入れる際、採用される因子は状況的なものであろうかどうかを慎重に検討すべきである。

　また、消費者アニモシティ→製品判断、製品判断→不買意向、消費者アニモシティ→不買意向、この3セットの関係について検討する。消費者アニモシティと不買意向との直接関係にのみ着目すると、消費者アニモシティ感情の強

い中国人消費者は日本製品の購買に抵抗する。他方、消費者アニモシティと製品判断との関係をみると、中国人消費者は日本製品の品質を否定していない。さらに、製品品質と不買意向とは負の関係にある。言い換えれば、製品の品質は購買意向に正の影響を与えたということである。したがって、日本に強い消費者アニモシティ感情をもつにもかかわらず、中国人消費者は品質の良い日本製品に積極的な購買態度を示す。この点に関して、本章は先行研究と同様の示唆が得られた。

次に、面子知覚の効果について検討する。中国において、消費者の社会規範メカニズムが日本という原産国によって活性化された結果、消費者アニモシティは面子知覚に負の影響を及ぼした。ところが、面子知覚と不買意向との負の関係、すなわち、消費者アニモシティの影響で日本製品の購買行動から面子を知覚できないため製品の購買に抵抗するという仮説が棄却された。よって、アニモシティ・コンテクストにおいても、日本製品の購買は消費者の面子の喪失につながらないという示唆が得られた。中国人消費者による日本製品に対する選好性、品質に対する信頼性は感情に因らず確固たるものであるといえる。

本章は次のような実務的インプリケーションも提供する。まずは製品の品質について考える。日本製品は中国人消費者の間で高い人気を獲得しており、日本での「爆買い」以外に、「代理購入」による購買も勢いは止まらない。したがって、政治的関係で日中両国の緊張が高まったとしても、中国人消費者による日本製品の品質に対する評価は歪められない。中国人消費者に「日本製」を積極的にアピールし、高品質を知覚させることが消費者を獲得するのに重要である。また、日本製品を爆買いするような現象が広まった背景には中国製のあらゆる製品の安全性が懸念されていることが挙げられる。例えば、粉ミルク事件、地溝油[4]事件などがその代表例である。中国人消費者に日本の高品質を強調すると同時に安全性や安心感を説得するようなプロモーション戦略も奏功につながると考えられる。

次に、面子知覚の検証結果に基づきながら日本のブランド戦略の問題点を指摘する。日本製品の品質が高く評価され、製品の面子知覚も消費者アニモシティ感情に左右されず購買意向に負の影響を及ぼさない。反面、両者の関係は統計的に有意ではないため、面子知覚は購買意向に正の影響を及ぼさないこと

となっている。面子に関する先行研究によれば、同種製品のなかで価格の高い製品ブランドは消費者により多くの面子を知覚させるため、中国人消費者は高価格製品ブランドに対して進んで代金を払おうとする（Li & Su, 2007; 宋, 2012）。

日本製品の面子知覚が購買意向に正の影響を及ぼさない要因の一つとして、日本製品ブランドのプレミアム価値の欠如が挙げられる。延岡（2010）によれば、日本企業は「ものづくり」に強いものの、「価値づくり」は欧米企業に比較して依然として弱い。価格競争に巻き込まれず持続的収益を創出するには、企業は消費者が進んで代金を支払うような価値創造体制を整えておく必要がある。そこで、日本企業は、中国人消費者の面子心理を十分に理解したうえで、価値創造のできるマーケティング戦略を練っていかなければならない。

本章は次のような課題も抱える。面子知覚が購買意向に正の影響を及ぼさない要因についてさらに掘り下げて考察する必要がある。それは実務により役に立つインプリケーションを提供するための先行条件となる。その際、日本ブランドと欧米ブランドとの比較、一般製品ブランドと高級品ブランドとの比較を通してその解明を図る。

注
1 中国人訪日旅行者数について、2013年は131万人であるのに対して2014年は240万人へと前年比83%も急増し、さらに、2015年は前年比108%増の499万人にものぼった（日本政府観光局（JNTO）調べ）。
2 中国の一人あたりGDP（米ドル）は、2000年953.78、2005年1,752.47、2010年4,478.49、2015年7,989.72という推移である（IMFのWorld Economic Outlook Databases、2016年4月版）。2000年から2015年の間に約738%も成長し、先進国と新興国とを区別する基準である10,000ドルに接近しつつある。
3 「代理購入」とは、日本に住む中国人が商品を購入し、中国にいる購入者に発送するというサービスである。日本以外に韓国、米国、ヨーロッパの製品も同様の方法で中国人消費者に流通される。
4 地溝油とは各種の劣等の油のことであるが、中国では特に都会部の大型料理店の排水溝や下水溝にたまったクリーム状の油をろ過し、精製した安物の食用油を指す。その地溝油にはアフラトキシンという発がん性物質が含まれており、その毒性はヒ素の100倍にも及ぶという。

参考文献
江河海（2004）『こんなに違い 中国人の面子 不思議な国がよくわかる25人の証言』祥伝社。
小山裕文（2001）「僑郷としての福清社会とそのネットワークに関する一考察」『立命館国際研究』14(1)、79-89頁。
人民網日本語版（2015年1月28日付）、「在日中国人の「代理購入」、逮捕者続出で関係者に波紋」

(http://j.people.com.cn/n/2015/0128/c94473-8841991.html)。
豊田秀樹（2007）『共分散構造分析［AMOS編］―構造方程式モデリング―』東京図書。
延岡健太郎（2010）「価値づくりの技術経営：意味的価値の重要性」『一橋ビジネスレビュー』57
　（4）、6-19頁。
山本真（2014）「20世紀前半、福建省福州、興化地区から東南アジアへの移民とその社会的背景」『21
　世紀東アジア社会学』第6号、31-47頁。
李㝢泰（2011）「アニモシティ、マテリアリズム、ギルト―韓国消費者の日本製品評価について―」
　『多国籍企業研究』4、119-137頁。

Amine, L. S. (2008), "Country-of-origin, animosity and consumer response: marketing implications of anti-Americanism and Francophobia," *International Business Review*, 17, pp.402-422.
Amine, L. S., Chao, M. C. H. & Arnold, M. J. (2005), "Exploring the practical effects of country of origin, animosity, and price-quality issues: two case studies of Taiwan and Acer in China," *Journal of International Marketing*, 13 (2), pp.114-150.
Ang, S. H., Jung, K., Kau, A. K., Leong, S.M., Pornpitakpan, C. & Tan, S. J. (2004), "Animosity toward economic giants: what the little guys think," *Journal of Consumer Marketing*, 21 (3), pp.190-207.
Bao, Y. Q., Zhou, K. Z. & Su, C. (2003), "Face consciousness and risk aversion: do they affect consumer decision-making?," *Psychology & Marketing*, 8 (20), pp.733-747.
Bilkey, W. J. & Nes, E. (1982), "Country-of-Origin Effects on Product Evaluations," *Journal of International Business Studies*, 13 (1) (Spring/Summer), pp.89-99.
Ettenson, R. & Klein, G. (2005), "The fallout from French Nuclear Testing in the South Pacific — a longitudinal study of consumer boycotts," *International Marketing Review*, 22 (2), pp.199-224.
Fong, C-M., Lee, C-L. & Du, Y. (2014), "Consumer animosity, country of origin, and foreign entry-mode choice: a cross-country investigation," *Journal of International Marketing*, 22 (1), pp.62-76.
Hair, J. F., Anderson, R. E., Tatham, R. L. & Black, W. C. (1998), *Multivariate data analysis*, Upper Saddle River, Prentice Hall.
Holcombe, C. (1895), *The real Chinaman*, New York, Dodd, Mead.
Hu, H. C. (1944), "The Chinese concepts of face," *American Anthropologist*, 46, pp.45-64.
Ishii, K. (2009), "Nationalistic sentiments of Chinese consumers: the effects and determinants of animosity and consumer ethnocentrism," *Journal of International Consumer Marketing*, 21 (4), pp.299-308.
Jimenez, N. H. & Martin, S. S. (2010), "The role of country-of-origin, ethnocentrism and animosity in promoting consumer trust: the moderating role of familiarity," *International Business Review*, 19, pp.34-45.
Josiassen, Alexander (2011), "Consumer disidentification and its effects on domestic product purchase," *Journal of Marketing*, 75 (march), pp.124-140.
Klein, J. G. (2002), "Us versus them, or us versus everyone? Delineating consumer aversion to foreign goods," *Journal of International Business Studies*, 33 (2), pp.345-363.
Klein, J. G. & Ettenson, R. (1999), "Consumer animosity and consumer ethnocentrism: an analysis of unique antecedents," *Journal of International Consumer Marketing*, 11 (4), pp.5-24.
Klein, J. G., Ettenson, R. & Morris, M. D. (1998), "The animosity model of foreign product purchase: an empirical test in the people's republic of China," *Journal of Marketing*, 62 (1),

pp.89-100.
Leong, S. M., Cote, J. A., Ang, S. H., Tan, S. J., Jung, K., Kau, A. K. & Pornpitakpan, C. (2008), "Understanding consumer animosity in an international crisis: nature, antecedents, and consequences," *Journal of International Business Studies*, 39 (6), pp.996-1009.
Li, Julie Juan & Su, Chenting (2007), "How face influences consumption," *International Journal of Market Research*, 49 (2), pp.237-256.
Lin, Yu-tang (1935), *My country and my people*, New York, Reynal & Hitchcock.
Maher, A. A. & Mady, S. (2010), "Animosity, subjective norms, and anticipated emotions during an international crisis," *International Marketing Review*, 27 (6), pp.630-651.
Medhurst, W. H. (1872), *The foreigner in far cathay*, London, E. Stanford.
Riefler, P. & Diamantopoulos, A. (2007), "Consumer animosity: a literature review and a reconsideration of its measurement," *International Marketing Review*, 24 (1), pp.87-119.
Shoham, A., Davidow, M., Klein, J. & Ruvio, A. (2006), "Animosity on the home front: the intifada in Israel and its impact on consumer behavior," *Journal of International Marketing*, 14 (3), pp.92-114.
Smith, A. H. (1894), *Chinese Characteristics*, New York, Flming H. Revell.
Suh, T. & Kwon, I-W. G. (2002), "Globalization and reluctant buyers," *International Marketing Review*, 19 (6), pp.663-680.
Verlegh, P. W. & Steenkamp, J-B. E. M. (1999), "A review and meta-analysis of country-of-origin research," *Journal of Economic Psychology*, 20, pp.521-546.

姜彩芬 (2009)『面子与消費』社会科学文献出版社。
魯迅 (1934=1991)「説"面子"」『魯迅全集』第6巻、人民文学出版社。
宋暁兵 (2012)『消費者感知面子的形成機理及其対購買意向的影響研究』知識産権出版。
翟学偉 (2011)『中国人的脸面観—形式主義的心理動因与社会表徵』北京大学出版社。

第 9 章

アメリカ・フィラデルフィア学区における教育改革
——「Imagine 2014」を中心に——

赤星　晋作

1. はじめに

　アメリカにおいて、2002年9月より「落ちこぼしのない教育法」(No Child Left Behind Act = NCLB法) が施行された。NCLB法は、端的には人種や社会的階層に関わらず、すべての子どもに学力を保証するための包括的な教育法である。そこでは、各州の全公立学校は「読解」(reading) と「数学」(mathematics) における毎年のテストによって評価され、州目標である「年間到達目標」(Adequate Yearly Progress=AYP) が達成されなかった学校は、改善、修正するアクション、州基準を達成するための再建等、具体的な措置が求められた[1]。

　しかしながら、特に都市部においては学力の非常に低い学校の多くはAYPを長年達成することができず、低学力校として固定化してしまう傾向が見られる。そして、テスト得点中心の教育と評価の問題も深刻化してきた。

　そうした中、どのような教育改革が展開されているのだろうか、具体的にそれらを探るためにペンシルベニア州・フィラデルフィア学区で2009年4月に発表された今後5年間の戦略プランである「Imagine 2014」で示されている学校教育改革をみていく[2]。

　ペンシルベニア州は全米の中でも積極的に教育改革を進めており（例えば、NCLB法成立以前からNCLB法とほぼ同様の内容の州法を制定している）、またフィラデルフィア学区はペンシルベニア州の中でも積極的な教育諸政策を展

開し、大きな成果を上げている学区だからである[3]。

　学力重視の教育は何もアメリカだけではなく、世界的な動向である。むろん、日本も例外ではない。そして様々な問題も表れている。アメリカ・フィラデルフィア学区における教育改革は、そうしたテスト得点に偏重した教育の課題に取り組んだ改革であり、わが国の教育の在り方にも示唆を得ることができる。そして、現在の学力テスト重視の教育から、これからの新たな教育を考える際にも大きな示唆を得ることができる。正に、「際」からの探究である。

2. フィラデルフィア学区の学力状況―2008年―

　それでは、「Imagine 2014」発表以前のフィラデルフィア学区の学力の状況はどうだったのであろうか。フィラデルフィア学区のPSSA（Pennsylvania System of School Assessment = PSSA）テストの結果をみていく。ペンシルベニア州では、これによりNCLB法で規定されているAYP指標が評価される[4]。

　図表9-1は、PSSAによる2002年から2008年までの学年別にみた「読解」（reading）と「数学」（mathematics）の上級（advanced）レベル、習熟（proficient）レベルの生徒のパーセンテージである。

　図表9-1より、2002年以降「読解」「数学」ともに、それぞれの年度や学年において若干の増減はあるものの、全体の傾向としては上級（advanced）レベル、習熟（proficient）レベルの生徒のパーセンテージは伸びている。しかしながら年度を追うごとに徐々にその伸びは弱くなっている。これは学力の低い学校が固定化していくことを意味する。

　次に、フィラデルフィア学区のAYP達成状況をみてみよう。

　ペンシルベニア州においてAYPレベルは、以下の6段階に分けられている[5]。

　① AYP達成（Made AYP）[6]：すべてのAYP指標の達成
　② 警告（Warning）：第1年目AYP指標を達成しなかった

図表 9-1 学年別にみた「読解」と「数学」の上級（advanced）レベル、習熟（proficient）レベルの生徒のパーセンテージ（2002年〜2008年）

読　解								
	2002年	2003年	2004年	2005年	2006年	2007年	2008年	07-08
第3学年				37.0%	42.0%	46.4%	51.6%	5.2%
第4学年					36.1%	42.8%	42.8%	0.0%
第5学年	20.8%	23.4%	31.6%	35.1%	31.6%	32.0%	36.2%	4.2%
第6学年					35.6%	36.7%	40.3%	3.6%
第7学年					39.4%	40.7%	47.6%	6.9%
第8学年	24.1%	30.4%	41.2%	39.6%	44.5%	49.2%	55.5%	6.3%
第11学年	28.7%	30.1%	27.0%	30.6%	33.1%	34.9%	37.4%	2.5%
合計	23.9%	27.5%	33.6%	35.5%	38.1%	40.6%	44.8%	4.2%

数　学								
	2002年	2003年	2004年	2005年	2006年	2007年	2008年	07-08
第3学年				52.0%	59.0%	52.2%	55.1%	2.9%
第4学年					51.3%	52.9%	55.0%	2.1%
第5学年	18.7%	23.1%	30.7%	45.8%	41.6%	44.6%	49.6%	5.0%
第6学年					40.6%	46.8%	49.7%	2.9%
第7学年					39.4%	40.1%	48.3%	8.2%
第8学年	17.9%	19.7%	30.9%	39.4%	37.0%	43.9%	48.7%	4.8%
第11学年	23.6%	21.6%	22.9%	23.1%	26.9%	30.9%	32.6%	1.7%
合計	19.5%	21.6%	28.6%	37.4%	41.9%	44.9%	49.0%	4.1%

出所：School District of Philadelphia (2008), *2008 PSSA Results*.

③ 学校改善Ⅰ（School Improvement Ⅰ）

2年連続AYP指標に到達しなかった。学校を変えるための改善プランを作成する。生徒には、学校を選択する資格が与えられる。

④ 学校改善Ⅱ（School Improvement Ⅱ）

3年連続AYP指標に到達しなかった。上記の措置に加えて、学校及び学区は個人教授（tutoring）等の補習教育を提供する

⑤ コレクティブ・アクションⅠ（Corrective Action Ⅰ）

4年連続AYP指標に到達しなかった。上記の措置に加えて、学校はカリキュラム、リーダーシップ、職能開発等の改革において多様なレベルの技術的支援を受け、成果をあげることが求められる。

⑥ コレクティブ・アクションⅡ（Corrective Action Ⅱ）
5年連続AYP指標に到達しなかった。上記の変革に加えて、学校再建（restructuring）、チャーターリング（chartering）、民営化等のガバナンスの変革が求められる。

さらにもう1段階、「向上」（Making Progress）レベルが設定されている。これは、「学校改善Ⅰ」「学校改善Ⅱ」「コレクティブ・アクションⅠ」「コレクティブ・アクションⅡ」レベルの学校が2年間の審査期間のうち最初の1年AYP指標を達成した場合の段階であり、「向上」レベルで翌年同様にAYP指標を達成したら「AYP達成」となる。

では、フィラデルフィア学区の学校をAYPレベルで分類するとどうなっているのであろうか。

ところで、NCLB法は2002年9月からの施行であるが、ペンシルベニア州においては1998年、NCLB法に先駆けNCLB法同様の内容を規定した州法が制定されている[7]。それに伴い1998-99年からPSSAが義務化され、その年からAYPの達成状況を提供している。よって、2003年において「コレクティブ・アクションⅡ」の学校が出ている。

フィラデルフィア学区におけるAYP達成状況を分類して、2003年から2008年までのそれぞれの学校数を示したものが図表9-2である[8]。

図表9-2より、フィラデルフィア学区でAYP達成校は2003年の26校（11％）から翌年以降大幅に増加し2008年では90校（34％）であり、これに「向上」23校（9％）を加えると113校（43％）となっている。しかし、AYPを達成している学校は半数にも満たない。

一方、学校改善校とコレクティブ・アクション校を合計した校数をみると、2003年では164校（69％）から翌年の2004年は90校（34％）と減少しているものの、それ以降は横ばいあるいは若干増加し2008年では118校（45％）となっている。また、その中で特に「コレクティブ・アクションⅡ校」、つまり「5年連続AYP指標に到達できなかった」学校の数は、2003年の131校（55％）から翌年は69校（26％）と減少しているが、それ以降は同様に横ばいあるいは若干増加し2008年では68校（26％）となっている。全体の約4分の

図表9-2　フィラデルフィア学区におけるAYP達成状況（2003～08年）

達成状況	2003	2004	2005	2006	2007	2008
AYP達成	26	80	108	100	85	90
「向上」	19	80	24	31	22	23
警告	29	12	27	39	51	34
学校改善Ⅰ	33	7	6	14	17	20
学校改善Ⅱ	0	14	11	7	11	20
コレクティブ・アクションⅠ	0	0	10	8	9	10
コレクティブ・アクションⅡ	131	2	2	7	7	4
コレクティブ・アクションⅡ[2]		67	39	2	13	7
コレクティブ・アクションⅡ[3]			40	31	9	11
コレクティブ・アクションⅡ[4]				26	25	12
コレクティブ・アクションⅡ[5]					19	16
コレクティブ・アクションⅡ[6]						18
学校改善校（学校改善とコレクティブ・アクション）合計	164	90	108	95	110	118
コレクティブ・アクションⅡ校合計	131	69	81	66	73	68
全学校数	238	262	267	265	268	265

注：表中のコレクティブ・アクションⅡの右肩の番号は、コレクティブ・アクションⅡ2年目、3年目、……という意味である。
出所：School District of Philadelphia（2008），*Adequate Yearly Progress 2008*.

1の学校が「5年連続 AYP 指標に到達できていない」のである。

　そしてこのことは、長年 AYP を達成できない学力の低い学校はなかなかそこから脱出できず、低学力校として固定化してしまっているということを示している。

3．「Imagine 2014」の教育改革

　2008年の PSSA の結果が公表された後の同年9月、フィラデルフィア学区の教育長アッカーマン（A. C. Ackerman）は、特に継続的な低学力校85校の学力向上に取り組むためアクション・プランを発表した[9]。そして、その85の小学校、中学校、高校をエンパワーメント・スクール（Empowerment Schools = ES）に指定し、学校が低学力から高い学力を達成する学習環境に変

えるために必要とする諸資源と支援を提供していくことを表明した。

このことにより、エンパワーメント・スクールは、多様な職能開発（研修）、毎月のウオーク・スルー（walk-throughs）、数学と読解の年4回の評価、ペアレント・オンブズマン（parent ombudsman）、学生アドバイザー（student adviser）、追加のボランティア、エンパワーメント・スクール・レスポンス（Empowerment School Response = SRC）チームの援助等を受ける[10]。さらに85校の内23校は、それ以上の支援—ソーシャル・サービス・リエゾン（social service liaison）、学校に配置された教育専門家（instructional specialist）、フルタイムの現場支援の代用教員（substitute teacher）、追加の看護サービス（nursing service）等—を受ける。そして、出席率の改善、学校安全の醸成、保護者の学校運営への参加、多様な学力基準の達成等に成功したとき、これらの学校の変化に進歩がみられる、としている。

こうした流れの中で、フィラデルフィア学区全体の学校の学力低迷状況を打開するために、2009年4月にフィラデルフィア学区の「学校改革委員会」（School Reform Commission = SRC）[11]は、今後5年間の学校教育改革案（戦略プラン）「Imagine 2014」を発表した[12]。

本プランでは、まず学校改革委員会（SRC）が固い決意をもって以下の教育宣言（Declaration of Education）をしている。

・我々は、子どもが最も重要であると信じる。
・我々は、すべての子どもは高いレベルで学習することができると信じる。
・我々は、すべての子どもは学習可能性を満たすことができ、また学力差をなくすことができると信じている。
・我々は、学校は子どもの生活に非常に大きなインパクトを与えるということを信じる。
・我々は、保護者は我々のパートナーでありまた子どもの教育において重要な役割を演じるということを信じる。
・我々は、フィラデルフィア学区は高いレベルの成就をなす組織になり得るということを信じる。
・我々は、すべての子どもは安全かつ秩序ある環境において教育されなければならないと信じる。

このような教育信念の下に、5つの目標を掲げている。概説すると、以下のとおりである。

(1) 生徒の成功：

生徒は、大学、職場、生活で成功（success）するために必要なアカデミック・スキルをもって進級し卒業する。我々は、以下の手段を通して専門的なサービス、総合的な支援、高い質の教育を提供する。

【最高の教育実践】
・教師に対して教職基準と期待を明確にし統一する
・個性に応じた教育、学問的厳格、データ活用に関する職能開発
・協働する教師のチーム、等

【小学校】
・「読解」の成績下位40パーセントのすべての生徒に対する支援
・才能ある優秀な生徒のためのプログラム
・すべての学年における美術と音楽の授業
・より少人数のクラスサイズ（幼稚園：教師1人に対し生徒20人、1－3学年：22人）、等

【中学校】
・チーム・ティーチングと英語と数学の「持ち上がり」（教師が2年以上同じ生徒を教える）を通して個人の特性にあった学習環境
・3年間生徒とともに残る追加のガイダンス・カウンセラー（生徒150人に対し1名）、等

【高校】
・4年間生徒とともに残るより多くのガイダンス・カウンセラー（生徒200人に対し1名）
・補習と強化のための第7時限と第8時限を含む、再構成された授業日
・9学年生（高校1年生）に対する個々の卒業プランと英語と数学教師の持ち上がりを通した個人にあった学習環境
・勤労に基づいた経験、SATとACT準備クラス、複数の入学機会、等

【全学校】

- 困難を抱えている生徒をサポートするため、早期の警告を示すシステム
- 特別支援教育へのより大きな支援
- 明確な期待、支援、関わりを持った安全な学習環境
- 保護者人材センター (Parent Resource Centers)、ペアレント大学 (Parent University) 等をとおして、より強固な両親と家族の参加
- 財団、政府機関、企業、大学、卒業生、非営利・地域・宗教団体とともに、より強固な戦略的パートナーシップ、等

(2) 質の選択：

生徒に成功するすべてのチャンスを与えるために、我々は成功が報奨され失敗が許されない学校システムを築く

- すべての学校—学区、チャーター、契約学校—を評価するため、高い基準と期待を統一したパーフォーマンス・マネジメント・システムの実行。そして、生徒の学力達成に対するアカウンタビリティの保持。
- より大きな自律性のある業績を上げている学校の報奨、そしてそれらの学校の成功 (Vanguard School) の模倣。
- 学力困難校 (Empowerment Schools) への付加的支援の継続
- 生徒と両親への質の選択の提供、そして生徒、両親、地域が参加する透明な、包括的な意思決定のプロセスの保証

(3) 偉大なスタッフ：

我々は、学区の生徒の多様性を反映した才能ある教職員を持つ。

- すべての学校が優れた教師、校長、スタッフで満たされるために、タイムリーな方法でベストな志願者を採用する
- 教師に対して支援、情報提供また擁護する—採用から退職まで—ための拠点として、「教員事務所」(Office of Teacher Affairs = OTA) を創設する。
- 教師、管理職その他すべての職員がかれらの要望に応じた職能開発や訓練を受けることができる「職能開発センター」(Professional Development Center) を創設する。
- 教師、校長、学区支援スタッフ、マネージャーのための新しい基準に基づ

いた評価（standard-based evaluation）プロセスを実施する、等

(4) 責任を持つ大人：
すべての雇用者が、生徒と学校の成功に対する責任の深さと広さを理解することを保証する。
・すべての学校と部局に対するパフォーマンスの測定を実施、そして評価をシステム規模の目標と結びつける
・高い業績を報奨するために戦略的報酬パッケージを考案する
・専門職の共通の基準を確認し要求する、等

(5) 世界一流の運営：
教育ミッションを支援し、効率を最大限に、コストを最小限にするベストな業務と運営の実践を提供する。
・適正規模と公平な資源配分に取り組むための先見性のある施設設備マスタープラン（Facilities Master Plan）を創る
・効果的で効率的な学区規模の情報と遠距離通信ネットワークを構築する
・学区の目標と年間予算のバランスを保ち調整する、等

4. 評価指標の変化

こうした改革案にそって、各学校を評価する「年次レポート・カード」（Annual Report Card）の指標も変化してくる。それは、端的には従来のテスト得点だけから他の重要な指標を加えた評価である[13]。

具体的には、以下の (1) 生徒の学力（8項目）、(2) 学校運営」（11項目）、(3) 地域の満足（5項目）の3領域で、合計24項目をあげている[14]。

(1) 生徒の学力：
① PSSA テスト「数学」における「習熟」レベル以上の割合
② PSSA テスト「読解」における「習熟」レベル以上の割合

③学力格差「数学」(「習熟」レベル以上のギャップ)の割合
④学力格差「読解」(「習熟」レベル以上のギャップ)の割合
⑤第3学年PSSAテスト「読解」「習熟」レベル以上の割合
⑥卒業率
⑦ドロップアウト率
⑧中等後教育を受ける生徒の割合

(2) 学校運営：
①学区における有色の教員の割合
②赴任3年後の新採教員の留保率
③仕事満足を報告する教師の割合
④学区は支援的であると評価する校長の割合
⑤学校安全指標でAあるいはB評価の学校の割合
⑥成就目標の8割を達成している学校の割合
⑦年度当初の欠員教師の数
⑧8月1日現在の欠員校長の数
⑨収支バランスのある予算の達成
⑩加重の生徒基金を受ける学校の割合
⑪十分な補修をしている学校の割合

(3) 地域の満足：
①年次調査で子どもが通う学校をAあるいはBと評価する家族の割合
②子どもの教師に満足している親の割合
③子どもの学校の校長に満足している親の割合
④子どもの学校は効果的に保護者と連携しそれらを大切にしているとする保護者の割合
⑤質の高い学校選択を利用していると感じている家族の割合

そして、これらの指標を2008年をベースラインにして2014年の目標を設定している。それを一覧にしたものが、図表9-3である。

図表 9-3 「生徒の学力」「学校運営」「地域の満足」領域におけるそれぞれの評価指標と目標

(1) 生徒の学力

目標とする項目	2008年（ベースライン）	2014年目標
PSSA テスト「数学」において「習熟」レベル以上	49.0%	73%
PSSA テスト「読解」において「習熟」レベル以上	44.8%	71%
学力格差「数学」	28.1%	14.9%
学力格差「読解」	24.8%	13.2%
第3学年 PSSA テスト「読解」において「習熟」レベル以上	51.6%	74%
卒業率	53%	75%
ドロップアウト率	47%	23.5%
中等後教育を受ける生徒の割合	—	65%

(2) 学校運営

目標とする項目	2008年（ベースライン）	2014年目標
学区における有色の教員の割合	33.8%	51%
赴任3年後の新採教員の留保率	52%	70%
仕事満足を報告する教師の割合	—	80%
学区は支援的であると評価する校長の割合	66.2%	82%
学校安全指標で A あるいは B 評価の学校の割合	—	90%
成就目標を8割の達成している学校の割合	—	80%
年度当初の欠員教師の数	146人	15人
8月1日現在の欠員校長の数	10人	0
収支バランスのある予算の達成	No	Yes
加重の生徒基金を受ける学校の割合	0%	100%
十分な補修をしている学校の割合	—	95%

(3) 地域の満足

目標とする項目	2008年（ベースライン）	2014年目標
年次調査で子どもが通う学校を A あるいは B と評価する家族の割合	—	90%
子どもの学校の教師に満足している親の割合	—	90%
子どもの学校の校長に満足している親の割合	—	90%
子どもの学校は効果的に保護者と連携しそれらを大切にしているとする保護者の割合	—	90%
質の高い学校選択を利用していると感じている家族の割合	—	90%

出所：School District of Philadelphia (2009), *Imagine 2014: Building a System of Great Schools*, p.14. より筆者が作成した。

5. おわりに

2002年施行のNCLB法に関しては、成果とともに幾つかの課題も指摘されていた。

「読解」と「数学」の知識中心の学力テストのみでなくもっと多様な評価が必要ではないか。「読解」、「数学」以外の他の教科をどのように位置づけていくのか、また、ペーパー・ペンシルテスト (paper-pencil test) では測りにくいこれからの社会に必要とされる思考力、創造力、協働していく能力等をどのように評価し育んでいくのか、そしてAYPを長期間達成できない極めて学力の低い学校に対してどのように対応していくのか、特に低学力校の多い都市部の学区、学校に優れた教師をいかに確保、留めておくか、また連邦政府の財政的支援の問題等である[15]。

こうした中、2007年 NCLB法(「1965年初等中等教育法」(Elementary and Secondary Education Act of 1965 = ESEA))は再公認 (reauthorize) され改正されることになっていたが、実現には至らなかった[16]。しかし2009年1月オバマ (B. H. Obama) 大統領の就任により、再びNCLB法の再公認・改正の動きが浮上してくる。

2009年2月、「アメリカ復興再投資法」(American Recovery and Reinvestment Act = ARRA) が成立し、そのための財政の一部が NCLB法の目標達成のために支出されるようになった[17]。また同年7月、同法を原資とする「頂点への競争」(Race to the Top = RTTT) プログラムが発表され、「生徒が大学や職場で成功するように準備された教育基準と評価システムの採用」「生徒の成長と成功を測定するデータ・システムの構築」等が求められ、従来の固定的な基準や評価法に柔軟性を持たせ、今後州の教育改革を促進し報奨するようにした[18]。さらに、この「アメリカ復興再投資法」に応える形で2010年3月『改革への青写真─初等中等教育法の再公認─』(*A Blueprint for Reform: The Reauthorization of the Elementary and Secondary Education Act*) が出版された[19]。そして、2011年9月「初等中等教育法の弾力化」

(ESEA Flexibility）を発表し、各州・学区の教育基準や評価法等を伴う教育改革を促すために、NCLB法の固定的な要求の適用免除（NCLB Waiver）の申請を可能にした[20]。

フィラデルフィア学区の学校教育改革「Imagine 2014」は、こうした動きの中で発表されまた展開されていくのであるが、この改革案の計画を具体的のどのように進めていくのか、各年の進捗状況のチェックとその評価、また新たな評価指標の妥当性をみていく必要がある。その際NCLB法の課題とされた、学区の実態にあった多様な評価方法、アカウンタビリティの学校、家庭、地域社会との共有、低学力校への単なるサンクションではなく支援という観点が最も大切であると思われる。

ところで、新たな動きとして、2015年12月10日大統領署名により、NCLB法が改正され、新たに「すべての子どもが成功する教育法」（Every Student Succeeds Act = ESSA法）が成立した。本法では、基本的にはこれらのオバマ政権時にみられた先の『改革への青写真―初等中等教育法の再公認―』に沿った改革が展開されていくと思われるが、今後のESSA法の動向も注視していかなければならない。

注
1　No Child Left Behind Act. *P.L.107-110*, Jan.8, 2002.
　　NCLB法の内容に関しては、拙稿（2005）「NCLB法における学力テストとアカウンタビリティ」（アメリカ教育学会編『アメリカ教育学会紀要』第16号）の中で説明している。
2　School District of Philadelphia（2009）, *Imagine 2014: Building a System of Great Schools*.
3　拙稿（2007）「NCLB法における学力テストの成果と課題―フィラデルフィア市の事例を中心に―」『アメリカ教育学会紀要』第18号、3-14頁。
　　例えば、2002年から2005年の3年間PSSA（Pennsylvania System of School Assessment）テストにおける「読解」と「数学」それぞれの上級レベルと習熟レベルの合計パーセンテージの変化をみてみると、フィラデルフィア学区の合計パーセンテージは州平均に比べると依然として低いが、その上昇率は第5、8学年では州平均よりかなり高い。「読解」に関しては、第5、8学年においては14.2、15.3％の上昇がみられ、「数学」に至っては第5学年で26.7％、第8学年で21.3％も上がっている。これに比してペンシルベニア州全体では、「読解」7.2％、5.3％の上昇がみられ、「数学」15.9％、11.2％となっている。
4　ペンシルベニア州におけるAYP指標（2007-08）は、基本的にはNCLB法に添って以下の3領域に区分されている。
　(1)　学校への出席：90％目標あるいは前年度からの幾らかの改善（小学校、中学校）
　　　 高校の卒業率：卒業率80％目標あるいは前年度からの幾らかの改善（高校）
　(2)　学業達成：「数学」（mathematics）においては、テスト受験者の56％以上が習熟（proficient）

レベル以上、「読解」（reading）においては、63％以上が習熟（proficient）レベル以上。
　　なお評価は、上級（advanced）レベル、習熟（proficient）レベル、基礎（basic）レベル、基礎未満（below basic）レベルの4段階に分けている。上級レベルは優れた学力達成、習熟レベルは十分な達成、基礎レベルは基本的な最低限の学力を有している段階、基礎未満レベルはまさに基礎レベルに達していない不十分な段階としている。
　(3)　テスト受験率：全生徒の95％以上の受験
5　ペンシルベニア州におけるAYPレベルについては、拙稿（2007）「NCLB法における学力テストの成果と課題―フィラデルフィア市の事例を中心に―」『アメリカ教育学会紀要』第18号、3-14頁）で説明している。
6　ペンシルベニア州（NCLB法）においてはAYP指標の1つである学業達成レベルは年度ごとに設定されており、2007-08年ではAYPを達成するには「数学」で上級レベルと習熟レベルの合計56％、「読解」で上級レベルと習熟レベルの合計63％が求められる。しかしその条件以外に、前年度より習熟レベルに満たない（基礎レベル、基礎未満レベル）生徒が10％以上減少した場合等もAYP達成とみなされる。そして、2013-14年にはすべての生徒が上級レベル、習熟レベルに到達することを目標にしている。
7　Useem, E. (2005), *Learning from Philadelphia's School Reform: What Do the Research Findings Show So Far?* Research for Action, p.3.
8　School District of Philadelphia (2008), *Adequate Yearly Progress 2008.*
9　School District of Philadelphia (2008), *Superintendent Arlene C. Ackerman unveils plan for addressing 85 under-performing schools in The School District of Philadelphia.*
10　エンパワーメント・スクール・レスポンス（Empowerment School Response = ESR）チームは、多様な専門分野を持つ15人の訓練された教育（関係）者より構成される。このチームは、地域教育長、85校の校長と教師とともに集中的に活動する。また、エンパワーメント・スクールのニーズ調査の指導、学習と研修プラン、評価のデータ、学校と生徒の計画、すべてのプログラムと教職員、建物とグラウンドの状態等を調査する。
11　2001年12月にフィラデルフィア市長とペンシルベニア州知事は、長年の間フィラデルフィア学区の公立学校が直面している財政問題、教育問題を解決するためにパートナーシップ協定を結んだ。これにより、ペンシルベニア州がフィラデルフィア学区の学校の管理運営を従来の教育委員会（School Board）から、新しく設置される学校改革委員会（SRC）が引き継ぐようになる。委員会の構成は、知事任命3名、市長任命2名、計5名である。
12　School District of Philadelphia (2009), *Imagine 2014: Building a System of Great Schools.*
　　このプランは、フィラデルフィア学区の学校に対する今後5年間の戦略の指針（方向性）を説明したものである。それは、学校改革委員会（SRC）の教育宣言（Declaration of Education）、外部のコミュニティ・フォーラム、利害関係者のミーティング、多くの作業部会、また教育長チームによる勧告、学区職員の専門的知識、国内外からのベストな実践等を基にして作成されている。
13　School District of Philadelphia (2009), *Adequate Yearly Progress 2009.*
　　さらに、これからの取組として①学校改善プラン（School Action Plan）の開発と厳格な調査　②改善プラン実施を監視するためのウオーク・スルー（walkthroughs）　③エンパワーメント・スクール（Empowerment Schools）の支援　④クラスサイズの縮小、をあげている。
14　School District of Philadelphia (2009), *Imagine 2014: Building a System of Great Schools*, p.14.
15　拙稿（2007）「NCLB法における学力テストの成果と課題―フィラデルフィア市の事例を中心に―」アメリカ教育学会編『アメリカ教育学会紀要』第18号、3-14頁。
16　「1965年初等中等教育法」（Elementary and Secondary Education Act of 1965）は成立後7回再公認され、改正された。その最新の改正がNCLB法である。

17 American Recovery and Reinvestment Act of 2009. *P. L. 111-5*, Feb.17, 2009.
18 U. S. Department of Education（2009），*Race to the Top Program: Executive Summary*.
　　ここでは、以下の核となる4つの教育改革領域において野心的なプランを実施するとしている。
　　・生徒が大学や職場で成功するように、また世界経済の中で競争していくように準備された教育基準と評価システムを採用する
　　・生徒の成長と成功を測定し、教師と校長にどのように教育を改善することができるかについて情報を提供するデータ・システムを構築する
　　・優れた教師と校長を―特に最も必要とされる学校に―採用し、能力開発し、報奨し、留める。
　　・我々の低学力の学校を立ち直らせる。
19 U. S. Department of Education（2010），*A Blueprint for Reform: The Reauthorization of the Elementary and Secondary Education Act*.
　　この中では、以下の5つの優先事項をあげている。
　① 大学及び職業に準備の整った生徒の育成
　② すべての学校に優れた教師と管理職の配置
　③ すべての生徒に対する公平と機会の提供
　④ 目標基準を引き上げ、卓越に対して報奨する
　⑤ 革新と継続的な改善を促進する
　　そして①の中で、このような教育基準に添った新しい世代の評価法を開発し使用することを支援する、としている。
20 U. S. Department of Education（2011），*Letters from the Education Secretary or Deputy Secretary*.
　　これにより、NCLB法で定めた目標「2013/14年までにすべての生徒（100％）が習熟レベル以上に到達する」に変わり「大学及び職業に準備の整った教育基準というパフォーマンス目標」と多面的な新たな評価法等が可能となる。2015年11月時点で、41州、ワシントンD. C.がESEA Flexibilityの承認を受けている（U. S. Department of Education（2016），*State Approved for ESEA Flexibility*.）。なお、この適用免除はNCLB法セクション9401（Sec.9401. Waivers of statutory and regulatory requirements）により弾力的に運用されている。
21 Every Student Succeeds Act. *P.L.114-95*, Dec.10, 2015.

参考文献
赤星晋作（2005）「NCLB法における学力テストとアカウンタビリティ」アメリカ教育学会編『アメリカ教育学会紀要』第16号。
赤星晋作（2007）「NCLB法における学力テストの成果と課題―フィラデルフィア市の事例を中心に―」『アメリカ教育学会紀要』第18号。
北野秋男・吉良直・大桃敏行編（2012）『アメリカ教育改革の最前線―頂点への競争―』学術出版会。
佐藤博志・鞍馬裕美・末松裕基（2012）『学校経営の国際的探究―英国・アメリカ・日本―』酒井書店。

American Recovery and Reinvestment Act of 2009. *P.L.111-5*, Feb.17, 2009.
Every Student Succeeds Act. *P.L.114-95*, Dec.10, 2015.
No Child Left Behind Act. *P.L.107-110*, Jan.8, 2002.
School District of Philadelphia（2008），*2008 PSSA Results*.
School District of Philadelphia（2008），*Adequate Yearly Progress 2008*.
School District of Philadelphia（2009），*Adequate Yearly Progress 2009*.

School District of Philadelphia (2009), *Imagine 2014: Building a System of Great Schools.*
School District of Philadelphia (2008), *Superintendent Arlene C. Ackerman unveils plan for addressing 85 under-performing schools in The School District of Philadelphia.*
U. S. Department of Education (2010), *A Blueprint for Reform: The Reauthorization of the Elementary and Secondary Education Act.*
U. S. Department of Education (2011), *Letters from the Education Secretary or Deputy Secretary.*
U. S. Department of Education (2009), *Race to the Top Program: Executive Summary.*
U. S. Department of Education (2016), *State Approved for ESEA Flexibility.*
Useem, E. (2005), *Learning from Philadelphia's School Reform: What Do the Research Findings Show So Far?*, Research for Action.

第 10 章

純粋贈与としてのエンデュランススポーツ

浜田　雄介

1. はじめに

　トライアスロンやマラソンなど、長時間、長距離にわたる苦痛を特徴とするエンデュランススポーツは、近年多くの人々に親しまれている。筆者自身が経験者であるトライアスロンに関して述べると、水泳（スイム）、自転車（バイク）、ランニング（ラン）の順に 3 種目を連続して行うこのスポーツには、「過酷」、「限界への挑戦」、「自分との闘い」といった類の言葉がしばしば付される。言い換えれば延々と泳ぎ、漕ぎ、走る選手たちは、平時から離れて生の極限たる〈際(きわ)〉へと近づいていくのである。

　〈際(きわ)〉とは決して越えてはならない、自分と自分ならざるものとの境界として現前する。生の極限でかろうじて自分を保ち続けることで、エンデュランススポーツは何らかの成果や意味を獲得する実践となる。しかしながら本章では、むしろ〈際(きわ)〉を越えてしまうような非合理性のほうに、エンデュランススポーツの根源を求めようとする。それは獲得とは真逆の、自分を破壊し消失させる力の働きである。バタイユを道標とすることで、この危うくも活き活きとした力の行方を追ってみたい。

2. 「なぜ」エンデュランススポーツなのか

　2015 年 7 月 19 日午前 7 時、「第 35 回全日本トライアスロン皆生大会」のスタートを告げるホーンが鳴り響き、砂浜から選手たちが総計 185.195km の長

路へと向かう[1]。もし彼ら／彼女らに「なぜそんな苦しいことをするのか」と問うたならば、例えば「達成感」のような、苦痛に耐え抜いた先にある成果が答えとして返ってくるかもしれない。さらにはそうした成果が、生きる意味にまで敷衍されて語られることもあるだろう[2]。

　一方で、本章の表題にある純粋贈与とは、それをなしたことの結果によって意味づけられない贈与のあり方を指している。亀山によれば[3]、ある目的に向けた手段としての有用性から理解されてきた近代スポーツは、昨今別の様相を呈している。それが対価への期待なしに力を使い果たす消尽と、消尽を受容し支える歓待の関係である。このただ与え合う純粋贈与の関係のなかで、人々は後期近代において失われつつある活力にあふれた生を実感しており、その象徴的なモデルがエンデュランススポーツであるとされる。

　なぜ苦痛の実践であるエンデュランススポーツにおいて、活力にあふれた生の実感がなされるのだろうか。有用性によらないという点で、純粋贈与は明晰な言葉や筋道のある物語としては表すことのできない体験（矢野，2008: 225）の領野にある。そしてこの絶対的に共約不可能な過剰なもの（矢野，2008: 230）である力の消尽、すなわち純粋贈与に人間の生の本質を見出そうとしたのがバタイユだった[4]。本章では、自分というものを成り立たせる基盤が揺らいだ後期近代を生きる人々の「存在の不確かさ」（ヤング，2008: 15）にも通じるバタイユの議論から、苦痛を介した生の体験について考察する。

3. エンデュランススポーツの二重性

　バタイユは有用性とそれによらない世界観として、「俗」と「聖」の2つを対置している（バタイユ，1990: 33-50）。簡約すると、まず「俗」とは労働に代表されるある目的に従った手段としての活動によって、個人がその生を維持する世界である。人々は未来という時に自らが見込む結果をもとに自己を捕捉し、その同一性を保つ個人たりうる。しかしバタイユにとって、そのような個人の生とは、有用性に隷従したものであるという点で十全ではない。そこでバタイユは有用性に囚われることなく「現在」[5]を生きる「聖」の世界を示そ

とする。先への見通しもそれを意識する個人も消失した制限されることのない生の様態を、バタイユは「至高性」と称した。

「俗」が機能不全に陥った後期近代に広がりを見せたエンデュランススポーツを、労働やほかの社会的役割に付随する諸活動に代わって個人の同一性を担保する実践とみなすこともできるだろう[6]。労役の苦痛を不可避とする労働（吉田，2012: 337）と同様に、長き苦痛の先に成果が期待されるという点で、エンデュランススポーツには「俗」の論理が明確な形で働いている。未来の成果を目指す選手は、ペースや心拍数の管理、定期的な水分と栄養の補給、効率性を求めた機材の使用などによって、個人の限界と対峙しながらもその内に留まるよう自らを制限しなければならない[7]（図表10-1）。

図表10-1　エンデュランススポーツと「俗」

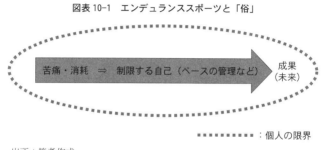

出所：筆者作成。

しかしながら、バタイユが有用性への隷従として断じるのは、まさにこのような個人の限界に留まろうとすることである。

> 人を、特殊な存在に変え、与えられた活動の領域内に人間を閉じ込めてしまう行動の欲求、これこそ断片化の原因である。行動とは、われわれの生の各瞬間を未来の明確な結果に従属させて、我々の存在の総体性を抹殺するものなのである（バタイユ，1992: 24）。

「俗」における行動とは、推論的思考にもとづいて存在を後刻へと延期する「企て」（バタイユ，1998: 115）であり、「企て」によって保たれる生をバタイユは「断片化」したものと考える。そしてそれと対をなす総体的な生のあり方

が「至高性」である。死なないためという労働の目的（バタイユ，1973: 106）に鑑みると、「至高性」とは死ぬことにつながる。ただし「至高性」が体験であるならば、死は文字通りの絶命ではなく、有用性に従って生を維持する意識的な個人の限界が引き裂かれる「第二の死」（酒井，2009: 221）（以下「死」とする）となる。そしてバタイユによれば、「死」は後に来るはずの時の優位性を「現在」へと引き戻す奇跡的な「瞬間」[8]において力を留保することなく使い果たす消尽であり（バタイユ，1990: 78）、ここに亀山の論じる活力にあふれた生との一致を認めることができる。

自らを追い込み個人の限界と対峙することは、その彼岸にある「死」への接近を意味する。ともすると、エンデュランススポーツにおける「至高性」とは、生と「死」の境界でその主体性が揺らぐ「宙吊り」（湯浅，1997: 217）の状態となった選手が「死」ぬ「瞬間」の体験として措定できる（図表10-2）。長く苦しい途の最中にこのような体験がなされるならば[9]、エンデュランススポーツは「企てによって企ての領域から脱する」[10]（バタイユ，1998: 117）、つまり有用性に従って苦痛に耐えることに成果を見込みながら、その過程で定められる個人の限界の消失によって「至高性」がもたらされるという「俗」と「聖」の二重性を帯びた実践であると考えられる。

図表10-2 エンデュランススポーツと「聖」

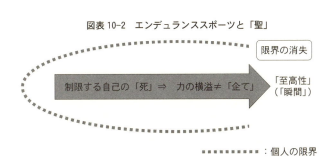

出所：筆者作成。

4. エンデュランススポーツと供儀

　バタイユにとって、「俗」と「聖」の二重性を顕現させるモデルは供儀だった（高橋，2011: 110）。以下の引用は、豊穣や共同体の繁栄を願う制度として意味を与えられる供儀（高橋，2011: 115）が持つ「死」の性質を端的に示している。

　　人間が最終的に自分自身を自分に明示するためには、死なねばならないのであるが、しかし生きながら、―自分が存在しなくなるのを見つめながら―死なねばならないのである。言い換えれば、死それ自身が、意識的存在を無化するまさにその瞬間に、意識（自己への意識）にならねばならないということである。このことは、ある意味で、ごまかしの手段の助けを借りて、起きる（少なくともまさに起きようとしている、あるいは利那的に、捉えがたい形で、起きる）ことである。供儀において、供儀を執行する者は、死にみまわれる動物と自己同一化する。そのようにして彼は、自分が死ぬのを眺めながら、死んでゆくのだ。それも、いわば、自分自身の意志で、供儀の凶器に共感を覚えつつ。これは明らかに喜劇である（バタイユ，1994: 185）！

　供儀の執行者が「死」ぬのは、供儀が生贄の事物性を破壊するからである[11]。事物性とは、有用性という価値が損なわれることなく保たれ持続することであり（湯浅，1997: 213）、それを最も強く断ち切る生贄の死に立ち会う人間は、それを契機として死に似た（湯浅，1997: 215）体験をする。
　当然のことながら、エンデュランススポーツに生贄の死は存在しない。その代わりに選手の事物性を破壊するのが、エンデュランススポーツを特徴づける苦痛である。理性の弱さを露呈し自己統御を不可能にさせるという点で、苦痛は死を喚起するとバタイユは述べている（バタイユ，1998: 173-174）。この意味で、苦痛に自らを投じる選手とは供儀の執行者でありかつ生贄である。そのような選手の「死」に符合するバタイユの記述を参照する。

供儀執行者自身が彼の打ち下ろす刃にかかって崩れ落ち、生贄とともに身を滅ぼすのである。もう一度いおう、無神論者が神なしで完了した世界に満足するのに対して、この供儀執行者は、未完了の、完了しえない世界を前にしたときの不安のなかにいる。永久に理解不能の、執行者を破壊し引き裂く（そして自分自身を破壊し引き裂く）世界を前にしたときの、あの不安のなかに（バタイユ，1998: 348）。

「永久に理解不能の」「完了しえない世界を前にしたときの不安」とは、事物性を破壊されたことで「なにでもないもの」（バタイユ，1990: 19）となった執行者の様相を表している。自他を差異化する社会的存在としての人間の諸価値が剥ぎ取られた[12]無の存在（岡崎，2007: 5）である「なにでもないもの」は、自己を意味づける目的を必要としないがゆえに逆説的に完全に自律した至高の存在（細貝，1994: 154）ともなる。それはまた「内部から自分自身に現れるものであるような存在」（バタイユ，1990: 72）でもあり、先の「自分自身を自分に明示するためには、死なねばならない」とは、至高の存在となった自分との内的な邂逅にほかならない。

バタイユにおける苦痛とは、通常の人間にとって努力をもって手に入れなければならない希少なものである（バタイユ，1992: 271-273）。エンデュランススポーツという努力によって、選手は長時間の苦痛に耐える主体としてありながらも「時間の運動が長いこと存在を苦しめ打ち捨てて」（バタイユ，1992: 284）しまうことで自らの事物性を破壊され、「なにでもないもの」になりうると考えられる[13]。「なにでもないもの」として自分の「死」を生きる「瞬間」に、切り離された個としての意識は薄れ、私の意志や統括から外れた激しい感情の奔出に運ばれる（湯浅，1997: 217）。そしてこの有用性によらない存在として生きる時間性において、贈与がなされるとバタイユは論じる。

供儀とは将来を目ざして行われる生産のアンチ・テーゼであって、瞬間そのものにしか関心を持たぬ消尽である。この意味で供儀は贈与（ドン）であり、放棄（アバンドン）なのであるけれども、そのように贈与されたものは、それを受け取っ

た人にとって保存の対象であることはありえない。捧物が贈与されるとすると、その捧物はまさしく迅速に消尽の世界へと通過するのである（バタイユ，2002: 63-64）。

「捧物はまさしく迅速に消尽の世界への通過する」という記述に関して、供儀では執行者のみならず、参加者たちもまた生贄の死に同一化する「連続性」[14] が生じる（バタイユ，2004: 36）。ここでは執行者でありかつ生贄であるエンデュランススポーツの選手に対して、応援者を供儀の参加者に準えてみる。次の写真は、「全日本トライアスロン皆生大会」のバイクコースの上り坂を必死に進む「仲間」[15] の後を追って走り出した応援者の姿である。「死」によって個々を隔てる限界が消失し、「生の可能性が無制限に開かれるとき」（バタイユ，1990: 10）に、溢れ出した選手の力が応援者に贈与され、ともに消尽する連続した存在となる。この消尽としての応援や支援が歓待であり、開かれた存在である選手もまた、その力の贈与を受けるのである。

選手を追って走り出す応援者（筆者撮影）

「全日本トライアスロン皆生大会」では、消尽と歓待の関係と目される沢山の光景に出会う。ランコースの途中に設けられたエイドステーション（選手が

補給や処置を受けられる場所）に、重い足取りで歩き、テーブルにもたれかかって身体を支えるほどに消耗した選手がやってくる。その選手がテントの脇に据えられた大きなバケツの前で身体を屈めると、その頭上から、ボランティアスタッフの中学生が否応なく多量の水を含んだスポンジを絞る。水を滴らせながら、明るさに満ちた表情で、選手と中学生が顔を見合わせる。しっかりと頷いてから身体を起こすと、選手は再び走り出す。連なった存在に力を与えられて、隔てられた存在へと戻るかのように、選手の姿がだんだんと遠ざかっていく。

5. まとめに代えて

　2015年7月19日午後9時28分、「第35回全日本トライアスロン皆生大会」はスタートからの総合制限時間である14時間30分が経過しようとしていた。そのとき、フィニッシュ地点となる陸上競技場に1人の選手が帰ってきた。フィニッシュゲートの周りには多くの選手、応援者、ボランティアスタッフが集まり始め、それらはやがて大きな声援と拍手、踊躍が混じり合った渦となる。その渦に引き込まれるかのように、最後の直線に入った選手の走りは勢いを増す。制限時間のわずか3秒前に両手を上げてフィニッシュゲートを駆け抜けた選手は、急に失速してその場に立ち止まると、幾許かのあいだ両手を膝についてうつむいたのちに、鳴り止まない拍手に向けて何度も深く頭を下げるのだった。
　「渦」という語をあてたのは、次のバタイユの一節がまさに上記の場面を描写していると思われたからである。

　　いまこの瞬間に、わたしのすべての生を見通してみると、わたしの生はこの内部の運動性だけに限られないことに気づく。わたしの生をかけめぐる流れは、内部だけで流れるのではなく、外部にも流れるのだ。わたしの生は、わたしに向かってくる力、他の存在から訪れる力にも、みずからを開いている。わたしのものであるこの生は、どうにか安定している渦巻のようなもの

なのだ。この渦巻はたえず、同じようなほかの渦巻と衝突し、その運動を変えるが、同時にほかの渦巻の運動も変えるのだ（バタイユ，2003: 196-197）。

フィニッシュゲートで人々が体験したのは、生の力が渦となって自分の外部へと流れ出し、また他の存在から生の力が自分へと流れ込んでくる純粋贈与の歓喜だったのではないだろうか。バタイユにとって、人間とは「限界を避けることはできないが、また限界に甘んずることもできない」という不可能性を生きる存在だった（バタイユ，1966: 49）。それでも、もし限界づけられた私たちが限界の「深淵」（バタイユ，2004: 20）へと赴こうとするのならば[16]、私たちは「確か」に存在し、また生きているのである。

謝辞
調査にご協力いただいた皆生トライアスロン協会ならびに亀山佳明先生をはじめ貴重なご意見を下さった先生方に、記して深く感謝申し上げます。
付記
本章は科学研究費助成事業（課題番号：JP15K16478）の研究成果の一部である。

注
1 鳥取県米子市の「全日本トライアスロン皆生大会」は、日本で初めて開催されたトライアスロン大会としても広く知られている。種目ごとの距離構成はスイム 3.0km、バイク 140.0km、ラン 42.195km で、2015 年の大会スタート前のアナウンスでは個人 940 名、1 種目ずつを 3 人でつなぐリレー 60 組の出場が伝えられた。
2 本章は言語や意識などによっては捉えきれない体験に焦点をあてるものであるが、そのような体験は成果や意味を「語りうる」ことと接合されると筆者は考えている。この点に関しては拙稿（浜田，2013）も参照されたい。
3 日本スポーツ社会学会第 22 回大会におけるシンポジウム「スポーツと教育：その現在と 21 世紀ビジョン」でなされた亀山の報告（亀山佳明，2013，「スポーツと教育の新しい関係の可能性について―純粋贈与による、歓待から―」）は、本章の重要な契機となった。なお本章における報告内容の要約は当日の配布資料、筆者の覚書および「日本スポーツ社会学会会報第 57 号」（日本スポーツ社会学会，2013）にもとづいて行った。
4 バタイユの論じる贈与は自己消失の贈与としての消尽に相当しており、純粋贈与という語は用いていないもののそれと同義だった（岡崎，2010: 83）。
5 バタイユが有用性から離れた意味で用いる場合の「現在」とは、過去や未来に関係づけられる通常の時間的尺度が成立しない位相のことである（和田，1999: 33）。
6 例えば白人中産階級のトライアスリートを対象とした Atkinson（2008）、女性トライアスリートを扱った Granskog（2003）、ベテランや高齢者のランナーに関する Tulle（2007）などの研究がある。
7 日本国内屈指のエイジグルーパー（トライアスロン大会の年齢別カテゴリーに出場する一般選手）である八田の論稿では、「コントロールの競技」（八田，2016: 10）としてのトライアスロンの

過程が克明に記されている。その結びにおいて八田は，「液状化」した現代社会の不確かさとの対比から，困難を伴いながらも「自分で決定した目標」に向かって進むことによる「プラス」が，確かに今ここにある己の身体で実感できることの幸せに，社会人によるエンデュランススポーツという現象の本質があるのではないかと述べている（八田，2016: 29-30）。今後は「自分が個人として存在するという体験を確認するために戻っていく場所」としての身体の固有性（メルッチ，2008: 99）についても検討していく必要があるだろう。

8　バタイユにおける「瞬間」とは，極微な時間的持続のことではなく，有限な存在に特有の時間性一般から逸脱した次元を指している（和田，2004: 295-296）。

9　有用性に従わない時間であるがゆえに，「瞬間」を認識することは不可能である（バタイユ，1990: 17-18）。したがって「至高性」そのものを論じることもまた，本質的には不可能である。そのうえで本章は，「至高なものについて言葉によって語ることがかろうじて可能になる」（バタイユ，1990: 20）方法の1つとして，少なくともそれがエンデュランススポーツにおいて体験されうるという前提のもとに論を進める。

10　ただし至高な体験がなされる「瞬間」を前提にはできても，それを製造することはできない（バタイユ，1998: 422）。「企て」の領域から脱すること自体は「企て」の結果ではなく，偶然の出来事たる「好運」（バタイユ，1992: 144）である。

11　バタイユにとって，供儀とは「単に儀式・典礼だけではなくて，ひとりの英雄の，あるいはもっと一般的にひとりの人間の破壊（または破壊の脅威）が主要な役割を果たしているような，すべての表現行為あるいは物語のたぐい」を意味する言葉だった（バタイユ，1998: 415）。

12　多様な社会的責任や圧力を捨て去る「社会的痩身」（原田，1994: 71）としてマラソンの道行きを表現する原田の議論は，事物性の破壊にも通じる点があると考えられる。原田によれば，「社会的痩身」の実感は現実に対する解釈を「単純化」し，そのなかに人生の意味を再発見する「和解」へと収束する（原田，1994: 72-73）。バタイユは「瞬間」における自己の喪失と，そこから我に返り新しい知識を得ることの往還について記述しているが（バタイユ，1998: 131-133），エンデュランススポーツにおける体験が意味に転化し，再び事物性の破壊へと向かうことの論理に関しては，別稿に委ねなければならない。

13　ランナーでありトライアスリートでもある村上の「サロマ湖100kmウルトラマラソン」出場時の回想は，言葉によってエンデュランススポーツに現れる「なにでもないもの」としての自分に迫った描写の1つである。

　　自動操縦のような状態に没入してしまっていたから，そのままもっと走っていろと言われたら，100キロ以上だっておそらく走っていられたかもしれない。変な話だけれど，最後のころには肉体的な苦痛だけではなく，自分が誰であるとか，今何をしているだとか，そんなことさえ念頭からおおむね消えてしまっていた。それはとてもおかしな気持ちであるはずなのだが，僕はそのおかしさをおかしさとして感じとることさえできなくなっていた。そこでは，走るという行為がほとんど形而上学的な領域にまで達していた。行為がまずそこにあり，それに付随するように僕の存在がある。我走る，故に我あり（村上，2010: 170-171）。

14　「連続性」は，「瞬間」という時間に存する「至高性」を空間へと置き換えた概念であるが，それは境界を持った客体を想起するという空間的表象の方法を否定する「境界の喪失」として把握される必要がある（岡崎，2001: 35）。

15　拙稿（浜田，2009）では，トライアスリートの「仲間」と呼ばれる関係における互いを支え合うような実践のあり方を「互酬」として論じた。同じ対象から提供，受容，返礼といった贈与慣行の義務的性格や制度的側面を指す「互酬」と，制度の外にある「純粋贈与」とを導き出すことは矛盾ではない。贈与も供儀も，人々が「至高性」を体験する一方で，時間のなかで制度的意味を付与さ

れるという二重拘束性を孕んでいる（高橋，2011: 121）。「俗」と「聖」が近接した関係にあるエンデュランススポーツは、このような二重拘束性のいずれの側面からも捉えることが可能だろう。

16　岡崎によれば、「至高性」を認識したいという不可能なものへの欲望の探求は「できるだけ遠く」という限界への挑戦として現象する（岡崎，2001: 18）。「なぜそんな苦しいことをするのか」という冒頭の問いに立ち返るなら、彼ら／彼女らは「できるだけ遠く」に行くために、あの日のスタート地点に立っていたのかもしれない。

文献

岡崎宏樹（2001）「集合意識と非‐知―デュルケームとバタイユにおける非個人の次元―」『人間文化研究』6、1-39 頁。
岡崎宏樹（2007）「人間の聖性について―バタイユとアガンベン―」『Becoming』20、3-24 頁。
岡崎宏樹（2010）「純粋贈与について」『Becoming』26、63-91 頁。
酒井健（2009）『バタイユ』青土社。
高橋紀穂（2011）「代理表象としての供儀―差延と至高性―」『追手門学院大学社会学部紀要』5、107-131 頁。
バタイユ, G., 出口裕弘訳（1966）『有罪者』現代思潮新社。
バタイユ, G., 山本功訳（1973）『神秘／芸術／科学』二見書房。
バタイユ, G., 湯浅博雄・中地義和・酒井健訳（1990）『至高性―呪われた部分―』人文書院。
バタイユ, G., 酒井健訳（1992）『ニーチェについて―好運への意志―』現代思潮新社。
バタイユ, G., 酒井健訳（1994）『純然たる幸福』人文書院。
バタイユ, G., 出口裕弘訳（1998）『内的体験』平凡社。
バタイユ, G., 湯浅博雄訳（2002）『宗教の理論』筑摩書房。
バタイユ, G., 中山元訳（2003）『呪われた部分―有用性の限界―』筑摩書房。
バタイユ, G., 酒井健訳（2004）『エロティシズム』筑摩書房。
八田益之（2016）「潮騒のなかの祝祭―あるいは究極の身体マネジメント―」『渥美半島の風』1、8-30 頁。
浜田雄介（2009）「エンデュランススポーツの実践を支え合う「仲間」―トライアスリートの互酬的実践の記述的分析から―」『スポーツ社会学研究』17（1）、73-84 頁。
浜田雄介（2013）「エンデュランススポーツの体験に関する一考察―広島県西部のトライアスリートの事例から―」『スポーツ社会学研究』21（1）、111-119 頁。
原田達（1994）「マラソンの現象学―ある心情の編制―」『追手門学院大学文学部紀要』29、57-74 頁。
細貝健司（1994）「「至高性」とはなにか―バタイユあるいは passage の笑い―」『藝文研究』66、145-160 頁。
村上春樹（2010）『走ることについて語るときに僕の語ること』文藝春秋。
メルッチ, A., 新原道信・長谷川啓介・鈴木鉄忠訳（2008）『プレイング・セルフ―惑星社会における人間と意味―』ハーベスト社。
矢野智司（2008）『贈与と交換の教育学―漱石、賢治と純粋贈与のレッスン―』東京大学出版会.
ヤング, J., 木下ちがや・中村好孝・丸山真央訳（2008）『後期近代の眩暈―排除から過剰包摂へ―』青土社。
湯浅博雄（1997）『バタイユ―消尽―』講談社。
吉田裕（2012）『バタイユ―聖なるものから現在へ―』名古屋大学出版会。
和田康（1999）「ジョルジュ・バタイユの思想における時間の問題」『フランス語フランス文学研究』75、27-37 頁。
和田康（2004）『歴史と瞬間―バタイユにおける時間思想の研究―』溪水社。

Atkinson, M. (2008), "Triathlon, suffering and exciting significance", *Leisure Studies* 27 (2), pp.165-180.
Granskog, J. (2003), "Just "Tri" and "Du" It: The Variable Impact of female Involvement in the Triathlon/Duathlon Sport Culture", in Bolin, A. & Granskog, J. (eds.), *Athletic Intruders: Ethnographic Research on Women, Culture, and Exercise*, State University of New York Press, pp.27-52.
Tulle, E. (2007), "Running to Run: Embodiment, Structure and Agency amongst Veteran Elite Runners", *Sociology* 41 (2), pp.329-346.

執筆者紹介（掲載順）

吉田 晴彦（よしだ・はるひこ：広島市立大学国際学部叢書第7巻の刊行にあたって）
　　　　広島市立大学国際学部・教授・学部長
大東和 武司（おおとうわ・たけし：はじめに）　広島市立大学国際学部・教授
湯浅 正恵（ゆあさ・まさえ：第1章）　広島市立大学国際学部・教授
金　栄鎬（きむ・よんほ：第2章）　広島市立大学国際学部・教授
西田 竜也（にしだ・たつや：第3章）　広島市立大学国際学部・准教授
横山 知幸（よこやま・ともゆき：第4章）　広島市立大学国際学部・教授
武藤 彩加（むとう・あやか：第5章）　広島市立大学国際学部・准教授
欒　竹民（らん・ちくみん：第6章）　広島市立大学国際学部・教授
施　暉（し・き：第6章）　蘇州大学外国語学院日本語学部・教授
劉　蓓（りゅう・ばい：第7章）　広島市立大学大学院国際学研究科博士後期課程・在籍
李　玲（り・れい：第8章）　広島市立大学国際学部・専任講師
赤星 晋作（あかほし・しんさく：第9章）　広島市立大学国際学部・教授
浜田 雄介（はまだ・ゆうすけ：第10章）　九州共立大学スポーツ学部・専任講師

広島市立大学国際学部叢書7
〈際〉からの探究：つながりへの途

2017年3月24日　第1版第1刷発行　　　　　検印省略

編　者　　広島市立大学国際学部
　　　　　〈際〉研究フォーラム

発行者　　前　野　　隆

　　　　　東京都新宿区早稲田鶴巻町533
発行所　　株式会社　文　眞　堂
　　　　　電話　03（3202）8480
　　　　　FAX　03（3203）2638
　　　　　http://www.bunshin-do.co.jp
　　　　　郵便番号(162-0041)振替00120-2-96437

印刷・モリモト印刷　製本・イマヰ製本所
© 2017
定価はカバー裏に表示してあります
ISBN978-4-8309-4945-6　C3030

広島市立大学国際学部叢書 刊行にあたって

　大学の使命は教育と研究にあります。教育と学問の融合としての成果を還元することは、学生に対してだけではなく、知識の交流として、広く社会に対しても期待されています。とりわけ、社会的問題が次々と生まれる今日のような状況にあっては、その多くに地域、民族、国家を超えて地球規模で解決していかなければならないものが含まれているといっても過言ではないでしょう。これらの解決策を探究することは現代世界からの要請であり、まさに大学の重要な役割のひとつです。

　広島市立大学国際学部は、「科学と芸術を軸に世界平和と地域に貢献する国際的な大学」を建学の基本理念に、「国際」、「情報」、「芸術」の3学部からなる大学として、1994（平成6）年に開学しました。国際学部は、学際性の実現による国際人の育成を目指しています。つまり、相異なるものの価値を認め受容し、複雑な現実を複眼的な視点で分析することで、問題を解決へと近づける能力を高めようとしています。

　知識は、聴き、話し、読み、書くことによって豊かになっていきますが、書物による双方向性は社会的なつながりを深めるために大切だと思われます。本叢書は、主に人文・社会科学を専門とする本学部教授陣が執筆したものを、学内外の多くの人びとに読んでいただき、知識の交流をはかろうとするものです。たとえば、分野を横断してプロジェクト・チームを立ち上げて取り組んだ国際研究にかかわる諸問題、それぞれの書斎で練り上げた新しい発見、オムニバス講義を発展させた学術的な議論、あるいはまた公開講座の講義から生まれた時代の本質にかかわる展望など、本叢書を通じてさまざまな内容が表現されていくことでしょう。それらは、いわば寛かな目による新しい知の探求といえるかもしれません。

　本学部の教育・研究を通じて生まれた成果を広島市立大学国際学部叢書として長く時間を越えて記録することは、私たちにとっても励みであり、本学部がより充実・発展していくための原動力となります。一人でも多くの方々が、この私たちの叢書に関心をもっていただき、本学部の将来に資する率直なご意見をくださることを心より期待してやまないものであります。

2008（平成20）年3月21日

広島市立大学国際学部
学部長　大東和　武司